交通运行管理丛书

城市交叉口群交通
动态协调控制方法

杨 洁 过秀成 著

东南大学出版社
·南京·

图书在版编目(CIP)数据

城市交叉口群交通动态协调控制方法/杨洁,过秀成著. —南京:东南大学出版社,2013.11
(交通运行管理丛书/过秀成主编)
ISBN 978-7-5641-4594-1

Ⅰ.①城… Ⅱ.①杨… ②过… Ⅲ.①城市道路—交叉路口—协调控制系统—研究 Ⅳ.①U491.1

中国版本图书馆 CIP 数据核字(2013)第 246054 号

城市交叉口群交通动态协调控制方法

出版发行:	东南大学出版社
社　　址:	南京市四牌楼 2 号　邮编:210096
出 版 人:	江建中
网　　址:	http://www.seupress.com
电子邮箱:	press@seupress.com
经　　销:	全国各地新华书店
印　　刷:	兴化印刷有限责任公司
开　　本:	700 mm×1 000 mm　1/16
印　　张:	14.5
字　　数:	276 千字
版　　次:	2013 年 11 月第 1 版
印　　次:	2013 年 11 月第 1 次印刷
书　　号:	ISBN 978-7-5641-4594-1
定　　价:	45.00 元

本社图书若有印装质量问题,请直接与营销部联系。电话(传真):025-83791830

前　言

随着我国城市发展规模的扩大与空间结构的调整,交通需求总量增加,出行距离增长,交通时空资源供给与需求的不均衡性日益显现。城市交通拥堵呈现出从偶发性向常态化转变、拥堵范围从局部向区域扩展、拥堵时间从高峰时段向平峰时段延伸的态势,城市交通系统运行面临严峻挑战,提高路网的通行能力与服务水平成为缓解城市交通拥堵的重要举措。

城市道路信号控制交叉口群为道路网中地理位置相邻且存在较强关联性的若干信号控制交叉口的集合。本书将研究对象从单个路段或交叉口拓展至整个交叉口群范围,分析交叉口群内交通网络各要素及其相互作用机理,研究交叉口群交通流运行特征,建立交叉口群交通流模型,考虑城市道路信号控制交叉口群交通时空资源的综合利用,构建信号交叉口群交通控制策略与系统结构,提出交叉口群交通信号动态协调控制方法与关键技术,并开发相应的控制应用软件。

全书共分10章:第1章绪论,第2章交叉口群交通信息分析与预测,第3章交叉口群路径交通关联特征,第4章基于元胞传输模型的交叉口群交通流建模,第5章交叉口群交通动态协调控制系统结构设计,第6章交叉口群信号协调控制范围动态界定,第7章基于阻塞流理论的交叉口群网络防阻塞运行控制,第8章面向主路径协调控制的交叉口群时空资源综合优化,第9章交叉口群信号协调控制配时参数在线调整,第10章交叉口群交通动态协调控制软件开发。

本书在撰写过程中参阅了国内外大量文献与著作,由于条件所限未能与原著者一一取得联系,引用及理解不当之处敬请见谅,在此谨向这些资料的原著作者表达崇高的敬意和由衷的感谢!

限于作者的时间和水平所限,书中难免有错漏之处,恳请读者批评指正。

著　者

于东南大学

2013 年 9 月

目 录

第1章 绪论 ··· 1
  1.1 研究背景 ·· 1
  1.2 区域交通信号协调控制系统开发概况 ·· 3
  1.3 信号控制交叉口群交通管理与控制相关研究综述 ······················· 10
  1.4 研究框架及内容 ··· 18
  1.5 技术路线 ·· 22
  1.6 本章小结 ·· 24

第2章 交叉口群交通信息分析与预测 ··· 25
  2.1 交通流量信息相似性分析 ·· 25
  2.2 行程时间差异性比较 ··· 35
  2.3 交通信息短时预测模型 ·· 41
  2.4 本章小结 ·· 50

第3章 交叉口群路径交通关联特征 ·· 51
  3.1 相邻交叉口交通关联特征 ·· 51
  3.2 交叉口群交通关联特征分析 ·· 55
  3.3 交叉口群路径关联度计算模型 ··· 67
  3.4 本章小结 ·· 75

第4章 基于元胞传输模型的交叉口群交通流建模 ····························· 76
  4.1 元胞传输模型 ·· 76
  4.2 对元胞传输模型的改进 ·· 87
  4.3 算例分析 ·· 90
  4.4 本章小结 ·· 94

第 5 章　交叉口群交通动态协调控制系统结构设计 ………………… 95
5.1　动态协调控制策略集合 ………………………………………… 95
5.2　动态协调控制策略适用环境 …………………………………… 98
5.3　基于 Multi-Agent 的协调控制模式 …………………………… 100
5.4　动态协调控制系统 Agent 结构设计 ………………………… 105
5.5　动态协调控制系统实施关键模块 …………………………… 107
5.6　本章小结 ………………………………………………………… 109

第 6 章　交叉口群信号协调控制范围动态界定 ……………………… 110
6.1　区域信号协调控制中的子区动态划分 ……………………… 110
6.2　交叉口群信号协调控制范围界定流程 ……………………… 115
6.3　基于 SOM 的交叉口群范围界定方法 ……………………… 118
6.4　算例分析 ………………………………………………………… 123
6.5　本章小结 ………………………………………………………… 129

第 7 章　基于阻塞流理论的交叉口群网络防阻塞运行控制 ………… 130
7.1　交通网络流量均衡理论概述 …………………………………… 130
7.2　阻塞流理论基础 ………………………………………………… 133
7.3　不同路径选择情形下的网络随机流动仿真实验 …………… 135
7.4　最小流控制策略 ………………………………………………… 144
7.5　最大流控制策略 ………………………………………………… 148
7.6　本章小结 ………………………………………………………… 150

第 8 章　面向主路径协调控制的交叉口群时空资源综合优化 ……… 151
8.1　交叉口空间布局与信号配时综合优化思路 ………………… 151
8.2　模型构建 ………………………………………………………… 155
8.3　模型求解 ………………………………………………………… 161
8.4　算例分析 ………………………………………………………… 163
8.5　本章小结 ………………………………………………………… 172

第 9 章　交叉口群信号协调控制配时参数在线调整 ………………… 173
9.1　多相位交叉口动态协调控制关键问题 ……………………… 173
9.2　基于模糊理论的交叉口群绿信比调整 ……………………… 177
9.3　绿信比调整影响下的主路径相位差优化 …………………… 188

9.4 本章小结 ··· 193

第10章 交叉口群交通动态协调控制软件开发 ······················ 194
10.1 UTCInG 功能概述 ·· 194
10.2 UTCInG 处理流程及体系结构 ······································· 195
10.3 UTCInG 系统设计 ·· 198
10.4 软件测试 ··· 205
10.5 本章小结 ··· 206

参考文献 ·· 207

后记 ·· 219

第 1 章 绪　论

1.1　研究背景

城市化、工业化进程的加快以及社会经济的持续稳定发展使得城市交通需求显著增长,车辆的急剧增加给我国城市交通系统带来了巨大的压力,城市的发展难以提供与交通需求增长相适应的道路基础设施,由此造成日益严重的城市交通拥挤。在交通拥堵的形成过程中,常常可以观察到这样的现象:交通拥挤的产生最初多是只在一个路段上,而非整个交叉口各方向都产生拥堵,车辆在该路段上排队,排队向上游延续,影响上游交叉口流入该路段的方向时产生继发性拥挤。原发性拥挤持续时间较长,或随着交通需求的增长,原发性拥挤所在交叉口和继发性拥挤所在交叉口的平衡被打破,有可能导致交叉口其他方向也产生拥挤,最后会在局部路网形成饱和循环[1]。因此,仅仅从交通设施如道路或交叉口本身来考虑交通拥堵治理问题远远不够,需要从交通网络系统层面深入分析和理解系统中各要素的相互作用和运作机理,以紧密联系的交叉口所构成的交叉口群为切入点治理城市交通拥堵问题。

城市道路交叉口群为城市道路网中地理位置相邻且存在较强关联性的若干交叉口的集合[2]。其概念的提出,最早是基于交叉口协调控制的需要。随着研究的深入,交叉口群的内涵和外延得到不断的拓展。从拓扑结构上看,交叉口群一般具有小间距、高密度的特点,网络规模较小,次干路、支路所占比例较高,因此交通需求与车辆运行表现出如下特征:

① 交通需求内生性强,集聚力高。一般而言,随着土地利用开发强度的提高,人流与物流需求同步增长,该区域的路网密度也迅速增大,而交通的便利也促进土地利用的进一步开发。交叉口群具有较高的路网密度,大多都位于城市中心区域,人口与就业岗位高度集聚,辐射力强,出行量大,是交通拥挤的常发区域。

② 网络连通度好,车流路径选择灵活度高。在交叉口群范围内,任意两个结

点之间至少存在一条路径连接,当某条路径因交通拥堵、交通管制或物理结构损坏发生中断时,至少有一条替代路径,适宜单行线、禁止左转等交通分流措施的应用。

③ 交叉口间距短,车流脉冲式到达特征明显。不同于公路(特别是高速公路)的连续交通流特征,城市道路上的间断交通流有其独特性:由于红灯期间交叉口对车流的挤压作用,车流呈组团行驶状态,同时由于车流组团中车辆行驶特性的差别,车辆驶出交叉口后,又具有独特的离散现象[3]。交叉口间距越大,离散现象越明显。交叉口群交叉口间距普遍较短,车流呈组团行驶状态突出,适宜"绿波交通"的组织。

④ 道路等级差异性小,网络负荷分布较均匀。一般而言,城市快速路交叉口间距为 1 500~2 000 m,主干路为 700~1 200 m,次干路为 350~700 m,支路为 150~250 m。交叉口群范围内除个别情况下有主干路穿过外,以次干路与支路为主,干道交通流特征不明显,难以直观地发现交通主流向的分布,宜根据交通运行的实时状态判断交通协调控制的优先级别。

城市道路交通问题是人、车、路三要素的矛盾在城市时空范围内的表象,其核心问题是在一定的资源约束条件下,如何满足广泛的交通需求和保持优质的交通服务水平[4]。交叉口群中的各个交叉口空间距离一般不大,在拥堵状态下经常会出现交叉口群中的两个关联交叉口之间的路段长度不能容纳足够排队车辆而溢出的现象,进而导致交通运行失稳,甚至出现路网交通流相互锁死致使交通大面积瘫痪等问题。由此可见虽然交叉口群只是城市路网的一小部分,但因其特殊特性使其成为城市路网的关键"瓶颈",是产生拥堵的重要原因。目前运用交通控制手段治理交叉口群拥堵问题一般有两种思路:一是选择交叉口群内的关键交叉口,考虑上、下游交叉口的影响,对其进行交通设计优化以提升单点信号交叉口的通行能力;二是选择在交叉口群内交通流运行的主路径,类似干道绿波组织,对该路径途经的各交叉口进行协调控制,以使主体车队尽快通过交叉口群,进而提升交叉口群的整体运行效率。两者均是为了避免交叉口群范围内某个交叉口或某条路径成为路网运行的薄弱环节,但基于交通路径控制的思路能较为有效地协调交叉口与路段的通行能力,使之相匹配,故逐渐成为研究的热点方向。

交叉口群交通主路径的识别是采取基于路径的交通协调控制的前提。定义交叉口群交通主路径为交叉口间关联度高且对交叉口群网络整体运行效益起决定作用的路径。交叉口群中各交叉口交通关联性的强弱主要表现在交叉口间车队集聚状态的维系程度,即下游交叉口的到达车流特性与上游车流特性具有相似性,这种相似性在交通主路径上表现更为明显。一旦关联交叉口群中上游交叉口因交通信号控制或交通拥堵引起流量、车速等交通流参数变化,交通流参数的短时变化特性可保持至下游交叉口。城市交通系统具有复杂性、动态性及随机性特征,某条路径上交通流的生成受区域范围内用地性质、基本路况、交通管制措施、出行者个人偏好等诸多因素影响。虽然是大量随机的独立个体出行组成了交叉口群的车流主流向,但从集计的观测尺度看,出行行为的选择仍要受到地点、时间、社会以及经济的影响,路径上交通流的统计特征表现出较强的确定性。因此,为实现交叉口群"时间"、"空间"、"车流"三者的协调,对交叉口群关联特性进行分析并确定协调控制范围,将路径上、下游交通流参数的变化特性作为依据,建立模型识别车流分布特征,进而采取适宜的设计、管理与控制手段实现时空资源的高效利用,具有一定的可行性。

本书以城市道路信号控制交叉口群为研究对象,从交叉口群层面提出有效实现"时间"、"空间"、"车流"三者之间的动态协调控制方法。通过分析交叉口群交通信息及关联特征,建立交叉口群交通流模型,设计交叉口群交通动态协调控制系统结构,研究各功能实现模块的关键方法与技术,并对交通控制软件进行开发。该研究对于提高城市路网容量与服务水平,缓解交通拥堵,减少交通污染,节约能源消耗,建立安全、顺畅、低碳、经济的城市交通系统具有重要的意义。

1.2 区域交通信号协调控制系统开发概况

1.2.1 国外交通信号控制系统开发概况

自 20 世纪 20 年代交通信号灯控制器被用于控制交通流开始,国外众多学者对区域交通信号协调控制系统进行分析、建模、仿真及优化研究,并研发出了多种信号控制系统。以下以时间先后为序对主要研究成果进行综述。

(1) 20 世纪 50 年代至 60 年代

最初安装信号灯主要用于避免交叉口各个冲突方向车辆的碰撞,后来逐步延伸到以减小车辆通过交叉口的延误时间为目的。Webster(1958)提出了延误的估算公式[5],是早期最为重要的研究成果之一。基于该延误公式,Webster 以调节绿信比为手段,对单个交叉口的延误最小化问题进行研究。

到 20 世纪 60 年代,交叉口信号控制的研究范围逐渐扩展至城市干道及交通网络。Newell(1963)对干道某一方向的交通流密度进行假设后建立了宏观分析模型,认为将相邻的两个交叉口进行信号协调控制可以得到较好的控制效果[6]。Morgan 和 Little(1964,1966)随后首次引入混合整数线性规划模型对实现干道绿波带最大化建立了优化模型[7,8]。在该方法中,研究者考虑双向绿波带的设置对相位差、公用周期、通过带车速进行了优化调整。到 60 年代中期,英国格拉斯哥市成为首个对城市路网采用信号协调控制的地区。在这项实验中,项目的执行者 Hillier(1965,1966)对城市交通控制子区采用了不同的信号控制方案并进行评估[9, 10]。Hiller 和 Rothery(1967)又研究了车队离散和信号协调控制的相互关系,调查了伦敦的四个信号控制交叉口,从中分析相位差设置对总延误的影响[11]。Allsop(1968)以延误最小化为优化目标,基于图论建立了一种迭代算法,通过逐步扩展控制子区的范围寻找协调控制的最优解[12]。

英国道路运输研究所(TRRL,20 世纪 90 年代改名为 TRL)的 Robertson(1969)提出了一套脱机优化网络信号配时方法[13],通过工程实践被不断改进完善,形成了目前被广泛应用的 TRANSYT(Traffic Network Study Tool)系统。在 TRANSYT 系统中,针对路网与交通流运行状况进行了三项基本假设:网络中所有主要交叉口均由信号灯控制;所有交叉口均采用一个共同的信号控制周期时长,或者公用周期长度的一半作为其信号周期;每一股独立的直行或转向车流的流率为已知,且假定为常量。系统有两个重要组成部分:仿真模型和优化计算。在仿真模型中,系统首先将网络的几何尺寸、交通流信息及初始交通信号参数输入系统,通过模拟信号控制下交通路网中的车辆行驶状况,计算在一组给定的信号配时方案作用下网络的运行指标,即 PI(Performance Index)值,作为优化控制参数的目标函数。在优化计算中改变信号配时参数并确定指标是否减小,采用"爬山法"求得最优配时方案。

在该阶段电子计算机的广泛应用为交通网络中多个交叉口的信号自动协调控制提供了技术条件,是城市交通区域信号协调控制的起步阶段。配时方案大多由离线分析程序得到并储存在计算机内存中,以 TRANSYT 为代表区域定时控制系统已初步成型并应用于实际路网。

(2) 20 世纪 70 年代至 80 年代

20 世纪 70 年代,在 Gartner(1972,1975)的一系列研究成果中提出了混合整数线性规划模型,通过对相位差的调整实现对网络延误的最小化控制[14~16]。与此同时,Antoniadis 也研究了线性规划模型应用于交通网络信号配时的可行性,但他所提出的模型中并没有考虑相位差的影响[17]。Improta 和 Sforza(1982)基于 Gartner 的研究成果对混合整数线性规划模型进行了改进,采用分枝法和回溯法对 Gartner 模型中针对延误的假设进行了改良[18],最早版本的 OPAC(Optimization Policies for Adaptive Control)系统即基于 Gartner 等人的系列研究成果于 1979 年完成,该系统引入虚拟定周期 VFC(Virtual Fixed Cycle)的概念,允许每个交叉口的周期长度在规定的时间与空间范围内变化,为两路口间绿波带的调整保留了一定的协调空间。OPAC 系统是一个分布式的系统,最底层在 VFC 的约束下,对绿信比进行优化,中间层对相位差优化,最上层进行信号同步,寻找最优的 VFC。在此后 20 余年 OPAC 系统不断升级版本,1996 年在对美国新泽西州 18 号公路的现场测试中取得了满意效果,实验结果表明 OPAC 系统对饱和度较高的交通干线控制效果非常显著[19~21]。

澳大利亚道路运输部（DMR）于 20 世纪 70 年代开始开发 SCATS（Sydney Coordinated Adaptive Traffic System）系统，80 年代初投入使用。该系统属于一种方案选择式优选配时方案（战略控制（Strategic Control））与本地感应控制作调整（战术控制（Tactical Control））相结合的双层控制系统。通过上、下层的有机结合，节省了计算机的 CPU 时间。该系统未像 TRANSYT 一样采用交通模型，而是根据交通状况实时选择交通控制参数组合，并对参数做适当修正。虽然不一定能获得配时参数的最优解，但把周期时长、绿信比和相位差作为各自独立的参数分别优化，提高了系统的运算效率。在优化过程中，以参数综合流量及类饱和度为主要依据。类饱和度反映了车流有效利用的绿灯时间与绿灯显示时间之间的比值；综合流量把一次绿灯时间通过停车线的车辆折算为当量，反映了通过停车线的混合车流的数量。优化的目标为使各相位的类饱和度维持在大致相等的水平[22]。

Dauscha(1985)研究了区域信号控制中依据交通流运行状态对控制方案进行周期性选择的实施框架，首次深入研究了区域信号协调控制方案周期性变化的复杂性[23]。随后，Serafini 和 Ukovich(1989)基于理论模型为区域定时信号协调控制系统研究了一套控制方法，与 Dauscha 的研究相类似，延续了分阶段配时设计思路[24]。

同年，由意大利 Mizar Automazione 公司开发的 UTOPIA（Urban Traffic Optimization by Integrated Automation）/SPOT（System for Priority and Optimization of Traffic）系统被应用于都灵市中心包含约 40 个交叉口的交通网络中。在该系统中，UTOPIA 的优化过程以历史数据为基础，建立宏观交通模型，是较为高级的区域控制；SPOT 利用本地的信号控制机和区域模型的数据优化单个路口控制。SPOT 系统的管理交叉口一般不超过 6 个，以考虑了停车次数、延误、剩余通行能力等综合效益的总费用函数最小为目标，采用"强相互作用"概念，即目标函数的优化需要考虑相邻 SPOT 单元的交通状态。UTOPIA/SPOT 系统另一个显著的特点是在设计和开发过程中考虑了公交优先的功能，将公交车辆在路口的损失时间赋予最大权重，然后对优化目标求解[25]。在此后研发的控制系统中如法国的 PRODYN 系统[26]和德国的 MOTION 系统[27,28]均具有类似功能。

TRL 在 20 世纪 80 年代设计了 MOVA（Microprocessor Optimized Vehicle Actuation）系统，该系统能针对不同情况应用不同的控制原理。当交叉口处于非饱和状态时，采用最小化延误的处理过程；通过车辆排队情况检测是否发生过饱和现象，如果有任何一个进口道转变为饱和状态，系统转换至通行能力最大的处理过程。但 MOVA 是针对独立交叉口设计的，只有当相邻交叉口因为距离太近而不能独立处理时，可通过 MOVA 将两个或更多的交叉口加以关联。

在该阶段研究者关注于包括方案选择式系统、方案生成式系统及本地自适应系统的开发,控制系统自动化生成配时方案并检测预先设置的方案是否需要修改,SCATS系统是期间最具典型性的代表。此外,面向公交优先以及过饱和交通状态下的信号控制方法也开始逐步引起研究者的关注。

(3) 20世纪90年代至今

该阶段的发展特征是交通控制系统基于车辆检测器的检测数据在线实时生成控制方案并通过在线技术进行方案的实施,根据实施数据5~10 min更新控制方案,其中以SCOOT系统的开发最为成功,目前在全球超过170个城市获得了应用[4]。

SCOOT(Split-Cycle-Offset Optimization Technique)系统是由TRL在TRANSYT系统基础上研制的自适应控制系统,20世纪90年代进行了多次升级。Robertson和Bretherton(1991)系统介绍了SCOOT系统的在线优化原理[29]。该系统通过安装在各交叉口进口道上游的检测器采集到的车辆到达信息,联机处理生成信号控制方案,实时、连续地对周期、绿信比、相位差进行调整,使之与不断变化的交通流状况相适应。绿信比的优化目标是使各相位交通流的饱和度尽可能小;相位差的优化是使延误和停车次数最少,并尽可能减少阻塞;周期优化的目标是将子区内负荷最高的关键交叉口饱和度控制在90%。其交通模型包括交通环境、交通过程和交通预测三部分。交通环境包括控制区域的道路网络结构、参数以及检测器位置,反映模型的基本几何结构。交通参数描述交通过程,如相位相序、绿灯时间间隔、最大或最小绿灯、车辆在各路段上的行驶时间、饱和占有率等,这些数据均为静态数据,预先储存在SCOOT系统中。交通环境和交通过程服务于交通预测,交通预测是形成配时参数的最直接来源。近年来SCOOT系统新增了信息数据库ASTRID(Automatic SCOOT Traffic Information Database)模块和综合事故检测INGRID(Integrated Incident Detection)模块,SCOOT MC3(Managing Congestion, Communications and Control)又增加了通信、拥堵控制、公交优先和行人设施管理功能。系统的不足反映在交通模型的建立需要大量的道路几何尺寸与交通流数据、相位不能自动增减、相序无法自动改变、无法独立划分控制子区、参数的校核不能自动化、现场安装调试较为复杂等。

随着智能交通系统的发展,人工智能技术在信号控制系统中的应用也不断拓展。Hassin(1996)针对区域定时信号控制提出了一种基于流量模型的配时方法,该方法采用启发式算法求解局部最优特征解,在以色列Tel Aviv市的城市道路网络协调控制中实施应用,并与其他采用启发式算法的系统如TRANSYT等进行对比分析[30]。Almasri和Friedrich(2005)依据Daganzo(1994,1995)的元胞传输模型[31,32]提出了基于遗传算法的启发式优化方法,对区域交通网络的自适应控制系统进行了研究[33]。Braun 和 Weichenmeier(2005)也引入二阶启发式方法,对相位差等参数进行优化并采用遗传算法求解,但实验结果仅能应用于小规模网络[34]。交通网络信号协调控制的建模及优化问题也激发了其他领域专家的研究兴趣,如 Ianigro(1994)使用 Petri 网络建立交通模型,并通过仿真手段寻找信号参数的最优设置[35]。Gershenson(2005)的研究中认为信号控制交通网络为一个自组织系统,他对适应环境变化的自组织信号配时进行了研究[36]。

在区域交通信号控制系统的开发及应用中,人工智能技术也得到了广泛应用。TUC(Traffic-responsive Urban Control)策略在 1998 年欧洲的 TABASCO(Telematics Applications in Bavaria,Scotland and Others)项目中开发完成。该策略采用"存储-转发"(Store and Forward)的建模方法,以避免对信号灯转换时二进制变量造成的复杂度出现指数型增长,并采用简洁、高效的二次线性规划方法对多变量进行调节。通过反馈控制技术,在不使用理想模型和不牺牲效率的前提下简化了计算。TUC 策略能够应对饱和交通状况,通过内置的"门控行为"(Gating Behavior)避免路段出现过饱和情况,倾向于降低与饱和路段相连的路段的绿灯时长,避免绿灯时间的浪费和大面积交通拥挤的产生。控制方案包含公交优先 PTP(Public Transportation Priority)控制模块,启动后能够提供不同的公交优先控制的等级和方法[37]。

CRONOS(Control of Networks by Optimization of Swithovers)系统由 20 世纪 90 年代法国国家运输与安全研究所(INRETS)开发,其目标是使包含几个交叉口的控制小区的延误最小。在给定当前的信号控制条件下,优化模块在使性能指标最小的情况下寻找下一个步长的最优信号控制方案。优化算法建立在改进的 Box 算法基础上,该算法对所有可能的信号配时方案进行连续搜索,每次搜索完毕后对最大值方案进行修改,直到算法收敛。对于控制范围内的交叉口数量而言,Box 算法的优点在于能够快速找到局部最小值,其他很多算法是指数级的时间复杂度,而该算法具有多项式时间复杂度[38,39]。

1996 年开发成功并陆续在美国亚利桑那州进行现场测试的 RHODES(Real-time,Hierarchical,Optimized,Distributed,and Effective System)系统把系统控制问题分解为三层递阶结构:网络负荷分配层、网络控制层和交叉口控制层。网络负荷分配层采用先进的出行者信息系统和动态交通分配技术进行网络总的交通需求预测。网络控制层由网络流预测模型 APRES-NET(Approximate Prediction in Response to a Signal Network)和优化模型 REALBAND 构成。APRES-NET 根据预测的交通流量、未来的信号配时方案和统计的交通流数据对车队情况进行预测;优化算法 REALBAND 用决策树法对网络交通信号进行协调优化并生成绿波带,使延误和停车次数最少。交叉口控制层由控制参数优化模块 COP(Controlled

Optimization of Phases)及流向流量预测模块 PREDICT 构成，根据检测数据及约束条件进行交通流预测，以秒为单位，对相位和绿信比进行控制。其中 COP 采用动态规划的方法找出单个交叉口的最优相序和相位长度[40]。

1.2.2 国内交通信号控制系统开发概况

我国在城市交通控制系统方面的研究工作起步相对较晚，20 世纪 70 年代后期北京市开始采用 DJS－130 型计算机进行干线协调控制研究。进入 20 世纪 80 年代以来，国家一方面采取开发与引进相结合的方法，另一方面不断改善以城市中心区交通为核心的交通信号控制系统，开发适应我国交通特色的区域交通信号协调控制系统。

南京 NATS 城市交通信号控制系统是我国自主研制开发的第一个实时自适应交通信号控制系统，适合我国混合交通流环境以及路网密度低、交叉口间距悬殊的道路交通环境。该系统具备实时自适应优化、定时控制、联机线控三种主要的控制方式，采用三级分布式递阶控制结构，设置中心控制级、区域控制级与交叉口控制级[41]。系统优化软件通过车辆检测器实时检测机动车和非机动车的信息，运用交通模型预测停车线车辆到达和排队情况，计算和调整饱和度，以减少行车延误、停车次数为主要目标建立函数，结合道路交通特点，按小步距逐步寻优的原则，对周期、绿信比、相位差等控制参数进行优化，构成全局优化的实时自适应优化软件[42]。同时系统还配备了交通疏导广播、可变情报板等，为车辆提供实时的交通信息。

海信 HiCon 交通信号控制系统是一套包括交叉口信号控制机、通信服务器到区域控制服务器、中央控制服务器的整套解决方案。交叉口信号机采集交通流量、时间占有率、速度等信息，控制中心根据实时的交通状况进行决策，对配时参数实时调整优化，以减少车辆及行人的等待时间。区域协调控制目标是实现高峰时段最大的路网通行能力、平峰时段最小的车辆停车延误、低峰时段最少的停车次数[43]。此外，HiCon 系统还考虑了行人通行的需求，可实现特定警卫线路车辆的优先通过[44]。

深圳市的 SMOOTH 智能交通信号控制系统采用了由"中央控制管理系统—信号控制机—车辆检测器"组成的分布式控制模式。系统将交通状态划分为闲散、自由、受控、拥挤、堵塞、队列六种不同负荷情况，单点交叉口在全感应、半感应、行人感应及多段定时控制的基础上，实现基于交通状态识别的多目标决策控制策略的动态优化功能；中央控制系统以子区内及子区间连线上双向或单向绿波通过带宽最大为目标，匹配各交叉口的控制周期要求，生成子区和各子区的公用周期，动态决策相位差参数，实现多相位条件下的协调控制[45]。

此外,吉林大学杨兆升教授团队对大范围战略交通控制系统框架结构、多源交通决策信息融合与交通状态判别技术、大范围战略交通控制模型和算法等进行了深入研究,构建了适合我国国情的新一代智能化交通控制系统(Novel Intelligent Traffic Control System,简称NITCS)[1, 46~57]。该系统采用大系统智能控制与分层动态递阶协调的思想,以大范围战略协调控制级作为中央协调优化中心,实现大范围的宽稳态协调控制,满足特大城市城市路网控制结点实施统一协调优化控制的需求。同济大学杨晓光教授团队研发了面向ITS、适用于中国城市交通特点的实时自适应交通控制与管理系统(TongJi Advance Traffic Control and Management System,简称TJATCMS)[58, 59]。该系统的基本功能是为满足单点及区域信号协调控制、混合交通流控制、连续交通流与间断交通流真核控制、公交优先控制及行人过街智能化控制的要求,对单点实时自适应控制算法、最大绿波带、总延误和停车次数最小化算法、人均延误和停车次数最小化算法、连续流与间断流协调控制算法等进行了研究,采用实时计算与脱线计算相结合的优化方法。天津大学贺国光教授团队将智能控制原理应用于交通控制系统中,研制了城市交通智能式实时控制系统(Urban Traffic Intelligent Real-Time Control System,简称TICS)。该系统是一种基于知识的自学习智能控制系统,知识库中的知识由TICS不断自学习生成并更新[60]。

虽然我国自主研发的城市交通控制系统已有一定的成果,但其整体性能与国外同类系统相比仍有较大的差距,其可靠性、灵活性、兼容性、扩展性等方面还有待进一步提高,有必要拓展新的思路来实现整个区域交通流的协调与控制。

1.2.3 区域交通信号协调控制系统发展趋势

纵观国内外的区域交通信号控制系统的发展历史,可以看出近年来在交通信号协调控制系统的研究中呈现出以下几个特点:

① 变被动适应调节为主动自适应调节。既有的区域交通控制系统多是通过预先调查或实时自动检测,获取交通流的变化规律及实时状态,以此为基础选择或在线生成适当的控制方案,使之适应交通流的变化需求。在本质上信号控制方案是依据交通需求的变化而变化,采用的是被动式的控制思想。从主动自适应的控制思想出发,是希望能够通过信号控制方案实现对网络交通流的主动控制,使交通流能够按照管理者的意愿运行,从而均衡网络的交通负荷,避免瓶颈区域的形成。

② 智能控制技术广泛应用。在对区域交通信号配时参数优化中,最初的优化计算以数学解析为主,但由于交通系统本身的复杂性、非线性以及过多的人为假设等因素,影响了优化的效果。随着智能控制理论的发展,神经网络、模糊控制、遗传算法、Multi-Agent系统等理论与技术在协调控制参数配时的优化计算中得到了广

泛的研究与应用,开发出了多个基于智能控制技术的交通控制模型或系统,实地的测试结果智能控制技术对交通网络协调控制具有良好的控制效果。

③ 分布式系统的持续开发。分散的控制系统相对于集中的控制系统可以提高控制的可靠性,避免网络控制的集体失效。分布式控制系统不同于分层式控制系统,在分布式控制系统中每个控制单元除了可以与上一级或下一级进行信息交换外,也可以与同级控制单元进行信息交换,这种网状结构的优点在于一旦某个控制单元与上层的联系通路出现故障后,可通过邻近控制单元建立与上一层的联系通路[4]。因此这种系统仍将是未来研究与发展的一个重要方向。

④ 满足特殊车辆优先通行的需求。特殊车辆包括消防、救护、警卫、公交等,其中以公交优先的信号控制优化方案最吸引研究者关注。如何允许公交具有优先权,并尽可能少地干预现有的信号方案,减少对非优先相位的负面影响,是需要解决的难点问题。在目前已经成熟或正在开发的信号控制系统中都开始考虑增加公交信号优先的功能,如 SCOOT、UTOPIA/SPOT、MOTION、PRODYN 等。

1.3 信号控制交叉口群交通管理与控制相关研究综述

在所查阅的文献中,国外尚没有与"交叉口群"完全对应的概念,但相近的思想和研究内容体现在城市区域交通信号协调控制相关领域的研究和应用之中。就交通信号控制的基本原理而言,无论是单点交叉口控制还是区域协调控制,研究思路均是依据交通控制条件下对交通流的运行状况进行描述、建模并优化控制参数。控制参数包括周期时长、相位差、绿信比、相位相序、行程时间、路径选择等,优化目标有最小化延误、停车次数、燃油消耗,或使绿波带宽最大化等,一般通过单目标或多目标的数学规划法或启发式算法进行参数寻优。国内城市交通的普遍特点是机动车、非机动车、行人各类交通流混合行驶,交通流间互为影响和干扰,导致交通控制系统特别是大型网络化面控系统的可靠性差。城市交通阻塞问题以单点和若干个关联交叉口的交通阻塞为主,解决了关键的几个大型交叉口或关联交叉口组成的交叉口群的交通阻塞问题,将使整个城市的交通拥挤问题在很大程度上得到缓解。有效的交通控制手段依赖于交通动力学的建模,路网中的车流不应该只作为普通的物理现象来看待,需要将其视为路段使用者行为相互作用的复杂系统。因此,交叉口群交通控制问题的研究需要基于交叉口之间的相互影响和由网络用户的路径选择所引起的交通流变化。

同济大学杨晓光教授(2001)将交叉口群协调控制的定位介于单点信号控制和区域协调控制之间,适用于一些城市路网不规则的场合,与传统干线协调控制相似,但对控制的范围进行了扩展,包括干线协调控制交叉口群和关联交叉口群。根据交叉口间关联性的动态变化,交叉口群采取弹性的组合和分割,由此实现区域协调控制。因此交叉口群可被认为是协调控制的最小单元[58]。杭明升(2002)对交叉口群的概念与内涵作了进一步阐述,认为交叉口群是交通关联度较为密切的若干相邻交叉口的组合,对交叉口群采用同一信号周期进行控制并把交叉口间的车队离散程度限制在可协调的阈值内,从而使多交叉口整体优化后的控制输出方案能够更好地适应该区域范围内交通需求状况的实时变化[61]。在交叉口群的概念被提出以后,研究者对交叉口群的相关问题进行了更深入的研究,包括交叉口群范围划分、运行状态分析及系统建模、信号协调控制优化、交通设计及交通组织等。

1.3.1 交叉口群范围划分

杭明升(2002)将美国《交通控制系统手册》中的关联度计算模型应用于划分交叉口群控制范围[61];曾滢(2010)以流量饱和度和自由流行程时间为关联度计算指标,建立相邻交叉口关联性的拉普拉斯矩阵,以此作为划分交叉口群范围的工具[62];胡华等(2010)仍是基于关联度模型划分交叉口群范围,但考虑OD路径分布对Whitson模型进行了改进,采用层次聚类法对范围进行动态划分,并通过仿真手段进行了验证对比[63]。东南大学李岩等(2011)采用自组织映射神经网络,将路网中每条路段的饱和度及行程时间作为输入层神经元指标,采取聚类的方式将各路段划分为不同的组别,由此确定各交叉口群的控制范围[64]。

上述对交叉口群范围划分的方法与控制子区划分的思路相仿,都是通过车流离散、交叉口间距、配时方案等关键因素构成的关联指标两两评估交叉口之间的相互影响关系。一个较大范围的交通网络在实行信号协调控制时,控制子区的划分有三个显著优势:一是有利于减少控制系统的运算量,提高控制效率;二是有利于提高控制系统的可靠性,避免控制中心的瘫痪导致整个网络系统失控;三是有利于各控制子区依据自身的交通运行状态变化,实施灵活的控制方案[65]。

控制子区的划分分为静态分区与动态分区两类。TRANSYT系统和SCOOT系统采用了静态分区策略。在TRANSYT系统中,将信号控制周期大致相等的邻近交叉口合并到一个控制子区,子区内的交叉口采用相等的周期时长或周期时长的一半。SCOOT系统的子区划分有交通工程师预先判定,子区一旦划定,在运行过程中不能合并,也不能被拆分。SCATS系统将1~10个信号控制机作为一个"子系统",采用"合并指数"判断相邻子系统是否需要合并,是一种动态的控制分区方法。相邻两子系统各自所要求的信号周期长度相差不超过9 s,则"合并指数"累计值为加1,否则减1。若"合并指数"的累计值到"4",则认为这两个子系统已经达到合并的标准。合并后的子系统在"合并指数"累计值降低至零时可以自动重新分开为原先的两个子系统[66]。

在实际网络中,如果某些网络部分交通状况存在明显差异,不宜整齐划一地执行同一种信号控制方案,另一方面确实存在不必采用协调控制的连线,因此在操作中往往将不宜协调的连线作为划分控制子区边界的参考依据。为判断连线是否需要进行协调控制,一般采用一种涵盖流量、速度、距离、车队离散某个或多个因素的耦合指数作为度量的标准。Pinnell(1975)认为两交叉口距离在 610 m 以内就应该进行关联[67],《Highway Sign, Marking, and Traffic Signal Installing Manual》(1994)将该值界定为 200m[68],《Manual on Uniform Traffic Control Devices》(2000)在城市主路上交叉口间距在 800 m 之间就应将其作为联控单元考虑[69]。Lin(2010)在综合上述研究成果的基础上,基于安全及效率因素,采用跟驰模型和连续流模型对邻近交叉口是否需要关联的临界间距进行了仿真研究[70]。但上述学者主要从距离的角度对是否需要进行协调控制的连续进行了探讨。Yagoda 等人(1973)将交叉口间交通量和路段长度的比值作为耦合指数,对系统中每个路段计算该指数,有选择地去掉指数低的路段,从而把一个大的道路网划分成多个子区域[71]。Chang(1985)采用仿真及实地数据标定等实验手段论证,认为到达下游交叉口的车流呈现高密度的车队特征就应该协调相邻两交叉口的信号控制方案[72]。美国《Traffic Control Systems Handbook》在考虑交叉口几何关系、交通量大小、车队离散性等因素的基础上,提出以互联合理性指数判断相邻交叉口的关联程度,作为划分控制子区域的一个工具[73],该方法得到了广泛的采用。

部分学者也从交通运行效益的角度评估子区划分方案的合理性,为控制子区的划分提供指导意见。Ferguson(1976)将优化目标设定为使控制子区内的交通总延误最小来研究控制子区的合并问题,并通过仿真验证[74]。Hisai(2006)以协调绿波带宽最大为优化目标研究了干道协调控制的子区最优划分问题,采用动态规划方法获得最优控制子区划分方案以及各子区的最佳公用周期时长。Tian(2007)为将干线协调控制系统划分 3~5 个交叉口组成的控制子系统,同样以协调绿波带宽最大化为目标进行子区划分,再以主流向协调带宽最大为目标对各控制子区进行协调控制[75]。基于交通运行效益评估的控制子区划分方法能保障划分方案满足特定的目标,但计算量往往过大,难以满足实时控制的要求。耦合指数法考虑了车队离散性、行驶速度、车辆排队、流量大小等诸多对交叉口关联性产生影响的因素,研究相对更为成熟,模型运算量小,适合控制子区的动态划分,但该方面目前主要的研究成果用于度量交叉口两两之间的影响关系,难以表现网络中多个交叉口相互影响的综合效用。

在国内控制子区划分的研究方面,同济大学马万经等(2009)对路段关联模型提出了改进,所建立的基于路径的交叉口关联度计算模型不仅考虑了交叉口间距、车流的不均匀性对交叉口关联度的影响,还考虑了信号相位、交叉口排队、交叉口车道数等关键因素的影响[76]。华南理工大学卢凯等(2009)对相邻交叉口间距、路段交通量、信号交叉口配时参数进行分析,定义了相邻交叉口关联度模型,并拓展至多交叉口组合关联度研究[77]。针对控制子区的动态划分方法,吉林大学杨庆芳等(2006)提出了距离适当、流量相关、周期相近的原则,对子区间的调整采用合并指数法,在子区内部调整以车流流向与相位差调整量最小为原则[78]。清华大学段后利等(2009)依据交叉口的车队散布模型,提出了可协调度的概念,以此定量描述相邻交叉口是否需要协调控制;并用超图表示城市路网,设计超图划分算法,由此实现控制子区的动态划分[79]。

交叉口群的识别方法可以借鉴交通控制子区的划分方法,从相邻交叉口周期、流量、距离进行考虑。但两者在划分思路上又有所不同,前者一般是从整个网络中提取出一个或几个子网,而后者是要把整个网络划分为若干个子网[62]。因此需要对交叉口群范围的动态划分作进一步的研究。

1.3.2 交叉口群交通运行状态分析及系统建模

获取网络中的交通流向分布状态可以有效地获悉网络内不同路段的交通负荷,以此为基础对控制策略与信号配时方案进行优化能获得更好的控制效果。本书重点研究基于路径识别的交叉口群动态协调控制,因此首先需要掌握交通网络中的流量分布情况。一般借助检测系统获取交通流信息,采用特定的算法进行数据的挖掘,常用的流量分布估计方法有全样本统计法、OD估算法、浮动车扩展法与基于车流集聚特性的数据挖掘法。

全样本统计法要求获得路网内的所有车辆行驶轨迹信息,是对流向估计最精确的方法,但对数据的检测精度要求也最高。检测数据一般可通过人工车牌调查法[80]或视频检测法[81]等方法获得。传统人工调查需要花费大量的人力物力,尤其是拥堵时刻的调查,很难保证调查效率和准确度,且调查数据的输入也要花费相当多的时间,不能达到实时交通控制的需求。采用视频检测法主要通过应用小波、卡尔曼滤波等技术从高清晰度的视频里识别车辆或车牌[82~86],采用虚拟线圈设置对车辆类别及运行方法进行自动识别[87],从而记录每辆车的行驶轨迹。但与人工调查法的缺陷一样,难以提供实时的交通流量分布信息。

OD估算法假设每一条道路连接区域为虚拟小区,连接路段作为道路,利用交叉口观测交通量反推各虚拟小区的OD,最终得到网络中的车流分布情况。OD估算法大多基于最大熵/最小信息理论或网络均衡理论,在具体研究中,Hu(2008)对用于OD估计的车辆检测器布设策略进行了研究[88],Mishalani及Dixon(2002,2005)等提出了利用流量数据及车辆识别信息对实时OD数据进行估计的方法[89~91],Park(2008)采用基于蒙特卡罗法的马尔可夫链对应用于智能交通系统的

OD数据进行了完善[92]。OD估算法一般是通过路段的观测量进行计算,需要对多个参数进行标定,效率较低;对交叉口信号控制参数优化而言,误差较大,难以满足精度要求。

基于浮动车信息的流量分布估计算法是局部取样算法,其根据样本浮动车的行驶轨迹来估计整个网络的交通负荷情况。浮动车交通数据采集方法有车载GPS[93]、蓝牙、手机等,因蓝牙和手机必须在使用中才能获取信号,其采样率反而不高,且采样对象较为单一,不适用于网络流量流向估计。因此,目前实际应用较广的数据采集方法为车载GPS,车载GPS收集浮动车的数据包括车辆运行的方向、地点、速度等,其数据可以直接得出浮动车的路径信息。

基于车流集聚特性的数据挖掘法通过检测集计状态车流状态,用数学方法对比上下游车流参数的异同,以此推断车流的流向;也可用于交叉口群路径识别。Liu(2008)采用小波变换技术对交通流数据的集聚状态进行了分析,将其应用于高速公路匝道控制[94];Dailey(1997)采用相关分析技术对交通检测数据进行研究,以此估计行驶时间[95];Zhang等(2007)考虑到从孤立检测点采集到的数据难以直接应用于交通流状态或交通网络运行状态的分析,采用小波变换[96]、自组织映射[97]等方法对交通数据特征进行了挖掘。上述研究思路均可借鉴于交通网络流向分布识别之中,但具体方法有待于深入研究。

此外,从已有的城市交通控制系统的控制算法来看,如TRANSYT系统、RHODES系统等,许多控制算法都内建或独立开发了交通流模拟模块,这些模块可以通过检测数据的校正为系统提供各类实时数据。在交叉口群的控制系统开发中,交通建模的思路也同样受到重视。同济大学林瑜(2006)对交通拥堵状态演化规律进行了探索,针对间断交通流阻塞的量化问题,提出了阻塞度的概念,并应用模糊推理方法建立了阻塞度的量化模型[98]。高云峰(2007)提出了以路段停车线处道路断面饱和度和路段排队空间内车流密度为依据的二维控制状态空间划分方法,对各控制状态的特性进行了详细的定性与定量分析[99]。东南大学过秀成、李岩(2011)等采用交通波动模型分析交叉口的最大排队长度和滞留排队长度,应用过饱和状态负面效应所造成的无效绿灯时间和总绿灯时间的比值定义过饱和系数识别交叉口群的过饱和状态[2];并利用小波变换技术将上、下游交叉口的交通检测数据分解,提取高频信号,重构为反映短时变化特征的交通信号,通过系统聚类的方法识别信号控制交叉口群的关键路径走向[100]。同济大学沈峰(2008)在对信号控制交叉口群交通流特征分析的基础上,提出了使用CTM模型对交叉口群进行建模的思路,并应用时序Petri网对CTM模型进行改良;东南大学任敏(2010)通过引入元胞密度,提出了可变元胞长度的CTM模型,为饱和状态下交叉口群交通控制建模提供了理论依据[101]。

1.3.3 交叉口群信号协调控制参数优化

对区域交通信号协调控制参数进行设置时,通常按三个阶段依次进行[102]:首先,依据交通负荷最大的交叉口通行需求确定公用周期长度;其次根据各交叉口的交通需求与通行能力分别确定绿信比;最后采用优化方法确定相位差。就近年的研究趋势而言,区域信号协调控制参数的优化调整表现出两个特点:一是随着智能优化技术的发展,专家系统[107~111]、模糊逻辑[112~117]、遗传算法[118~121]以及其他启发式算法[122~126]等已被引入信号协调控制参数的优化之中,公用周期、绿信比、相位差不再被分阶段优化求解,而是部分或全部同步生成优化结果。二是针对公用周期的设置,最初为了保证稳定的相位差,控制子区内的交叉口都采用相等的周期时长或周期时长的一半。但目前对于协调控制区域内的交叉口是否都应采用相等的周期时长,部分学者也提出了疑议。Karoonsoontawong 等(2010)基于元胞传输模型建立了双层鲁棒优化模型,用以优化信号配时,降低道路的总行程时间,优化结果表明各交叉口采用不同的信号周期并合理地调整相位差能获得更好的优化结果[127]。Hajbabaie 等(2011)对一个过饱和交通网络进行配时优化时设置了两种优化方案:各交叉口采用相等周期、各交叉口在一定范围内选择不同的周期,通过遗传算法对配时参数寻优,结果同样表明非等周期方案交通运行效益优于等周期方案[128]。

在国内对交叉口群信号协调控制参数的研究方面,杭明升(2002)对交叉口群实时自适应控制的参数优化进行了研究,依照高低级别优化四大参数,即信号周期(战略主参数)、相位差(战略次参数)、协调相位绿信比(准战略参数)、非协调相位绿信比(纯战术参数),并提出了各参数的优化原理及方法[61]。高云峰(2006)考虑了交叉口群内部车辆在交叉口连线上的离散过程、路段双向流量不均衡现象、相邻交叉口相位相序方案及交叉口滞留排队等因素,以使交叉口群内部的总控制延误最小为目标,建立了相位差优化模型[129]。沈峰(2008)结合交叉口群网络的CTM建模,设计了基于多目标非支配遗传算法的静态交叉口控制优化算法,并构建了分层递阶结构的交叉口群动态优化控制模型体系,对交叉口群控制系统的原型从系统框架与控制软件两方面进行了设计与分析[130]。西南交通大学吴洋(2009)对过饱和状态下的干道型交叉口群进行了数学建模,以行程时间最小化为目标函数,以防止过饱和车队超范围回溢为约束条件,对非线性规划问题进行了极值求解[131]。马万经等(2009)以交叉口群为控制对象,根据公交车辆通过交叉口群的"早到"与"晚点"现象,设计了"增加延误"与"降低延误"两类优先策略,并研究了预测公交延误、生成优先申请、计算优先策略及延误、分配优先时间、优化优先策略5个子模型,给出求解方法,实现交叉口群公交优先的协调控制[132]。过秀成、李岩等(2011)

对过饱和状态下交叉口群的信号控制机理与实施框架进行了研究,将关键路径通过车辆数最大和平均排队长度最小作为优化目标,建立包括交叉口群层、关键路径层和单点交叉口层的三层控制结构,探讨了各层的控制策略[133]。兰州大学牟海波等(2011)设计了由本地模糊控制器与特殊情况控制器共同组成的分布式控制系统,当检测器接收的本地车辆排队长度正常时,由模糊控制器确定绿灯延长时间,当交通负荷超出本地模糊控制器控制能力时,特殊情况控制器采用模拟退火算法整体优化交叉口群各交叉口的绿灯时间[134]。华南理工大学徐建闽等(2012)首先根据干道等级将区域路网划分为多个协调控制子区,对各个子区计算初步信号配时方案,并计算子区间路段集合的平均权重,对子区进行合并采取逐级协调的控制方法[135]。在对交叉口群控制效果的实时评价方面,高云峰等(2007)认为与传统单个交叉口交通控制评价不同,交叉口群内部交叉口的平均延误、停车次数及排队长度等评价指标的实时变化规律有自身特征,以周期为单位进行评价并不适宜,由此提出微观交通状态的概念,并建立评价指标的计算模型[136]。

从上述研究成果可总结出,信号周期、相位差、绿信比仍是交叉口群动态与静态协调的关键参数;依据交通流的运行状态,采用合适的控制策略,应用分布式控制结构是多数交叉口群协调控制算法的一致选择;过饱和状态及公交优先状态下的交叉口群交通控制方法正在被逐步开发。

1.3.4 交叉口群交通设计与交通组织

长沙理工大学皮钰鑫(2009)在分析信号控制交叉口群交通组织原理的基础上,对机动车单向交通组织与禁左交通组织的适应性进行了研究[137]。曾滢(2010)将交通设计的理念与交叉口群的思想相结合,分析了局部的交通设计方案与网络交通行为的相互作用,建立了适用于网络优化的交叉口车道功能与控制方案优化模型[62]。信号交叉口是"时、空、流"三者的有效协调,交叉口的渠化和配时优化应是互动的,但在目前的理论研究和应用中两者是分离的,渠化设计很少考虑到信号配时;而信号配时一般也是在预定渠化方案(车道功能划分)的前提下进行的,即在给定车道功能划分的情况下来研究配时,或在已有配时方案的基础上调整车道功能,忽略了两者之间的互动和反复优化,时空资源没有得到充分的利用,交叉口通行能力没有得到充分的挖掘[138]。因此有必要将交叉口群交通设计、交通组织与信号配时相结合。单点交叉口、城市干道、区域网络交通时空资源同步优化的思路与方法值得借鉴于交叉口群的交通协调设计与控制之中。王京元等(2007)在车道功能划分流程的基础上,遵循进口车道数与路段车道数的匹配和进口道与出口道的匹配两大原则,研究了车道功能划分的实用方法[139]。马万经等(2007)研究了信号控制交叉口1个进口道的通行空间分配与通行时间分配的相互制约和转化关系,在此基础上提出了考虑时空资源组合优化的公交被动优先模型[140]。钟章建等(2008)对左转和直行车道功能的划分进行了研究,建立了基于车道功能动态变换的以车均延误为目标函数的优化模型[141]。张好智等(2007)从交通网络系统角度出发,研究潮汐式交通流条件下如何设计道路网络的可变车道实施方案,目的使得整个城市交通网络的系统总阻抗最小[142]。由于交叉口的信号配时方案一般不是唯一的,最优信号配时方案会随着交通量的变化而变化,因此从理论上讲在条件可行的前提下需要对车道功能进行相应的调整,也就是对车道功能进行动态设计。

1.3.5 总结及研究方向

国内外学者针对交叉口群交通管理与控制问题进行了广泛的探索,提出了多种交通控制子区/交叉口群的范围界定方法、交通运行状态识别、交通控制策略及配时参数优化调整算法,有效缓解了城市路网的交通拥堵。为更具针对性地在交叉口群交通关联特征的指导下分析交叉口群交通拥堵的产生机理,并从路径优化的角度研究交叉口群动态协调控制方法,应从以下五方面对既有研究加以深化:

第一,区分控制子区与交叉口群的差别,以交叉口群作为城市中心区网络控制系统的协调单元。既有的分布或分层式区域交通控制系统一般将路网划分为若干个控制子区,各控制子区采用不同的配时参数,但控制策略大体相同。交叉口群概念的提出是为了避免若干个关联交叉口引发的交通阻塞对路网整体运行效益造成负面影响,交叉口群范围的界定需以网络瓶颈的预识别为前提,范围的边界可由路段的关联特征确定。此外,由于交叉口群中某个交叉口交通信号控制方案的调整往往会影响到相邻若干个交叉口交通流的运行状况,各交叉口群的控制策略需要因地制宜,重视局部路网结构及各个交叉口的特性,避免策略的僵化。

第二,依据交叉口群网络中的车流运行特征,判断上、下游交叉口的动态关联性。既有研究已经认识到交叉口群的关联特征不仅受交叉口间距的影响,还与车流分布特征、信号控制方案等因素密切相关。虽然网络的拓扑结构是固定的,但系统中每个断面交通流和交通体的状态都在时刻变化之中,车流分布特征、信号控制方案等因素表现出随机性与动态性,因此交叉口之间的关联特征也是动态变化的。虽然交叉口群与控制子区的本质与内涵不同,但动态控制子区的划分思路可以借鉴交叉口群的范围界定;交叉口群交通控制策略也需要依据交叉口间变化的关联特征做出相应的调整。

第三,以路径为协调控制单元,保障主路径方向车流的优先通行。将交叉口群作为整体进行信号协调控制已获得学者的认同与关注,但已有的交通控制策略主要以全局优化或关键交叉口整治为主,而没有从交叉口间的关联特征出发,以避免路段排队溢出、绿灯时间交叉口空放等负面现象为目标,寻找适宜的控制策略与方法。已有研究成果表明,交叉口群中存在决定交叉口群整体交通运行效果的关键路径,有必要对其进行优先控制。因此需要借鉴干线协调的优化思路,对由若干个连续交叉口及路段组成的路径的关联度、交通主流向识别及协调控制技术作进一步研究,以期对不同路径上的交通流量进行调整,实现网络负荷的均衡分布。

第四,对交叉口群的通行能力充分挖潜,实现时空资源的同步协调。目前交叉口时空资源同步设计大多仅局限于单个交叉口,而未结合交叉口关联特性拓展至整个交叉口群。车道功能设计与信号配时的协同建模已得到了研究者的关注,并取得了一定的研究成果,但多个交叉口时间资源与空间资源同步协调设计的模型和方法由于其复杂性始终未能有所突破。以路径优化作为建模的前提可以充分考虑交叉口的关联特征并有效地简化模型,使时空资源优化配置方法更具有针对性,因此该方法值得进一步探讨。

第五,以动静态协同的交通信号控制优化方法避免交叉口群过饱和状态的发生。在针对交叉口过饱和状态开发的控制系统中,一般以通行能力最大为优化目标,采取固定的配时方案,实现车辆的快速疏散。而在非饱和及近饱和状态下,控制系统的优化目标、优化策略、优化方法等有诸多可选择的余地。每种控制策略与方法都有其控制优势、适用的交通状况以及适用环境的局限性等,如何根据不同的外部状况选择适合交叉口群的控制策略,如何使离线设计方案与在线调整方案相协调是交叉口群动态协调控制中必须解决的关键问题。

1.4 研究框架及内容

1.4.1 研究框架

本书针对城市道路信号控制交叉口群交通流运行特征,探讨交叉口群交通动态协调控制方法并开发交叉口群交通动态协调控制软件,旨在完善城市道路交叉口群交通信号控制技术,预防及疏解城市交通拥堵、提高路网运输效率。在内容的编排上,主要包括信号控制交叉口群交通流特性分析基础、交叉口群交通动态协调控制关键技术研究及交叉口群交通动态协调控制软件开发三部分,总体框架如图1-1所示。

在交叉口群交通流特性分析基础部分,精确的短时交通流信息是交叉口群交通动态协调控制的工作基础,应建立交叉口群交通流量统计特征与运行车速变化特征的分析方法,提出基于状态空间神经网络和扩展卡尔曼滤波组合预测模型的交通信息短时预测模型;为识别交叉口群中的交通主路径,剖析带有交通管制属性的交叉口群网络连通结构,围绕信号控制交叉口群的交通关联特征,建立路径关联度计算模型;通过交通流模型可为交通出口信号控制参数优化提供相关的交通流数据,需对交叉口群的交通流建模问题进行研究,采用改进的元胞传输模型对交叉口群各路段和交叉口处交通流状况进行模拟。

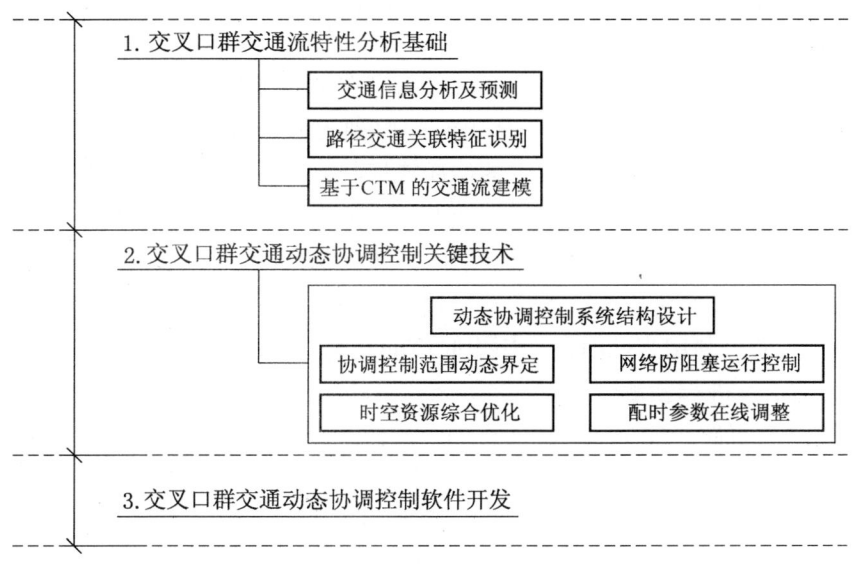

图 1-1　研究总体框架

在交叉口群交通动态协调控制关键技术研究部分,首先基于交叉口群交通流的运行特征,建立交叉口群动态协调控制策略集合,采用 Multi-Agent 技术建立协调控制模式与控制结构,明确控制系统的关键功能模块和适用条件。针对范围界定模块,提出交叉口群的动态组建方法,响应时变的交通流需求,对信号控制交叉口群进行动态的组合与分散;在基准设计方案生成模块,首先基于阻塞流理论对交叉口群网络进行防阻塞运行控制,其次以实现交叉口时空资源相互协调为目标,建立数学规划模型,生成车道功能渠化设计、相位设计与配时控制参数设计方案,使主路径方向各交叉口的进口道通行能力得到优先满足;在绿信比优化模块,建立两级模糊协调控制器,判断进行感应控制的非关键相位绿灯延长时间,对多相位交叉口绿信比进行在线调整,保证主路径方向车流的优先通过;在相位差优化模块,依据绿信比调整的统计数据,以随机仿真优化方法确定主路径方向交叉口相位差的最优取值。

交叉口群交通动态协调控制软件的开发将交叉口群交通状态的识别、交叉口群范围的界定、关键路径的识别、基于关键路径的交叉口群动静态协同优化控制、不同管控方案下交叉口群运输效益评估方法等研究成果封装于软件的不同模块之中,通过仿真及实践应用,进一步检验交叉口群交通控制算法的有效性,支持算法的调整与完善。

1.4.2 研究内容

（1）信号控制交叉口群交通流特性分析基础

① 交叉口群交通信息分析与预测

基于实测数据分析交叉口群交通流量信息在空间维度与时间维度上的相似性及非精确匹配性，将流量信息视为多组时间序列，采用动态时间弯曲距离（DTW）度量流量信息在路径上传播过程中的传递特征与衰减特征。对车辆途经多个信号控制交叉口行程时间的理论构成进行剖析，通过不同车辆经过同一路径行程时间差异性的对比分析，说明路段的几何设计、车辆到达规律、车速、信号控制手段等共同对车辆行程时间产生影响。应用基于状态空间神经网络和扩展卡尔曼滤波的组合预测模型，通过利用当前时段和历史时段的交叉口群交通信息，对下一时段的交叉口群交通信息进行预测。

② 交叉口群路径交通关联特征

总结既有的相邻交叉口关联度计算模型，分析相邻交叉口关联度的影响因素。分别从交叉口群的网络拓扑结构、路段空间特征、交通信号控制、车流运行特征等方面介绍关联交叉口群的交通特性。以路径关联度作为交叉口群交通主路径的判别指标；基于对交叉口排队溢流、滞留排队、阻挡溢流、绿灯空放等交通负面效应的成因分析，确定路径关联度的影响因素；建立离散性关联指标和阻滞性关联指标衡量路径的关联度，并对指标进行敏感性分析；搜索交叉口群中所有逻辑连通路径并计算路径关联度值，选择关联度值最高者作为交叉口群内的交通主路径。

③ 基于元胞传输模型的交叉口群交通流建模

对信号控制交叉口交通流建模问题进行研究，介绍元胞传输模型（CTM）基本形式，分析其优点及局限性。提出适应交叉口群交通特征的交通流模型，引入元胞交通流密度和元胞长度两个参数，对 CTM 模型加以改进，建立单路段、汇聚、分流等不同形式的表达式，解决 CTM 模型要求建立相同长度元胞的缺点。通过 Vissim 仿真软件，将改进的 CTM 模型应用于符合交叉口群道路结构特点的模拟路段，对改进的 CTM 模型模拟、预测结果进行评价。

（2）交叉口群交通动态协调控制关键技术

① 交叉口群交通动态协调控制系统结构设计

为实现交叉口群交通控制时间与空间、静态与动态、整体与局部的相互协调，建立由控制范围动态识别、时空资源同步优化、主路径车流通行优先、数据实时处理四部分共同组成的策略集合，并对该动态协调控制系统的适用环境进行研究。围绕策略的具体实施，构建基于 Multi-Agent 技术的递阶集散协同实施模式，通过六大关键模块,即数据处理模块、范围界定模块、路径识别模块、基准设计方案生成模块、绿信比优化模块以及相位差优化模块,共同执行和整合不同策略的组成部分。

② 交叉口群信号协调控制范围动态界定

依据交通流的实时变化,以交叉口群范围内的交叉口关联性相对较强,而交叉口群边界的交叉口与群外相邻的交叉口关联性相对较弱为控制范围边界界定原则,将待分析的道路网络中交通负荷最高的目标交叉口定为基点,对外寻找其影响范围。选取判断交叉口路段关联性的度量指标以及确定关联指标"强"与"弱"的临界值是需要重点解决的两个问题。以协调系数(CF)与不均衡系数(IB)共同作为相邻交叉口路段关联度度量的指标值;采用自组织映射神经网络(SOM)作为路段关联度强弱划分工具,使用二分法逐步缩小其搜索范围,断开关联度较弱的路段连接,在余下的连通网络中继续分类,直到目标交叉口所在的交叉口群满足分析范围的大小为止。

③ 交叉口群网络防阻塞运行控制

协调交叉口群内部各交叉口与路段的容量匹配关系是实现系统整体性的必要条件。以交通网络均衡理论与阻塞流理论为基础,采用计算机仿真实验模拟不同路径选择条件下车辆在网络中的随机流动现象,通过流通性能指标对网络的饱和状态进行评估,以说明当网络未达到最大饱和流时阻塞流的形成原因。为尽可能防止交叉口群阻塞流的产生,从交通网络结构设计层面提出最小流控制和最大流控制策略,并辅以计算示例予以说明。

④ 面向主路径协调控制的交叉口群时空资源综合优化

对基于车道的单点交叉口信号配时优化模型进行改进,新增公用周期与相位差约束,从车道功能、流量分布、配时参数、饱和度约束四个方面建立约束条件集合,将车道功能与信号配时同步设计(AFSST)问题转化为二进制混合整数线性规划模型求解,考虑有空间资源约束与无空间资源约束两种情况,采用分支界定法完成对各项参数的寻优。对于交叉口群主路径方向的各交叉口,首先以各交叉口通行需求均得到满足为前置条件,对周期求解并寻找其中最大周期时长作为公用周期;其次以主路径途经的交叉口进口道各车道通行能力得到优先满足为前提,将优化目标设置为使非主路径方向进口车道通行能力最大,从而得到主路径方向各交叉口车道功能与信号配时同步设计方案。

⑤ 交叉口群信号协调控制配时参数在线调整

由于车道功能与信号配时同步设计的方法使得部分非主路径方向的交叉口进口道的通行能力出现富余,在明确多相位交叉口控制时间段、关键相位与非关键相位、感应相位与非感应相位、相位切换方式之后,设计两级模糊协调控制器:第一级模糊控制器采用观测数据估计非关键感应相位不同绿灯延长时段内通行相位方向的车辆到达强度,第二级模糊控制器依据通行方向的车辆到达强度与红灯方向关键相位的累积排队强度,确定进行感应控制的非关键相位的绿灯延长时间。以绿信比的调整为基础对相位差进行优化,将相邻交叉口关键相位绿灯提前启亮时间视为随机变量,确定绿灯提前启亮时间与相位差之间的数值关系,依据随机变量的统计分布采用随机仿真优化方法确定相位差的最优取值。

(3) 交叉口群交通动态协调控制软件开发

采用面向对象的软件开发方法开发交叉口群交通动态协调控制软件:设置友好的用户界面,向用户开放若干参数以供修改,通过动画技术显示交叉口群的交通运行状态;采用实时运行模式,即根据控制区域实时交通参数的变化,优化、调整信号配时参数,以协调控制各个信号交叉口的有效运行,使交通流处于最佳的运行状态。软件可以集成在整个城市交通控制系统结构中作为一个子系统,利用现有城市交通控制系统的硬件设备和软件平台运行,也可作为一个独立的系统,通过内外场硬件设备提供控制决策方案,在方案层面与现有的城市交通控制系统进行集成。

1.5 技术路线

为实现控制范围动态识别、时空资源同步优化、主路径车流通行优先、数据实时处理四项控制策略,针对六个功能模块,即数据处理模块、范围动态界定模块、路径识别模块、基准设计方案生成模块、绿信比优化模块、相位差优化模块,采用时间序列分析、蒙特卡罗仿真、数学规划、神经网络、模糊推理等主要技术手段,对城市道路信号控制交叉口群动态协调控制方法进行研究。实现各模块功能的技术路线如图 1-2 所示。

1. 数据处理模块

通过检测设备采集观测区域内的车辆数或占有率,检查检测结果的可用性,依据上下游交叉口关联特征对缺失数据进行合理插值后,采用基于状态空间神经网络和扩展卡尔曼滤波的组合预测模型对交通信息进行短时预测,运用改进的CTM模型模拟车流运行以获得交叉口各进口道的平均车辆到达率及排队情况。

2. 交叉口群动态范围界定模块

依据实测数据,应用交叉口通行能力利用率值确定路网中交通负荷最高的目标交叉口,采用协调系数与不均衡系数共同确定相邻交叉口路段的关联程度,建立自组织映射神经网络,将其作为路段关联度强弱划分工具,使用二分法逐步缩小路网规模,以最终确定交叉口群信号控制范围。

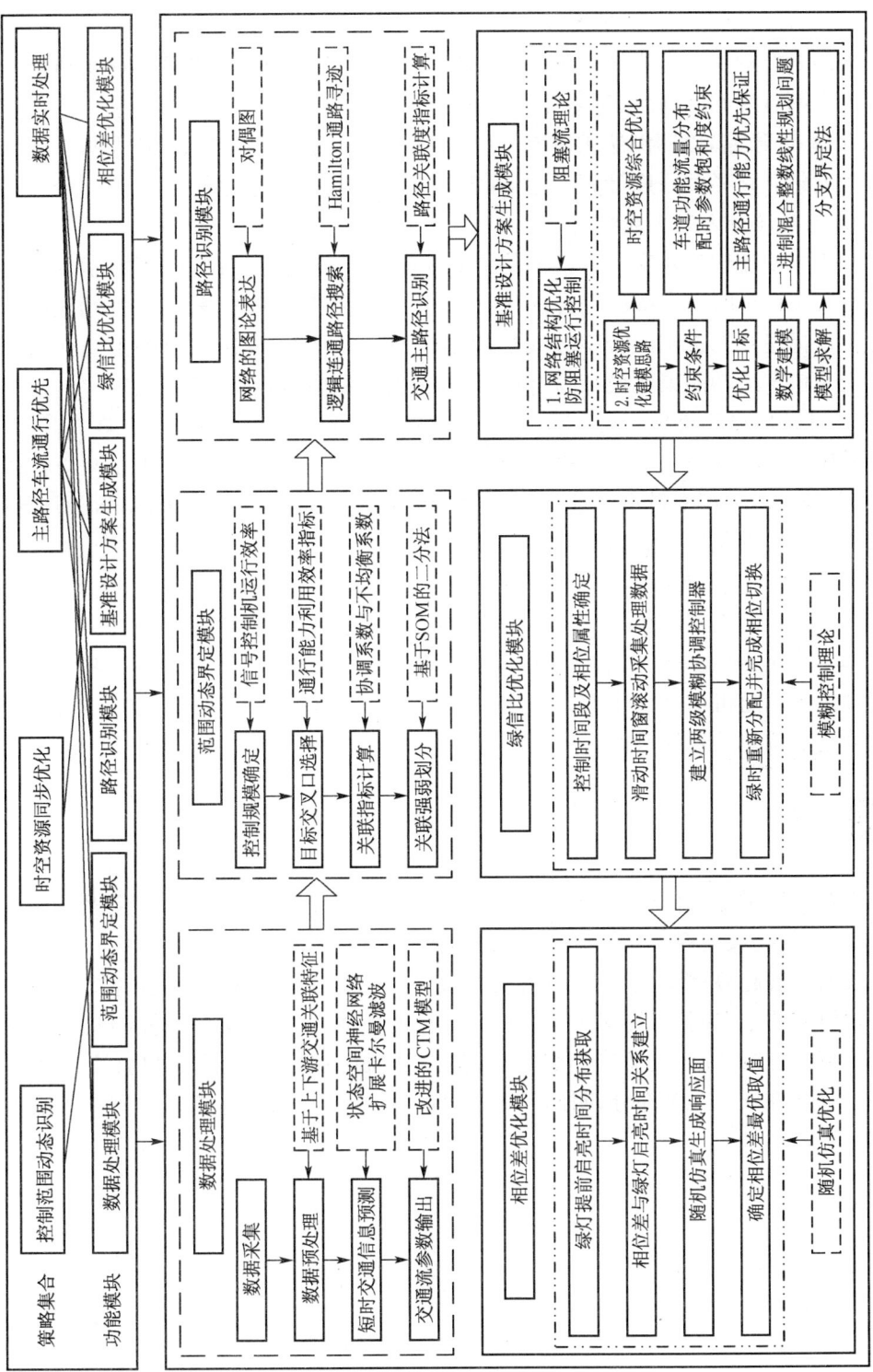

图1-2 研究技术框架体系图

3. 交叉口群路径识别模块

采用对偶图法对具有转向限制的交叉口群网络进行表达,将寻找交叉口群范围内任意两点之间的通路,等效于在对偶图中寻找出每个顶点正好经过一次的有向 Hamilton 通路,以回溯法求解网络中的 Hamilton 通路;从车队离散及排队阻滞两个角度建立路径关联度计算模型,确定交叉口群内的交通主路径。

4. 基准设计方案生成模块

基于阻塞流理论对交叉口群网络结构进行防阻塞运行控制,应用数学规划方法实现交叉口群时空资源的综合优化;将决策变量用代数符号表示,根据约束条件及优化目标建立二进制混合整数线性规划模型,采用分支界定法求解出交叉口群内各交叉口车道功能渠化设计、相位设计与配时控制参数设计方案。

5. 绿信比优化模块

采用滑动时间窗法对数据进行检测与滚动处理,应用模糊理论建立两级模糊协调控制器,对决策变量进行模糊化处理并制定模糊规则,通过 Mamdani 型模糊推理算法去模糊化后得绿信比调整方案。

6. 相位差优化模块

将不同控制周期内相邻交叉口关键相位绿灯提前启亮时间视为随机变量,获取其真实分布,建立绿灯提前启亮时间与相位差之间的输入与输出关系,基于统计抽样理论采用随机仿真优化的方法取参数分布上的每一个值进行一次仿真计算,由此确定相位差的最优取值。

1.6 本章小结

本章介绍了城市信号控制交叉口群交通动态协调控制方法的研究背景及意义;从国内外区域交通信号协调控制系统的研制历程出发,总结了区域信号协调控制系统的发展趋势;综述了交叉口群交通管理与控制方面的既有研究,并提出进一步深化研究的重点问题;构建了全书内容体系的总体框架,包括信号控制交叉口群交通流特性分析基础、交叉口群交通动态协调控制关键技术及交叉口群交通动态协调控制软件开发三个部分,明确了各部分的主要研究内容,并梳理了研究所采用的技术手段。

第 2 章 交叉口群交通信息分析与预测

交叉口群交通动态协调控制以精确的短时交通流信息为工作基础。交叉口群交通流系统是由存在关联关系的人、车、路及环境等众多要素组成的时变的、开放的复杂系统，呈现出周期、半周期现象等非线性特征及随机特征。为提高数学模型对交通系统真实变换特性的拟合程度及交通信息预测精度，首先应从精细交通信息的分析及预测技术入手开展工作。本章主要研究交叉口群交通流量信息的相似性特征、行程时间信息的差异性特征以及基于状态空间神经网络和扩展卡尔曼滤波组合预测模型的交通信息短时预测模型。

2.1 交通流量信息相似性分析

2.1.1 交通流量信息获取

交通系统中所涵盖的信息量巨大而复杂，在交叉口群交通动态协调控制中一个基本而重要的环节即为如何有效地处理和利用系统中的各种信息，使之服务于整个控制系统。交通信息按照时间性质不同可分为历史交通信息、实时交通信息；按照信息来源不同可分为城市道路交通信息、高速公路交通信息；按照统计间隔不同可分为宏观交通信息、中观交通信息、微观交通信息(包括统计间隔在 $2\sim15$ min 内的短时交通信息)；按照信息的属性不同可分为交通流三参数(流量、密度、速度)信息、交通事故信息、天气信息、交通管理控制信息、车辆和出行者需求服务信息等。交通流量、速度和密度是描述交通流状态的最基本交通信息，本章中研究的交通信息系指城市道路信号控制交叉口群交通流三参数信息，首先对交通流量信息的相似性特征进行分析。

交通系统信息的层次差异性大，有效性迥异，周期也各有不同，要有效地处理如此巨大而繁杂的信息量，必须找出蕴含在其中的规律性。交通信息虽然量大且繁杂，但对于描述同一交通属性的信息，其间具有一定的联系。交叉口群内某一路径方向下游交叉口的到达车流特性与上游交叉口的信号控制密切相关，主要表现在两方面：①到达车流被上游交叉口的信号控制划分为间断的、密度较高的车队；②一个周期内下游交叉口到达车辆的数量受到上游交叉口通行能力的限制。下游交叉口的车流到达特征和上游车流特征的相似性反映了交叉口之间的关联性，一旦上游交叉口因交通信号控制或交通拥堵引起流量、车速、密度等交通流参数的变化，此类参数的短时变化特征极有可能保持至下游交叉口。

交通流量是描述交通流状态的重要指标之一，按固定的时间间隔采样，流量信息可被视为一组时间序列值。交通流量的采集是在确定地点、确定时间段内对通行车辆数量的数据采集，采集方法分为非自动采集和自动采集两种。

非自动采集方法有人工观测法、浮动车调查法和摄影法。人工观测法是在选定地点及时间，由观测人员观测和记录通过实测断面的车辆数，此方法简单易行，不需要复杂设备，但需要较多的人力；浮动车调查法是通过在测定区间内驾车反复行驶测量求得区间内断面平均交通流量的方法；摄影法是在选定断面处的路面上作标记后，对其作定时摄影，然后对照片进行处理得出交通流量，此方法成本高，资料处理工作量大。

交通流量的自动采集技术已经有了显著发展。目前实用的采集技术有感应线圈检测器、超声波检测器、磁性检测器、红外线检测器、微波检测器等；视频图像处理技术也正在应用于交通流量的检测。

车流在交叉口群某一路径上前行使得流量信息在时间轴上发生周期性变化，在空间轴上进行前后传递。本节以美国联邦公路署 2006 年在 NGSIM（Next Generation Simulation）项目中对主干道 Peachtree Street（美国乔治亚州，亚特兰大市）连续 5 个交叉口的流量观测数据为分析对象，研究网络中同一路径上多个检测点交通流量信息在空间维度与时间维度上的相似程度。

NGSIM 项目提供了一个数据免费、开放共享的基础平台，其中主干路数据集包括了详细的车辆轨迹、检测器以及用于研究驾驶行为的支撑数据，此类数据通过数码摄像机采集获得，在 0.5～1.0 km 的路段上车辆的准确位置每十分之一秒被记录一次。具体信息可在 NGSIM 网站（http://ngsim.fhwa.dot.gov）上获取。

Peachtree Street 的观测数据集的观测长度路段约为 640 m，包含 5 个邻近交叉口。在各交叉口进口道的上游与观测区段驶出点设置检测点，标号如图 2-1 所示，共计 30 处。其中有 11 处车辆驶入端检测点，11 处车辆驶出端检测点，8 处中途检测点。

大量交通观测及仿真分析结果表明，不同观测尺度下的交通现象显现出不同的交通特性，即交通特性的精细程度取决于交通信息的粒度。Peachtree Street 的观测数据集分为两类：一类为从 2006 年 11 月 7 日至 11 月 9 日连续 3 日的 24 h 交通流量观测数据，采样间隔为 15 min；另一类为 2006 年 11 月 8 日 12：45 至 13：00、

16:30 至 16:45 两个时段分别持续 15 min 的短时交通流量观测数据,采样间隔为 0.1 s。据统计,观测区段内共有 94 条可待分析的路径。

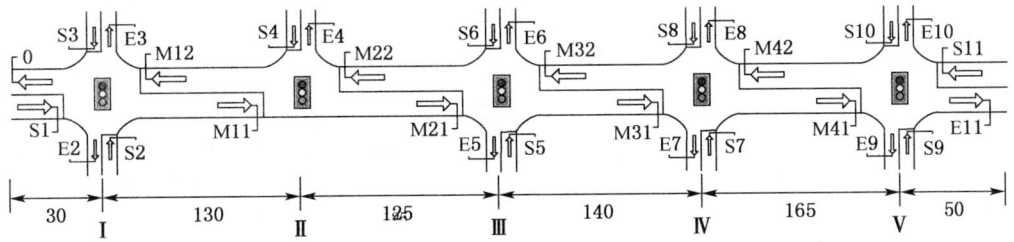

图 2-1　交通流量检测器分布示意图(单位:m)

2.1.2　相似性特征描述

城市交通流状态虽然处于实时变化之中,但以日或周为观测单元,在不同的观测区段上进行对比也能反映出一定的规律性。

1. 时间维度的相似性

单个检测点获取的交通信息在时间轴上具有趋势变化特性,即前后时刻的观测值具有一定相关性,下一时刻的交通状态往往会延续前面若干时刻的变化趋势。由于部分出行者,如通勤者固定的出行行为,交通流量信息的趋势变化呈现出周期波动特征。图 2-2(a)为 Peachtree Street 与 10th Street 交叉口南进口道 11 月 8 日(星期三)与 11 月 9 日(星期四)24 h 交通流量观测数据,采样间隔为 15 min。由图 2-2(a)可知两条曲线之间存在较大的重合,一天内大体都会经历"下降至最低谷—上升至早高峰—下降至次低估—上升至晚高峰—持续下降"的变化过程。

2. 空间维度的相似性

图 2-2(b)为 Peachtree Street 与 10th Street 交叉口、Peachtree Street 与 11th Street 交叉口两个邻近交叉口南进口道 11 月 8 日采集的 24 h 交通流量曲线图。由图可知,对于具有强关联性的邻近交叉口,上、下游检测点获取的交通流量信息也呈现出相近的变化趋势,即信息会在干道空间上进行传递,但传递过程中存在一定的时滞。

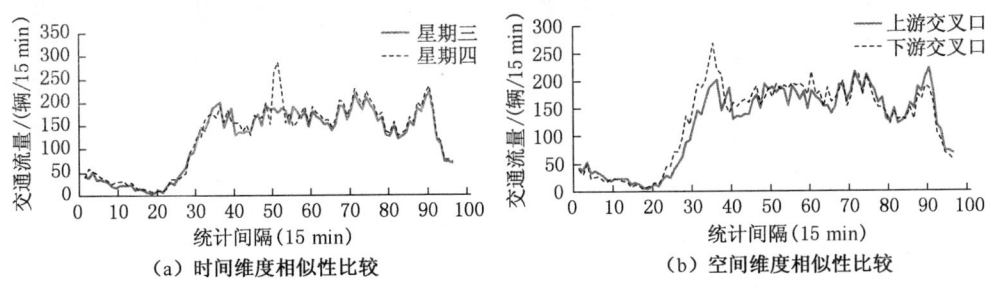

(a) 时间维度相似性比较　　　　(b) 空间维度相似性比较

图 2-2　交叉口 24 h 交通流量曲线图

3. 非精确匹配性

交叉口群交通系统是由人、车、路、天气等多种客体组成的集合,受系统内部的时变特征与外部各种不确定性因素扰动影响,交通流量信息不会一直延续以往的趋势单调变化。路径流量信息的扰动因素主要表现为不同接入口车辆的随机到达或驶离、天气及意外事件的随机介入等,使得不同时段单个检测点或同一时段多个检测点获得的交通流量信息只能是某种程度上的相似,而并非完全相同。需要采用基于近似匹配的"近似"相似性搜索方法对流量信息进行进一步分析。

2.1.3 DTW距离概述

交叉口群网络中不同路径车流运行特征的交叠增加了交通流信息分析的难度。采用时间序列数据挖掘(Time Series Data Mining,TSDM)工具,考虑数据集之中数据间存在的时间关系,从真实的、大量的、含噪声的数据源中揭示出隐含的、先前未知的并有潜在价值的信息,是交通流信息处理与分析的重要手段之一。对交通流信息进行相似性比较,可用于揭示交通流信息的周期性变化规律,通过比对历史数据检测交通事件的发生,在数据存储时压缩冗余成分[143~146]。研究选用时间序列相似性搜索方法中的动态时间弯曲距离(Dynamic Time Warping,DTW)度量交叉口群内多个检测点交通流量信息在空间维度与时间维度上的相似程度,用以区分车流的走向,揭示交通流量信息沿前行路径方向的传递规律。

1. 时间序列相似性搜索原理

所谓时间序列相似性搜索,就是找出与给定查询序列的变化行为最为接近的数据序列。给定一个目标模式 $X=(x_1,x_2,\cdots,x_n)$ 和一个序列 $Y=(y_1,y_2,\cdots,y_m)$,相似性问题就是如何确定 X 和 Y 的相似度 $sim(X,Y)$。n 和 m 的取值可以相同也可以不同,当 $n=m$ 时是两个序列完全匹配(whole sequence matching)的问题,即从具有相同长度的序列中查找相似的序列;当 $n\neq m$ 时为子序列匹配(subsequence matching)问题,即从 $y_i(i=1,2,\cdots,m-n+1)$ 开始,找出 Y 中与 X 最相似的子序列(假定 $n<m$)。

无论哪一种相似性的搜索都依赖于时间序列的相似性度量方法,即如何定义 $sim(X,Y)$。目前时间序列相似性的度量主要是基于距离的度量。给定一个计算序列间的距离公式,并确定一个距离阈值,对任意给定的两序列,当距离小于或等于阈值时,则认为两序列相似,否则,认为二者不相似。因为长度为 n 的时间序列可以看做是 n 维空间上的点,所以空间距离函数可以用作序列距离公式,而最困难的是如何定义序列间的距离。在时间序列相似性搜索中最常用的是欧几里得距离(Euclidean distance),也称欧氏距离。

设两组单变量时间序列分别为 $X=(x_1,x_2,\cdots,x_n)$ 和 $Y=(y_1,y_2,\cdots,y_m)$,当

$n=m$ 时,它们的欧氏距离定义为:

$$D(X,Y) = \sqrt{\sum_{i=1}^{n}(x_i - y_i)^2} \quad (2-1)$$

欧氏距离虽然比较简单,但是在相似性的度量中却很不可靠,这是因为时间轴的微小变形将会引起欧氏距离很大的变化,因此对时间轴有轻微变形的时间序列相似性的测量,欧氏距离将不再适用,如图2-3所示。虽然两个时间序列的形状相似,但是它们在时间轴上并不是完全对齐的,因此图2-3(a)中用欧氏距离计算相似性结果的距离将会很大,可能会导致产生不相似的结果。

在交叉口群路径交通流量信息的分析过程中,上、下游检测点获取的信息由于时滞的存在,在时间轴上并不完全对齐,可以采用固定的时滞值对时间轴进行平移后再计算欧氏距离,但由于驾驶者行驶速度的不一致性,时滞值在一定范围内浮动,特别是当采用较小的统计间隔时计算结果往往并不理想。若测量时,时间轴可以根据具体情况进行移动,在两个序列之间寻找一条对齐路径,使得两个序列之间的欧氏距离最小,从而更直观(更类似于人类思考方式)地测量时间序列的相似性,会更有效地找到两个时间序列的相似形状。对于这种情况人们提出了一种新的相似性测量方法——动态时间弯曲距离(Dynamic Time Warping,DTW)法,该方法允许在时间轴上有弹性地移动,以便能够在两个时间序列的不同时间阶段发现相似的波形。动态时间弯曲距离可以适时地转换、扩张或压缩两个序列的局部特征,实现两个序列的同步化,因此动态时间弯曲距离不要求比较序列长度的一致性。

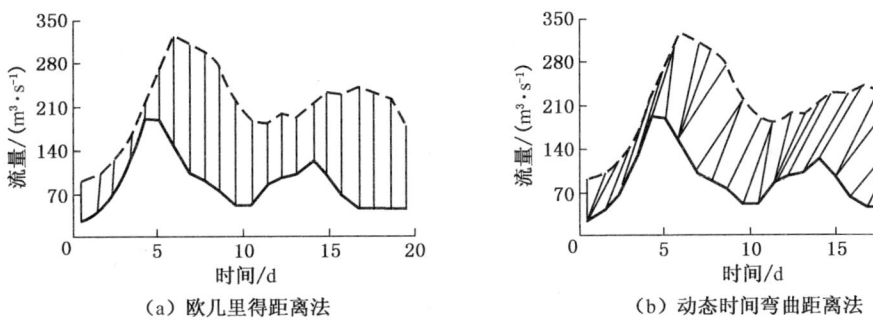

(a) 欧几里得距离法   (b) 动态时间弯曲距离法

图2-3 不同的距离度量方法

2. DTW距离算法

设两组单变量时间序列分别为 $Q=(q_1,q_2,\cdots,q_i,\cdots,q_n)$ 和 $C=(c_1,c_2,\cdots,c_j,\cdots,c_m)$,$n$ 和 m 分别为时间序列 Q 和 C 观测值个数(见图2-4)。构建一个 $n \times m$ 阶的矩阵,其中,第 (i,j) 个元素是两个时间序列的点 q_i 和 c_j 之间的距离 $d(q_i, c_j)$,$d(q_i,c_j)$ 的计算采用欧氏距离,即 $d(q_i,c_j)=(q_i-c_j)^2$。

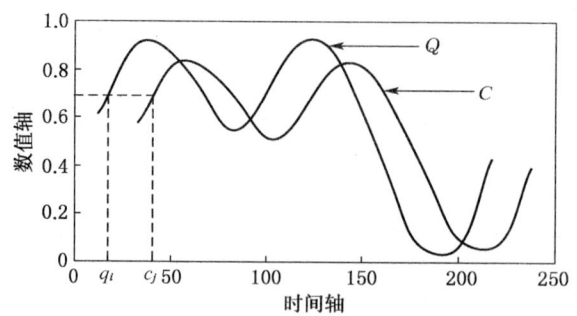

图 2-4 两组相似的时间序列

如图 2-5 所示,一条弯曲路径 W 是由上述矩阵元素构成的连续路径,这条路径定义了时间序列 Q 和 C 之间的一个映射,W 的第 k 个元素的坐标被定义为 $w_k=(i,j)_k$,可得到一个路径集为:$W=\{w_1,w_2,\cdots,w_k,\cdots,w_K\mid \max(m,n)\leqslant K<m+n-1\}$。该路径满足以下条件限制[147]:

(1) 边界条件:$w_1=(1,1)$ 且 $w_K=(m,n)$,即要求弯曲路径必须从矩阵的起始位置处开始到对角的结束位置处结束;

(2) 连续性:给定 $w_k=(a,b)$ 和 $w_{k-1}=(a',b')$,要求 $a-a'\leqslant 1$ 且 $b-b'\leqslant 1$,即要求弯曲路径每一步的设定都是连续的;

(3) 单调性:给定 $w_k=(a,b)$ 和 $w_{k-1}=(a',b')$,要求 $a-a'\geqslant 0$ 且 $b-b'\geqslant 0$,即要求路径必须在时间轴上是单调的,也就是说路径 W 通过点 (i,j) 的同时必须至少通过点 $(i-1,j-1),(i-1,j)$ 或 $(i,j-1)$ 中的一个。

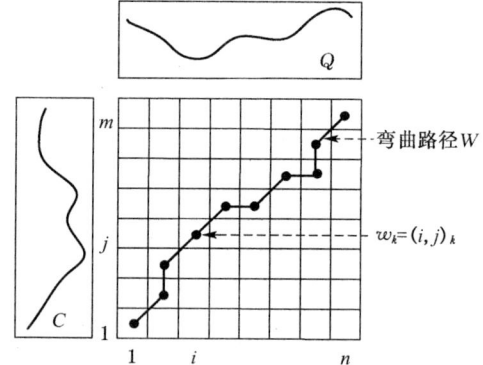

图 2-5 弯曲路径示意图

满足上述条件的路径有很多条,可计算每条路径到达点 (m,n) 时总的累积距离,选择具有最小累积距离者为最佳路径,即

$$\min\left\{\sqrt{\sum_{k=1}^{K}w_k}/K\right\} \quad (2-2)$$

式中:K——路径 W 的长度,用以消除不同弯曲路径长度的影响。

如果点 (i,j) 在最佳路径上,基于动态最优原理可知,从点 $(1,1)$ 到点 (i,j) 的子路径也是局部最优解,也就是说从点 $(1,1)$ 到点 (m,n) 的最佳路径可以由时间起始点 $(1,1)$ 到终点 (m,n) 之间的局部最优解通过递归搜索获得。构造累积距离矩阵 γ,点 (i,j) 的计算公式如下:

$$\gamma(i,j) = d(q_i, c_j) + \min\{\gamma(i-1, j-1), \gamma(i-1, j), \gamma(i, j-1)\} \quad (2-3)$$

式中:$d(q_i, c_j)$——两个时间序列对应点 q_i 和 c_j 之间的距离。

其初始条件为 $\gamma(1,1) = d(q_1, c_1)$。从两个序列起始点 $(1,1)$ 开始迭代计算点 (i,j) 的累积距离,最终时间序列弯曲路径最小累加值 $\gamma(m,n)$ 为时间序列 Q 和 C 最佳路径的 DTW 距离,即 $D_{DTW}(Q, C) = \gamma(m,n)$。

2.1.4 基于 DTW 距离的交通流量信息相似性度量

1. 同一路径不同检测点交通流量信息相似性比较

选取 11 月 8 日 16:30 至 16:45 路径 $S1 \to E11$ 途经的检测器 $M11$、$M21$、$M31$ 及 $M41$ 获得的 15 min 短时交通流量数据分析流量信息的传递特征。以 10 s 为统计间隔获得各检测器的车辆到达数,每组数据有 90 个流量统计值。如图 2-6 所示,黑色柱状体表示起点为 $S1$、终点为 $E11$ 的路径车辆数,均占各检测器检测总流量的 1/3 以上。受交叉口信号控制的影响,检测数据呈不同规模的簇状分布;虚线方框标示出了从 $S1$ 至 $E11$ 的同一组车队在不同检测器下的车辆到达情况,该组车队在经过各交叉口时均在同一周期内通过,但受不同车辆进出车队的影响,车头间距不断发生改变。在对 4 组流量时间序列两两计算 DTW 距离之前先进行数据标准化处理,采用单因素方差分析判断经标准化处理之后的各检测点数据是否有显著差异性。计算得组间均方 $MS_{组间} = 0.011$,组内均方 $MS_{组内} = 0.034$,F 统计量为 0.324,P 值为 $0.808 > 0.05$,说明 4 组检测数据无显著差异。

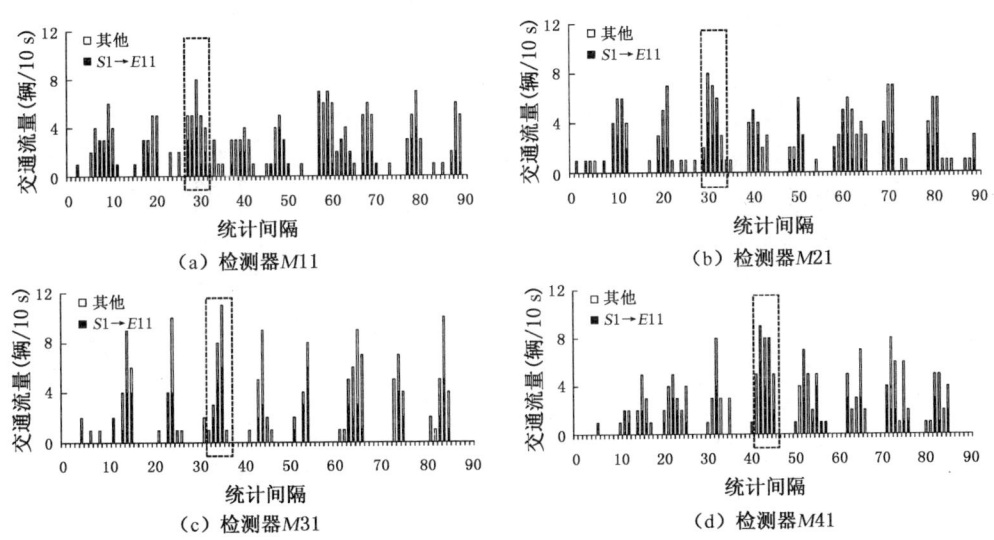

图 2-6 检测器检测交通流量分布($S1 \to E11$ 方向)

相较于统计分析中的数据检验方法，DTW 距离的计算结果能定量地反映出信息的传递并表现出传递过程中的衰减。获得相似性距离度量矩阵 $D_{4\times 4}$ 如式(2-4)所示：

$$D_{4\times 4} = \begin{array}{c} \\ M11 \\ M21 \\ M31 \\ M41 \end{array} \begin{array}{cccc} M11 & M21 & M31 & M41 \end{array} \\ \left[\begin{array}{cccc} 0 & 1.25 & 1.56 & 1.96 \\ 1.25 & 0 & 0.77 & 1.09 \\ 1.56 & 0.77 & 0 & 0.95 \\ 1.96 & 1.09 & 0.95 & 0 \end{array} \right] \quad (2-4)$$

在式(2-4)中，以 $M11$ 获取的数据为参照序列，随着路径长度的增加，$M21$、$M31$、$M41$ 与 $M11$ 的 DTW 距离逐渐增大；以 $M41$ 为参照序列，随着距离的接近各检测器的 DTW 距离值逐渐缩小。邻近的检测器检测流量信息虽然相近，但随着空间距离的增加，交通流量信息的差异程度变大。受诸如汇入或驶出干道车辆的干扰、车队离散等非确定性因素的影响，同质的交通流量信息不可能无限制地在空间上进行传递。基于 DTW 距离的流量信息相似性度量值可将信息在路径内的传递过程与衰减特征予以量化。

2. 不同路径交通流量信息相似性比较

（1）路径流量信息相似性度量步骤

采用 DTW 距离算法对路径交通流量信息进行相似性度量包括三个主要步骤：数据标准化处理、DTW 距离计算、路径信息提取。

① 数据标准化处理

设两组待分析的时间序列分别是来自于不同的检测点交通流量数据组，统计间隔相同，时间序列长度也相同，观测值的个数均为 n，记为 $Q = (q_1, q_2, \cdots, q_i, \cdots, q_n)$ 和 $C = (c_1, c_2, \cdots, c_j, \cdots, c_n)$。假设存在 N 组待比较的时间序列，在两两计算 DTW 距离之前，分别采用 Min - Max 标准化方法对原始数据进行线性变换。为保留待比较的两组流量数值之间的差异特征，采用如下方法使标准化处理之后的数值均位于区间$[0,1]$之间，记为 $Q^* = (q_1^*, q_2^*, \cdots, q_i^*, \cdots, q_n^*)$ 和 $C^* = (c_1^*, c_2^*, \cdots, c_j^*, \cdots, c_n^*)$：

$$\begin{cases} q_i^* = (q_i - F_{\min})/(F_{\max} - F_{\min}) \\ c_j^* = (c_j - F_{\min})/(F_{\max} - F_{\min}) \end{cases} \quad (2-5)$$

其中

$$F_{\max} = \max(q_1, q_2, \cdots, q_i, \cdots, q_n, c_1, c_2, \cdots, c_j, \cdots, c_n) \quad (2-6)$$

$$F_{\min} = \min(q_1, q_2, \cdots, q_i, \cdots, q_n, c_1, c_2, \cdots, c_j, \cdots, c_n) \quad (2-7)$$

② DTW 距离计算

根据式(2-5)对经过标准化后的交通流量数据两两计算 DTW 距离,采用一个 $N \times N$ 的矩阵存放计算结果,该矩阵称之为相似性距离度量矩阵:

$$D_{N \times N} = \begin{bmatrix} D_{\mathrm{DTW}}(f_1, f_1) & \cdots & D_{\mathrm{DTW}}(f_1, f_N) \\ \vdots & & \vdots \\ D_{\mathrm{DTW}}(f_N, f_1) & \cdots & D_{\mathrm{DTW}}(f_N, f_N) \end{bmatrix}_{N \times N} \quad (2\text{-}8)$$

式中:$f_1, f_2, \cdots, f_N$——N 组交通流量时间序列的代号;

$D_{N \times N}$——相似性距离度量矩阵。

$D_{N \times N}$ 为对称矩阵,矩阵的第 (u,v) 元素表示第 u 个检测点流量数据与第 v 个检测点流量数据的 DTW 距离。矩阵对角线元素为 0,表示同一检测点流量数据自身的 DTW 距离为 0。矩阵内的元素值越小,相应的两组交通流量检测信息越相似。

③ 路径信息提取

设观测交叉口群网络车辆驶入端的检测数据构成路径起点检测数据集合 F_s,车辆驶出端的检测数据构成路径终点检测数据集合 F_e,网络内部检测点的检测数据构成中途点检测数据集合 F_m。定义交叉口群内部第 i 条路径 $P^i: f_s^i \rightarrow f_m^{i1} \rightarrow f_m^{i2} \rightarrow \cdots \rightarrow f_m^{in} \rightarrow f_e^i$ 满足如下三个条件:

(a) $f_s^i \in F_s, f_m^{i1}, f_m^{i2}, \cdots, f_m^{in} \in F_m, f_e^i \in F_e$;

(b) n 为该路径途经中途检测点个数,$n \geqslant 1$;

(c) 该路径途经同一交叉口的次数不大于 1,即车辆沿该路径行驶时不能在交叉口掉头。

交叉口群网络内部一般存有若干条符合上述条件的路径,可采用 3.2.1 节所述方法找出网络中所有存在的路径。第 i 条路径的交通流量信息相似性度量值 D_P^i 的计算如式(2-9)所示:

$$D_P^i = [D_{\mathrm{DTW}}(f_s^i, f_m^{i1}) + D_{\mathrm{DTW}}(f_m^{i1}, f_m^{i2}) + \cdots + D_{\mathrm{DTW}}(f_m^{i(n-1)}, f_m^{in}) \\ + D_{\mathrm{DTW}}(f_m^{in}, f_e^i)]/(n+1) \quad (2\text{-}9)$$

一条路径内任意两个邻近检测点交通流量检测信息越相似,则 DTW 距离越小,由若干 DTW 距离值累加后求平均值所得的路径交通流量信息相似性度量值 D_P 也越低。

(2) 实测数据分析

按照交通流量信息相似性度量步骤,采用 11 月 7 日 Peachtree Street 24 h 交通流量观测数据对研究区段内 94 条路径逐一计算 D_P 值,计算结果由小到大排列,如图 2-7 所示。由图可知,当某一路径各检测点检测车辆数较多,且驶入与驶出点检测数值相近时,该路径具有较低的 D_P 值。所有路径中 $S1 \to E11$ 的 D_P 值最低,即任意两个邻近检测点获得的交通流量信息相似度高,多数车辆以车队形式连续通过,受其他汇入车流影响较小;路径 $S8 \to E5$ 的 D_P 值最大,表明任意两个上、下游检测点获得的交通流量信息相似度较低,关联程度不明显。路径长度与 D_P 值无显著的相关性,如路径 $S7 \to E4$ 虽长度大于路径 $S2 \to E4$ 和路径 $S8 \to E5$,但 D_P 值却介于两者之间。

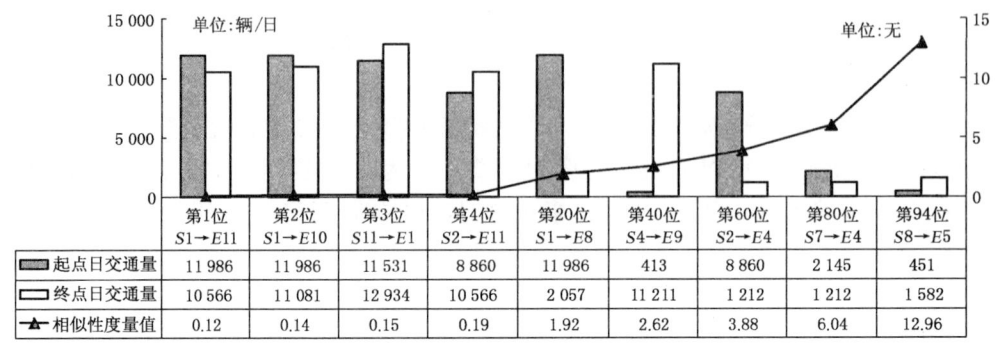

图 2-7 路径交通流量信息相似性度量计算结果

交通流量信息相似度高的路径内车流一般以车队形式连续通过,路径终点驶出交通量的分布受到路径起点驶入交通量分布的影响。将路径 $S1 \to E11$ 与路径 $S8 \to E5$ 未经标准化处理的起、终点交通流量检测值按采样顺序累加后,以 X 轴表示路径起点累积交通量,Y 轴表示路径终点累积交通量,检验起、终点交通流量的相关性。如图 2-8 所示,路径 $S1 \to E11$ 的起、终点交通累积流量值表现出较好的线性相关,且拟合曲线的斜率值较路径 $S8 \to E5$ 更接近于 1,起、终点的流量分布特征更为接近。结果表明基于 DTW 距离的流量相似性度量方法能在无需获得各车辆的行驶路线或是交叉口的转向流量的情况下,可从多点检测数据中有效地识别出主要车流的走向。

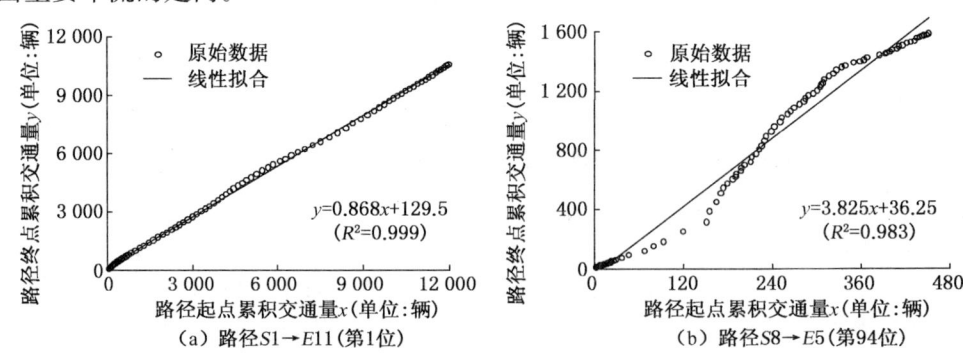

图 2-8 路径起、终点累积交通流量相似性比较

由此可见,以 DTW 距离为指标,采用定量的方式对交叉口群路径流量信息的相似性进行比较,一方面可以通过对比连续多个检测点的采集信息,识别信息一致性良好的车流走向,确定采取信号协调控制的对象;另一方面通过量化流量信息在空间传递过程中的衰减特征,可以为确定"绿波"线路的长度提供参考依据。

2.2 行程时间差异性比较

2.2.1 行程时间信息获取

行程时间数据是反映交通运行状态的重要指标之一,也是进行交通控制与交通诱导、实现先进的出行者信息系统(Advanced Traveler Information System,简称 ATIS)和先进的交通管理系统(Advanced Traffic Management System,简称 ATMS)功能的重要基础[148~151]。行程时间数据的获得方法分为直接和间接两种。直接方法是以车辆为信息探测源,通过车辆与信息中心的双向通信完成路段动态行程时间的采集。该方法采集得到的行程时间数据具有较好的精度和实时性。间接转换法是通过固定型交通检测器所获得的地点交通数据(如交通流量、占有率、速度等)估算得到行程时间[152]。传统用于路段行程时间检测的非自动采集方法有汽车牌照号码登记法、试验车跟车法、浮动车法等,但是这些方法除了需要耗费大量的人力物力之外,还无法满足动态交通管理与控制、动态交通诱导等应用中对于行程时间检测的实时性与连续性要求。

本节所采用 NGSIM 项目中 2006 年 11 月 8 日 16:30 至 16:45 主干道 Peachtree Street 的观测数据,采样间隔为 0.1 s,采样信息包括观测区段内每辆车的地理位置、速度、加速度等,由此可以获得车辆在不同起讫点之间的行程时间,也可以统计出行程车速,属于直接信息获得法。

观测区域的交叉口分布情况如图 2-1 所示,共包括 5 个信号控制交叉口,其中,T 型交叉口 Ⅱ 在观测时段内采用黄闪控制,对路径 $S1{\rightarrow}E11$ 方向与路径 $S11{\rightarrow}E1$ 方向的车辆行程时间数据进行分析。在路径 $S1{\rightarrow}E11$ 方向选取连续驶入观测区域的 33 辆车辆,路径 $S11{\rightarrow}E1$ 方向选取连续驶入的 57 辆车辆,以 0.5 s 为统计间隔,采用移动平均法对采集的每辆车的速度信息进行预处理以减少误差。经预处理后本周期的速度信息为前 4 个周期及本周期的速度信息的平均值。

2.2.2 路径行程时间的理论构成

车辆在信号控制交叉口群中的行程时间受道路几何线形、交通流量、交通流组成、交通管制等因素的影响,对于某一条有信号控制的交叉口群路径,行程时间由三部分构成:在路段上的自由行驶时间、在交叉口的排队时间、由于车辆排队等候从自由行驶速度减速至静止及加速至自由行驶速度的时间。

路段和交叉口是组成路径的两个基本物理单元。交叉口的概念容易理解，不会产生歧义，而路段则因所研究的问题不同而有不同的划分方法。此处以停车线为基准，将路段定义为同一道路同一方向的相邻两个交叉口停车线之间的路程，即将一个交叉口及其相连的下游路段划分为一个分析路段，这样每个路段都含有一个交叉口。一个路段可以被划分为驾驶区和排队等待区，这是两种运动形式。如果一个路段没有排队等待区，如图 2-9 中的路段 a，则该路段的驾驶区可与下游路段的驾驶区合并，因此驾驶区不会受到路段长度的制约，为此将车辆一次完整的行驶距离称为间隔行驶距离。

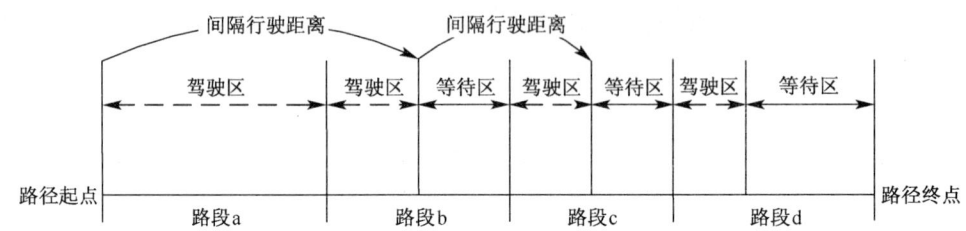

图 2-9　路段驾驶区与排队等候区划分

车辆在驾驶区内行驶会出现速度上的变化，一种较为典型的情形是：车辆以稳定的加速度离开某个排队等待区驶向下游的驾驶区和等待区，有可能的话会达到交通条件所允许的最高限速，而后又以稳定的减速度从最高限速降低至零，转向下游队列；此外也有可能在达到最高限速之前就开始减速，这一特征为行程时间的分析提供了线索。

图 2-10 给出了几种典型的行驶特征。最左边的梯形表示车辆从上游交叉口停车线静止启动，加速至最大速度自由行驶一段时间后，减速至静止，在下游交叉口排队车队后等待；接下来的小三角形表示车辆在从静止启动后没有达到最高限速就到达下游交叉口排队等待区；而后是一个可以瞬间到达最高限速的三角形，驾

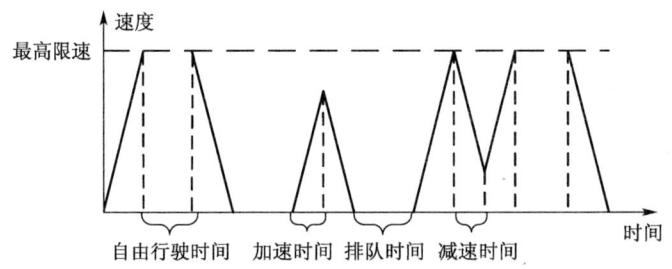

图 2-10　行程时间与速度关系

驶员在看到前方有车辆排队后开始减速,但尚未静止时下游交叉口信号灯切换为绿灯,排队车辆获得通行权开始启动加速,驾驶员跟随前方排队车辆开始加速并达到最高限速,直至到达下一个排队等待区。图中可反映出若干与行程时间相关的重要特征:①无论梯形还是三角形,每个区域面积都代表一个驾驶区内的行驶距离,但不一定是一个分析路段的长度;②相邻两个排队间隔时间的长度不一定相等,但却是相关的;③并非所有车辆在任何路段都能达到其允许的最高限速。下一节将采用实地观测数据对某条路径上车辆行程时间的相关特征予以进一步验证与说明。

以下建立行程时间的估计模型[153]。记每一条路段长度为 $l_i, i=1,2,\cdots,n$,$R(i)$ 为路段上没有被车辆占用的区域,则路段的排队长度为 $q(i) = l(i) - R(i)$。y_j 和 $T_i(j)$ 分别是第 j 个间隔行驶距离和相应的行程时间。如果在路段 i 上存在队列 $q(i)$,$y(i) = q(i) + R(i+1)$,否则 $y(i) = q(i-1) + l_i + R(i+1)$。据此,在第 i 条路段上的第 j 个间隔行驶距离内的行程时间 $T_i(j)$ 可表示为:

$$T_i(j) = \begin{cases} k + \dfrac{y(i)}{s} & y(i) > ks \text{ 是梯形} \\ 2\sqrt{\dfrac{y(i) \times k}{s}} & y(i) \leqslant ks \text{ 是三角形} \end{cases} \quad (2\text{-}10)$$

式中:k——车辆从静止加速到最大速度所需时间;

s——所能达到的最高限速。

对于梯形,$T_i(j)$ 可以很容易得到,而对于三角形,不论能否达到最高限速,根据物理学中的位移定理,也可从上式得到。如果在一条路径上存在 r 个间隔行驶距离,则在这些区间内的行程时间可表示为:

$$T_g = \sum_{i=1}^{n} \sum_{j=1}^{r} T_i(j) \quad (2\text{-}11)$$

此外,在该路径上的排队时间可以简单地表示为:

$$T_w = \sum_{i=1}^{n} w(i) \quad (2\text{-}12)$$

式中:$w(i)$——第 i 条路段上的排队时间。

由于信号周期是确知的,因而 T_w 不难获得。因此在该路径上的完整行程时间为:

$$T = T_g + T_w \quad (2\text{-}13)$$

显然 T 是一随机变量,上述所设计的行程时间估计方法同时考虑了行驶和等待时间。

2.2.3 路径行程时间的实测分析

车流在途经信号控制交叉口时被分割成为多股车队,车辆从上游交叉口停车线出发,在到达下游交叉口停车线之前,会经历车队的形成、离散、受阻等多种情形,从上游交叉口的交通流特征可预知下游交叉口的车辆到达情况。从个体车辆的驾驶行为看,在途经信号控制交叉口遭遇红灯时,车辆需要从自由行驶速度减速直至静止,再加速直至恢复自由行驶速度,表现出间断流特征;部分车辆能在绿灯时间连续通过多个交叉口,而部分车辆则会连续遭遇红灯的阻滞。以下以实测数据为依据,验证路径行程时间的理论构成,并分析行程时间的影响因素。

1. 平均行程车速分析

以横坐标表示车辆进入路径起点的时刻,纵坐标表示该车辆从路径起点至路径终点的平均行程车速,如图 2-11 所示。在 $S1 \rightarrow E11$ 方向,33 辆车的平均行程车速的均值为 16.87 km/h,方差为 24.04 km^2/h^2;在 $S11 \rightarrow E1$ 方向,57 辆车的平均行程车速的均值为 19.21 km/h,方差为 43.62 km^2/h^2。从图 2-11 可知,车辆在途经多个信号控制交叉口时,其平均行程车速与其进入交叉口群网络的时刻相关,即车辆驶入路径起点的时刻在一定程度上决定了车辆在路径中的行程时间,且呈现周期性波动。

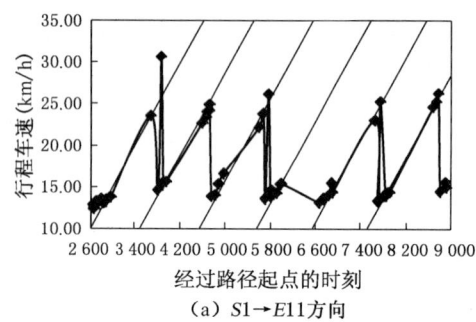
(a) $S1 \rightarrow E11$ 方向

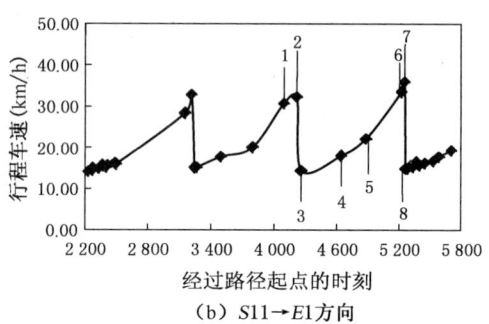
(b) $S11 \rightarrow E1$ 方向

图 2-11 行程车速分析

以 $S11 \rightarrow E1$ 方向的车流为例,相邻交叉口的灯色显示如图 2-12 所示,黑色线条表示不同车辆的行驶轨迹。在连续达到的车辆中,有些车辆在通过各交叉口时均为绿灯放行时间,未需要停车等待,延误与行程时间最小,行程车速最高,形成波峰;有些车辆连续遇到多个红灯,时停时开,行车不畅,理论上必存在最大的排队等候总时间,此时平均行程车速最小,形成波谷。由于各交叉口信号控制有周期性变化规律,波峰、波谷交替出现,使随机到达的车辆行程时间在波峰与波谷之间浮动。

在该分析区段中,由于交叉口间距不等,各交叉口信号控制周期不一致,绿波带宽较窄,出现峰值的概率较小;而其反向(即 $S1 \rightarrow E11$ 方向)绿波带宽相对较宽,车辆在绿波带内驶入路径起点的概率增大,行程车速分布较为集中,所以方差值也较小。

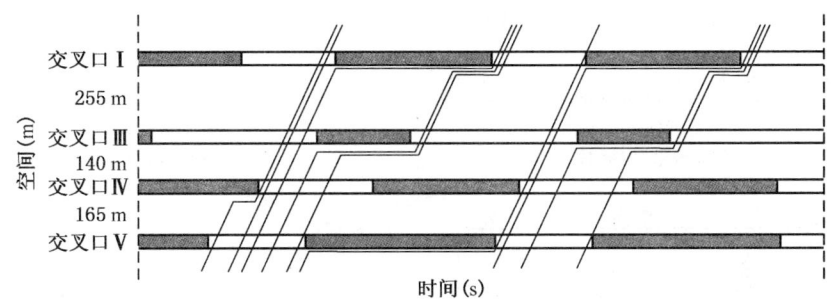

图 2-12 $S11 \rightarrow E1$ 方向连续性间隔"时-空"图

2. 行程时间分析

选取 $S11 \rightarrow E1$ 方向连续通过的 8 辆车为观测对象(图 2-11(b)标示出了各车辆的编号),以 0.1 s 为统计间隔,记录其在观测区域内的地点车速,如图 2-13 所示。由于所有车辆的起讫点相一致,所以曲线下方的面积相等,但 8 个观测对象的平均行程车速并不相同,横坐标反映的行程时间长短也各不相同。图 2-13 标示出了不同观测对象的行程时间,位于图 2-11(b)行程车速曲线波谷的 3 号车辆行程时间最长,为 147.3 s,位于曲线波峰的 7 号车辆行程时间最短,为 52.9 s。

从图 2-13 中能发现不同的典型驾驶特征。图 2-13(c)中,第 3 号车辆的速度变化曲线在通过交叉口Ⅳ后呈现一个瞬间到达最高速度的三角形;第 4 号车辆在通过交叉口Ⅰ后速度未达到最高值即开始减速,而未减至静止后又开始重新加速;第 8 号车辆在交叉口Ⅲ排队等待后加速启动,在一段时间内以最高车速通过交叉口Ⅳ,然后逐渐减速在交叉口Ⅴ的停车线前再次排队等候,速度变化曲线构成一个梯形。由图可知,对于每个车辆当速度曲线多次出现较为明显的三角形或梯形形态时,如图 2-13(c)、图 2-13(h),表明车辆有大幅度的加减速行为,造成行程时间大大增加;地点车速波动较小,如图 2-13(b)、图 2-13(f)、图 2-13(g),表明车辆以较为均匀的速度通过各交叉口,未受到红灯的阻滞而需要长时间的停车等候,故行程时间缩短。

综合上述分析可得出如下结论:①在稳态情况下,受交叉口信号控制的影响,交叉口群路径行程时间在一定区间内呈周期性波动,车辆的行驶速度与驶入路径的起始时间对通过路径的行程时间起关键作用;②驾驶区与排队等待区的长度决

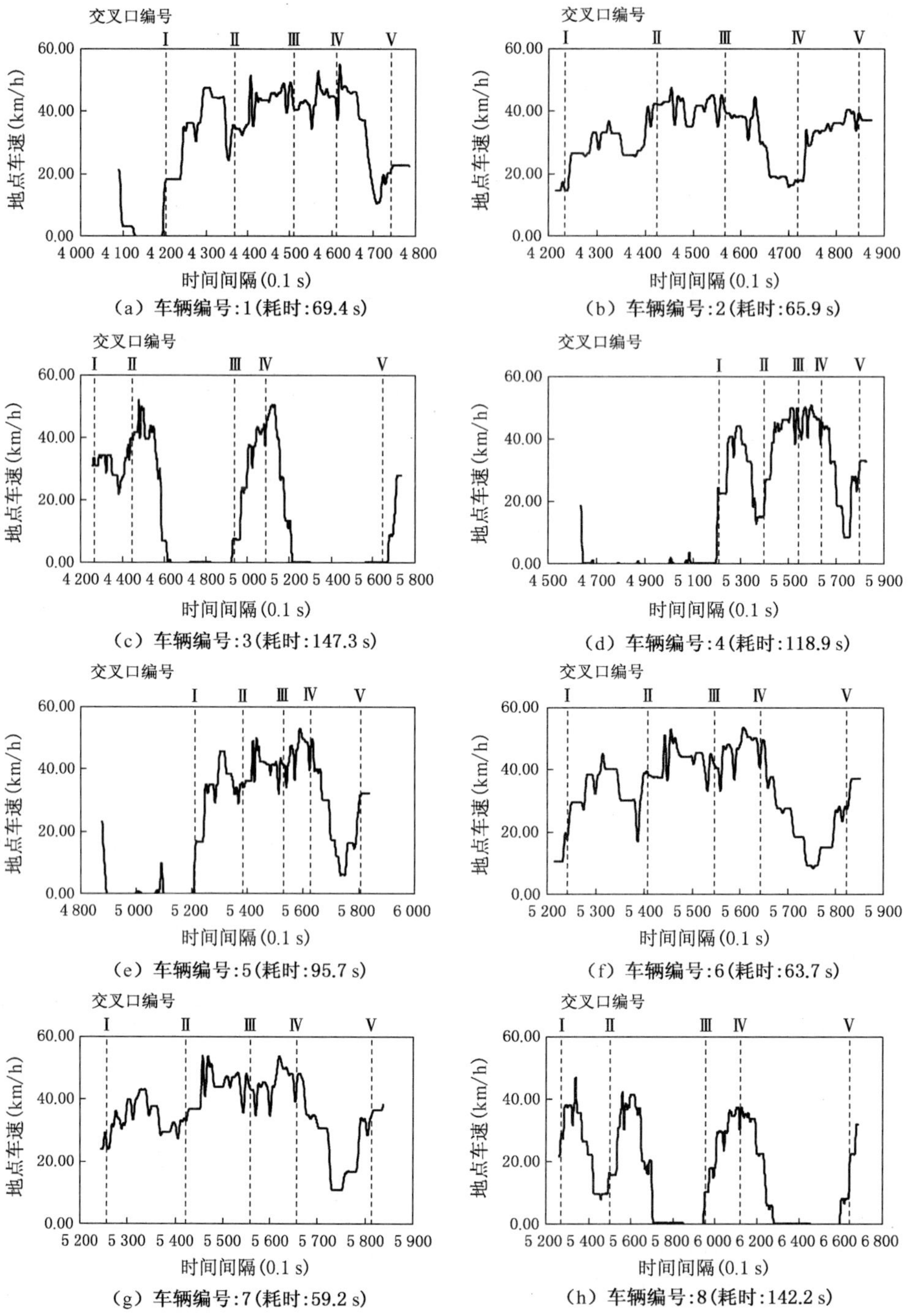

（a）车辆编号:1(耗时:69.4 s)　（b）车辆编号:2(耗时:65.9 s)

（c）车辆编号:3(耗时:147.3 s)　（d）车辆编号:4(耗时:118.9 s)

（e）车辆编号:5(耗时:95.7 s)　（f）车辆编号:6(耗时:63.7 s)

（g）车辆编号:7(耗时:59.2 s)　（h）车辆编号:8(耗时:142.2 s)

图 2-13　观测车辆行程时间与地点车速关系

定了车辆行驶速度的变化特征,驾驶区与排队等待区交替出现越频繁,车辆加减速损失的时间越多,行程时间越长;③交通量越大,排队长度越长,驾驶区空间受到挤压,车辆往往达不到最高允许车速即需要减速。由此可见,同一路径内各分析路段的几何设计、车辆到达规律、车速、信号控制手段等共同对路径的行程时间产生影响。为缩短路径行程时间、提高平均行程车速、提升交叉口群交通运行效益,需要综合上述诸多因素研究多个交叉口之间的路径关联特征(详见第4章)。

2.3 交通信息短时预测模型

2.3.1 交叉口群交通信息短时预测的状态空间表述

在交叉口群静态交通控制优化过程中,要求整个协调控制区域内所有需要的交通流参数都是已知的。而在交通动态协调控制中,由于交叉口群中各检测器所采集的交通流参数不同,检测器布设的位置也有不同,部分交通流参数可能无法直接实时获取。对于无法直接获取的交通流参数需要应用模型估计或者离线标定的方法来确定。因此在交叉口群交通信号动态协调控制中,表征交通信息的交通流参数的估计和预测是相当重要的研究内容,参数的估计方法和精度会对控制策略的效果产生很大的影响。

根据预测的基本方式的不同,短时交通流预测模型可以分为数据驱动(Data Driven)和基于模型(Model Based)两种类型。

数据驱动的方法用数理统计或人工智能的方法处理,如交通流量、交通速度、行程时间等的历史交通数据,并预测未来时段交通流的变化。常用的模型包括历史平均模型(History Average Model)、线性回归模型(Linear Regressive Model)、时间序列模型(Time Serial Model)、卡尔曼滤波模型(Kalman Filter Model)、马尔科夫预测模型(Markov Model)、极大似然估计模型(Maxium Likelihood Formulation Model)、非参数回归模型(Nonparametric Regression Model)、神经网络模型(Neural Network Model)、混沌理论模型(Chaos Theory Model)等。这类模型一般假设未来预测的数据和历史数据有相同的特性,根据历史交通数据的变化规律来预测未来的数据。

基于模型的方法主要应用交通流传播模型对确定路径上的交通流状态进行估计和预测。按照模型对于交通流描述的细致程度,可将模型分为宏观模型、中观模型和微观模型三种。宏观模型和中观模型指出在某条路径上某时刻在某点处的交通参数 $s(t,x)$,除了与时间 t、位置 x 有关外,还与该时刻之前该位置处交通变量值 $s(t-1,x)$ 以及该点上下游相邻处交通变量 $s(t,x-1)$、$s(t,x+1)$ 有关,即交通流过程是交通变量随着空间、时间而演变的动态过程。在该动态过程中,流量、速度和密度三个变量的数值之间不存在严格的对应关系(和稳态交通流不同),所以完整的模型应是三者的结合。在有些情况下,只取某一个或两个变量的模型也可对相应的变量进行控制。

1. 一般模型

应用神经网络等人工智能式算法预测短时交通流参数的方法最大的弊端在于:传统的神经网络只应用历史数据来预测未来的交通流参数,而不能反映实时的交通流参数变化。应用状态空间神经网络来预测短时交通流参数变化,能综合考虑当前时段和历史的交通流参数变化特征,准确、快速地预测交叉口交通流短时变化特性。

应用状态空间神经网络预测短时交通流状态的本质为通过交叉口群中各个交叉口的历史交通数据和实时交通数据预测下一时段的交通流状态。交叉口短时交通量预测的一般模型如式(2-14)所示,其中各交叉口的状态可设为影响未来交通流参数变化变量的函数,如式(2-15)所示。

$$y(t+1) = g[w, s(t)] \quad (2-14)$$

$$s(t) = f[s(t-1), x(t)] \quad (2-15)$$

式中:$s(t)$——t 时段交叉口群交通流状态;

$x(t)$——描述影响交叉口群的交叉口在 t 时段的各观测变量的向量(如交通量、占有率、车辆速度等);

$y(t+1)$——预测 $t+1$ 时段的交通流状态;

w——权重系数;

$f(\cdot)$ 和 $g(\cdot)$——传递函数。

2. 短时交通流预测的状态空间模型

交叉口群交通信息的短时预测和交通量、占有率、平均车速等观测变量在空间和时间上的变化都有着直接联系。状态空间模型类似于宏观交通流模型中路段交通流状态由当前状态和之前状态综合计算而得,其 t 时刻的输出结果是由 t 时刻的状态空间以及 $t-1$ 时刻系统的状态综合计算而得。

建立交叉口群短时交通流预测的状态空间模型如图 2-14 所示,道路沿线的第 k 个交叉口动态的状态空间可用以下方法来定义。交叉口 k 在 t 时

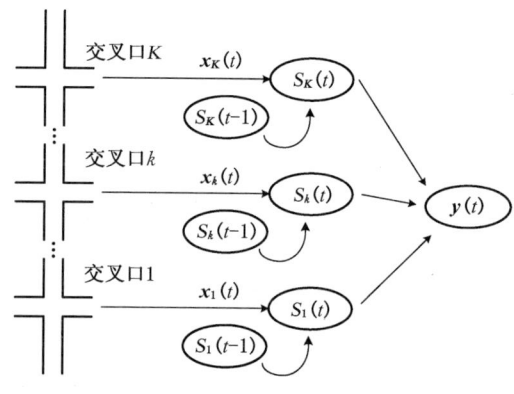

图 2-14 交叉口群的动态状态空间结构

刻的状态 $s_k(t)$ 可由 t 时刻的观测值 $x_k(t)$ 和交叉口 $t-1$ 时刻的交通流状态 $s_k(t-1)$ 定义而得。以此类推，$t-1$ 时刻交叉口 k 的交通流状态由 $[t-2,t-1]$ 时段模型输入转换而来。每个时段模型的输入为当前所有观测变量的总和：$x = \{x_1(t),\cdots,x_k(t),\cdots,x_K(t)\}$。

交叉口 k 的状态向量 s_k 的值基于函数 $f(\cdot)$ 的选择。向量 $x_k(t)$ 反映了交叉口 k 在时段 t 的交通流变化状况。基于一般模型选用不同传递函数 $f(\cdot)$ 及 $g(\cdot)$ 推导出不同的状态空间模型[153]。

(1) ARMA 模型：令 $x^T(t) = x^T(t)$，$g(\cdot)$ 为线性函数，再令 $f(\cdot)$ 为恒等函数（即 $f: x \rightarrow x$）。关于 ARMA 模型的详细介绍请参见相关文献[154]。

(2) 线性状态空间模型：$f(\cdot)$ 和 $g(\cdot)$ 均为线性函数，详细例证参见线性控制理论[155]。

(3) 非线性状态空间模型：假设 $f(\cdot)$ 为非线性函数，$g(\cdot)$ 为线性函数或非线性函数，宏观交通流理论中有类似的求解问题，非线性状态空间模型可用特定的递归神经网络求解[156]。

短时交通流预测的影响因素均为非线性变量，因此模型的输入变量是非线性的，由此可知交叉口短时交通流预测模型属于非线性状态空间模型，可选用特定的递归神经网络求解，如状态空间神经网络可用于求解此模型。

2.3.2　状态空间设计网络和扩展卡尔曼滤波组合预测模型

1. 状态空间神经网络

状态空间神经网络（State Space Neural Network，SSNN）起源于艾尔曼提出的递归神经网络（Recurrent Neural Network，RNN）[157]。递归神经网络能通过调节各神经元权重来高效地学习复杂的时空状态。和传统的神经网络不同，状态空间神经网络通过添加一个储存之前神经元状态的状态层作为短期记忆层，以使神经网络能根据当前时刻的状态和前一时刻的状态决定预测输出值，能更高效地学习复杂的时空状态。状态空间神经网络的概念类似于马尔科夫链，每当一个时间点的状态被输入神经网络，各神经元的计算类似于前反馈网络。不同的是状态空间神经网络的输入包括反映之前时间点神经网络内部状态的变量，即每当之后一个时间点的状态被输入状态空间神经网络时，其隐含层的神经元和输出层的神经元单位的状态值由之前时间点神经网络的状态计算得出。状态空间神经网络的拓扑图如图 2-15 所示[158]。

通过状态空间神经网络的数学描述可知，隐藏层的向量 $s(t)$ 为输入向量和偏差加权和，其可通过传递函数式(2-16)由输入层向量 $x(t)$ 计算得出。

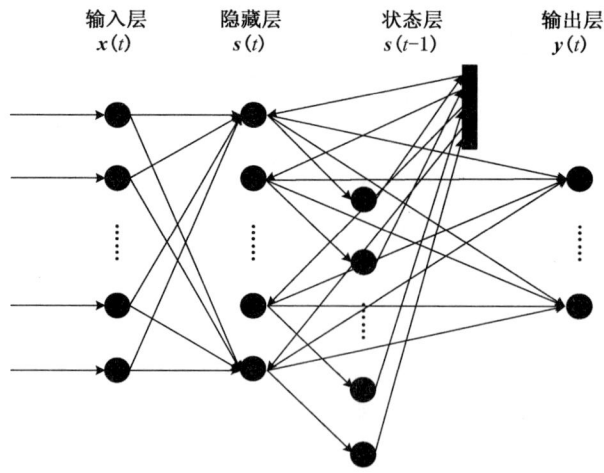

图 2-15 状态空间神经网络拓扑结构

$$\begin{bmatrix} s_1(t) \\ s_2(t) \\ \vdots \\ s_k(t) \\ \vdots \\ s_m(t) \end{bmatrix} = \begin{bmatrix} h\left[\sum_{i=1}^{n} w_{i,1}^{il} \boldsymbol{x}_i(t) + \sum_{e=1}^{m} w_{e,1}^{il} \boldsymbol{s}_1(t-1) + v_1^{il} b_1 \right] \\ h\left[\sum_{i=1}^{n} w_{i,2}^{il} \boldsymbol{x}_i(t) + \sum_{e=1}^{m} w_{e,2}^{il} \boldsymbol{s}_2(t-1) + v_2^{il} b_2 \right] \\ \vdots \\ h\left[\sum_{i=1}^{n} w_{i,k}^{il} \boldsymbol{x}_i(t) + \sum_{e=1}^{m} w_{e,k}^{il} \boldsymbol{s}_k(t-1) + v_k^{il} b_k \right] \\ \vdots \\ h\left[\sum_{i=1}^{n} w_{i,m}^{il} \boldsymbol{x}_i(t) + \sum_{e=1}^{m} w_{e,m}^{il} \boldsymbol{s}_m(t-1) + v_m^{il} b_m \right] \end{bmatrix} \quad (2\text{-}16)$$

式中：s_k——第 k 个隐藏层神经元的值；

$w_{i,k}^{il}$——连接第 i 个输入层神经元和第 k 个隐含层神经元的权重；

$w_{e,k}^{il}$——连接第 e 个隐藏层神经元和第 k 个状态层神经元的权重；

v_k^{il}——与第 k 个隐藏层神经元的偏差值权重；

b_k——第 k 个隐藏层神经元的偏差值，其定值为 1；

$h(\cdot)$——传递函数。

传递函数 $h(\cdot)$ 采用非线性的 Sigmoid 函数，其作用在于将结果之和转化到区间 [0,1] 中，如式 (2-17) 所示：

$$h(z) = \frac{1}{1+e^{-z}} \quad (2\text{-}17)$$

输出层向量 $y(k)$ 可由式(2-18)计算而得：

$$\begin{bmatrix} y_1(t) \\ y_2(t) \\ \vdots \\ y_j(t) \\ \vdots \\ y_l(t) \end{bmatrix} = \begin{bmatrix} h\left[\sum_{i=1}^{m} w_{i,1}^{lo} s_i(t) + v_1^{lo} b_1\right] \\ h\left[\sum_{i=1}^{m} w_{i,2}^{lo} s_i(t) + v_2^{lo} b_2\right] \\ \vdots \\ h\left[\sum_{i=1}^{m} w_{i,j}^{lo} s_i(t) + v_j^{lo} b_j\right] \\ \vdots \\ h\left[\sum_{i=1}^{m} w_{i,l}^{lo} s_i(t) + v_l^{lo} b_l\right] \end{bmatrix} \quad (2-18)$$

式中：$w_{i,j}^{lo}$——连接第 j 个隐藏层神经元和输出层神经元的权重；

v_j^{lo}——连接输出层神经元的偏差值的权重；

b_j——隐藏层神经元的偏差值，其定值为1。

2. 基于扩展卡尔曼滤波的状态空间神经网络训练方法

状态空间神经网络因为其良好的特性可被用于短时交通信息预测，但是其训练数据效率较低，因此可选用其他方法对其训练，在保证模型精度的同时减少神经网络的训练时间。扩展卡尔曼滤波模型可同状态空间神经网络相结合，提升其训练效率。

整个神经网络的系统状态可以表达为如下非线性离散系统：

$$y_k = g(\theta_k) + v_k \quad (2-19)$$

$$\theta_{k+1} = \theta_k + \omega_k \quad (2-20)$$

式中：θ_k——神经网络的权重系数，可以看成一个静态的过程；

ω_k——过程噪声；

y_k——观测向量；

v_k——观测噪声；

$g(\cdot)$——非线性状态函数。

根据泰勒公式展开，式(2-19)可以用状态估计量 $\hat{\theta}$ 表达为如下的形式：

$$y_k = g(\hat{\theta}) + \frac{\partial g(\hat{\theta})}{\partial \hat{\theta}}(\theta - \hat{\theta}) + o(\theta) \quad (2-21)$$

忽略掉高阶部分，扩展卡尔曼滤波就能够通过迭代公式(2-22)来训练神经网络：

$$\hat{\boldsymbol{\theta}}_k = \hat{\boldsymbol{\theta}}_{k-1} + \boldsymbol{K}_k[\boldsymbol{y}_k - g(\hat{\boldsymbol{\theta}}_{k-1})]$$

$$\boldsymbol{K}_k = \boldsymbol{P}_k \boldsymbol{H}_k (\boldsymbol{R}_k + \boldsymbol{H}_k^{\mathrm{T}} \boldsymbol{P}_k \boldsymbol{H}_k)^{-1}$$

$$\boldsymbol{P}_{k+1} = \boldsymbol{P}_k - \boldsymbol{K}_k \boldsymbol{H}_k^{\mathrm{T}} \boldsymbol{P}_k \tag{2-22}$$

每一个计算时刻，输入向量 $\boldsymbol{x}_k$ 代入到公式(2-16)、(2-17)和(2-18)中，就得到输出向量 $\hat{\boldsymbol{y}}_k$。根据误差向量 $\boldsymbol{y}_k - \hat{\boldsymbol{y}}_k$ 计算得出微分矩阵 $\boldsymbol{H}_k$。再由 $\boldsymbol{H}_k$ 计算得出卡尔曼增益矩阵 $\boldsymbol{K}_k$，其中，$\boldsymbol{P}_k \boldsymbol{P}_k$ 和 $\boldsymbol{R}_k$ 为误差协方差矩阵和测量值协方差噪声矩阵。神经网络权重系数的更新是根据增益矩阵、误差向量和当前的权重值而得到。状态空间神经网络和扩展卡尔曼滤波的模型拓扑结构如图 2-16 所示。

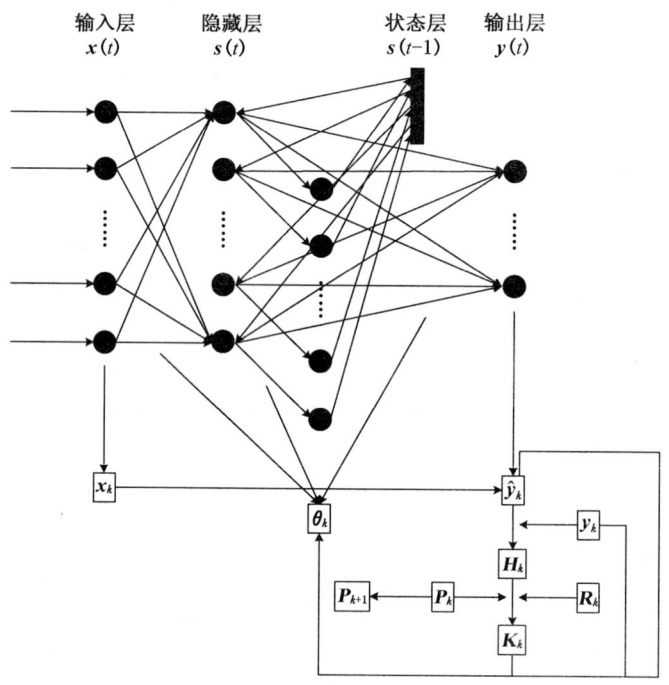

图 2-16 状态空间网络和扩展卡尔曼滤波模型拓扑结构示意图

2.3.3 模型验证

采用 NGSIM 项目中主干道 Peachtree Street 路径 S1→E11 方向 6 个检测点从 2006 年 11 月 7 日至 11 月 9 日连续 3 日采集的 24 h 交通流量数据对模型进行验证。以第 1 天和第 2 天的数据为输入数据、第 3 天的数据为验证数据。为保证神经网络快速稳定的学习,输入和输出数据被线性缩放到区间[0.1,0.9]中。

应用 Matlab R2010b 软件中神经网络工具箱和卡尔曼滤波工具箱中的相关函数对状态空间神经网络和扩展卡尔曼滤波模型(State Space Neural Network and Extended Kalman Filter Model,SSNNEKF)进行编程实现。状态空间神经网络采用 Levenberg-Marquardt 方法进行训练。对 SSNNEKF 模型,有两类参数是需要进行初始化设定的:神经网络权重系数和滤波噪声。通常来说,这两类参数是凭经验设定的,在没有先验经验时,这两个参数采用随机数,并通过大量的训练数据对其进行标定可以发现,类似于其他启发式算法,SSNNEKF 模型的参数在初始阶段预测值和观测值的差异较为明显,但经过一定时间的训练后,误差会显著下降到一个可以接受的区域内。

为验证 SSNNEKF 模型的精度和稳定性,将 BP 神经网络和状态空间神经网络模型作为参照模型对 SSNNEKF 模型进行验证。误差指数由式(2-23)和式(2-24)所确定。

$$MRE = 100 \frac{1}{N} \sum \frac{e_n}{t_n} \tag{2-23}$$

$$RMSEP = 100 \frac{\sqrt{\frac{1}{N} \sum e_n^2}}{\bar{t}} \tag{2-24}$$

式中:e——预测误差;

t——测量值;

N——预测段的总数。

图 2-17 分别给出了 BP 神经网络、状态空间神经网络模型和 SSNNEKF 模型的短时预测值和真实值之间的比较结果。图 2-18 和表 2-1 给出三种模型的误差

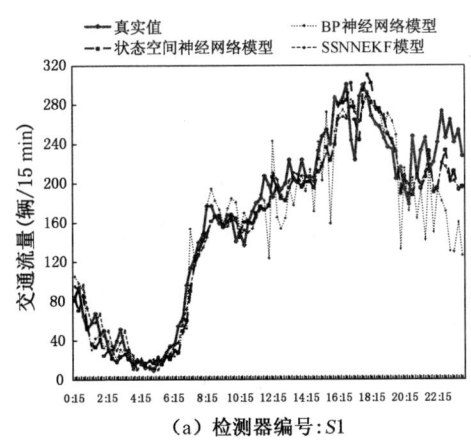

(a) 检测器编号:$S1$

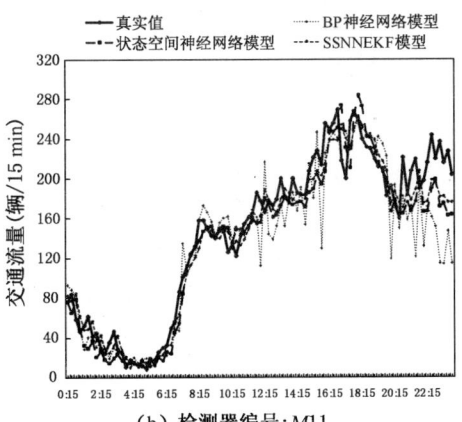

(b) 检测器编号:$M11$

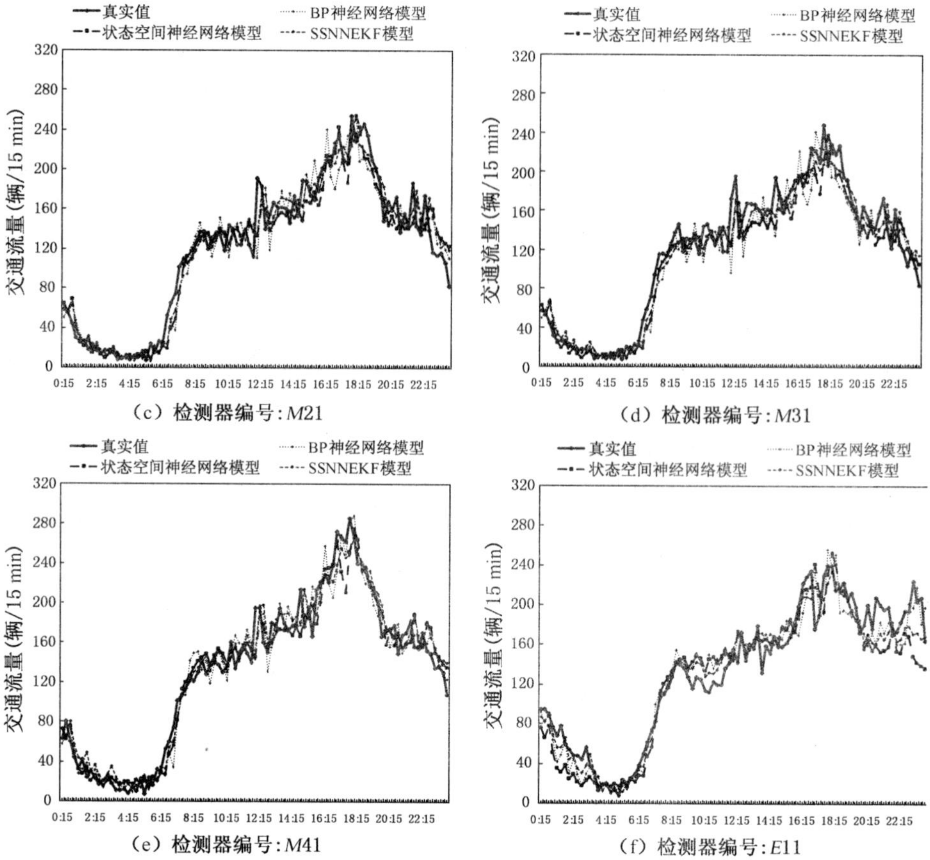

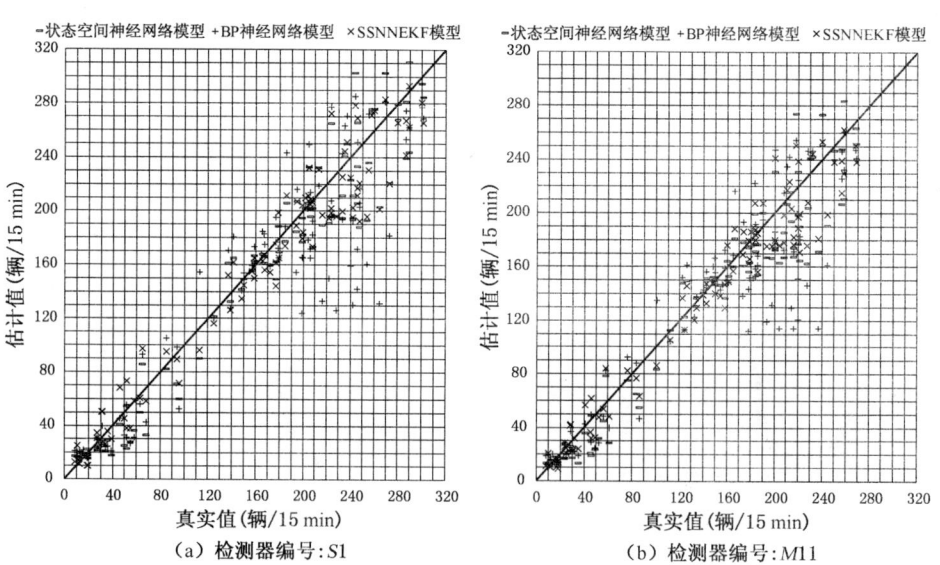

图 2-17 三种模型测试结果比较

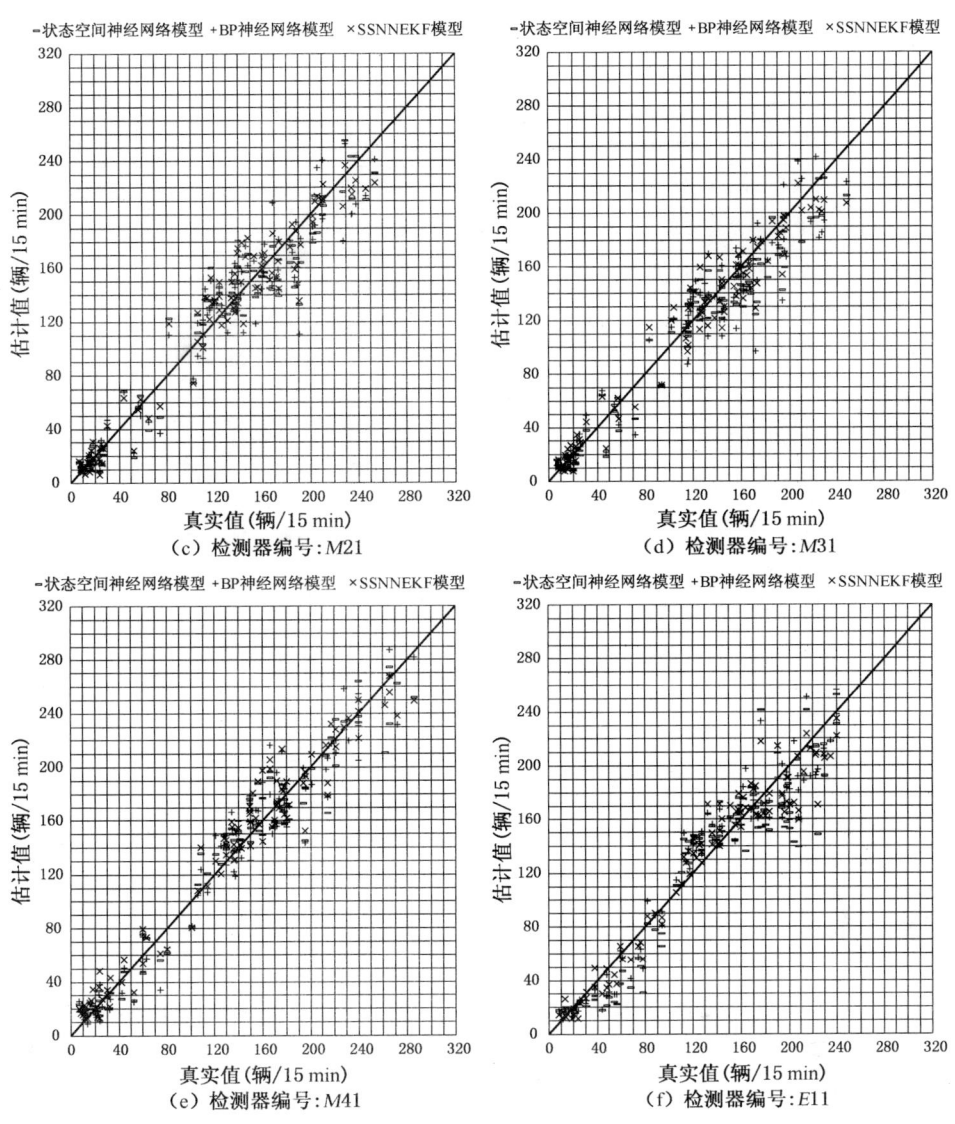

图 2-18 三种模型误差分析比较

分析指标。状态空间神经网络模型和 SSNNEKF 模型的估计结果没有太大的区别,但训练效率有了很大程度的提高,这说明应用扩展卡尔曼滤波训练状态空间神经网络模型可以在不降低模型预测精度的前提下极大地提高模型的训练效率。SSNNEKF 模型的训练时间也远远低于状态空间神经网络和 BP 神经网络模型。测试结果表明,SSNNEFK 模型比其他两种模型具有更好的鲁棒性。

表 2-1 模型测试结果

检测器编号	模型	MRE(%)	RMSEP(%)	计算时间(s)
S1	BP 神经网络模型	13.57	19.72	19.02
	状态空间神经网络模型	9.90	11.97	14.73
	SSNNEKF 模型	8.77	10.97	6.72
M11	BP 神经网络模型	13.38	19.62	18.64
	状态空间神经网络模型	10.02	12.98	14.59
	SSNNEKF 模型	8.64	10.65	6.46
M21	BP 神经网络模型	11.12	13.53	19.02
	状态空间神经网络模型	9.67	11.68	14.09
	SSNNEKF 模型	11.22	11.80	6.65
M31	BP 神经网络模型	10.80	13.65	18.92
	状态空间神经网络模型	9.21	11.57	14.62
	SSNNEKF 模型	10.47	11.23	6.52
M41	BP 神经网络模型	9.99	10.56	18.95
	状态空间神经网络模型	9.14	10.14	16.58
	SSNNEKF 模型	9.29	9.96	6.57
E11	BP 神经网络模型	9.47	11.28	19.50
	状态空间神经网络模型	12.19	14.49	16.32
	SSNNEKF 模型	8.55	10.47	6.61

2.4 本章小结

本章研究了交叉口群交通流量信息在空间维度与时间维度上的相似性及非精确匹配性,采用 DTW 距离度量了路径流量信息的传递特征与衰减特征;剖析了路径行程时间的理论构成,以实测数据为依据,验证路段的几何设计、车辆到达规律、车速、信号控制手段等共同对路径的行程时间产生的影响;对交叉口群交通信息短时预测的状态空间进行描述,采用基于状态空间神经网络和扩展卡尔曼滤波组合预测模型对交叉口群交通信息进行短时预测,并运用实测数据对预测模型进行了验证。

第 3 章
交叉口群路径交通关联特征

相邻交叉口之间路段的关联特征是研究区域交通信号协调控制的理论基础,路段关联度可用于分析相邻两交叉口之间的交通流特性并判断相邻交叉口是否需要协调控制。本章探讨相邻交叉口间的交通关联特征,对信号控制交叉口群的交通关联特性进行分析,建立交叉口群路径关联度计算模型以识别交叉口群范围内的交通主路径。

3.1 相邻交叉口交通关联特征

3.1.1 相邻交叉口关联度计算模型

交叉口关联性是衡量道路网络中某个交叉口与其他交叉口相互关系强弱的指标。交叉口群是城市道路网络中具有较强关联性的两个或多个相邻交叉口及其之间路段的集合,可见交叉口关联性是划分交叉口群范围、判断是否需要进行协调控制的重要依据。国内外学者对相邻交叉口关联度的计算模型进行了诸多研究。

1. Yagoda 耦合指数模型

1973 年,Yagoda 提出了耦合指数(Coupling Index,CI)判断相邻两交叉口之间的关联程度[71]。耦合指数被定义为交通量与路段长度的简单比值,如式(3-1)所示:

$$CI = Q/D \tag{3-1}$$

式中:Q——路段交通量(vph);

D——路段长度(feet)。

2. Hook 和 Albers 关联度模型

Hook 和 Albers 比较了三种关联度计算模型[159]。第一种模型基于牛顿引力模型对耦合指数进行了改进(Improved Coupling Index,ICI),将其认为是交通量与路段长度平方的比值:

$$ICI = Q/D^2 \tag{3-2}$$

第二种模型称为吸引强度模型(Strength of Attraction,SA),在第一种模型的基础上增加考虑了车速及路边停车对连续车队形成的影响,如式(3-3)所示:

$$SA = I \times Q \times (S/D)^2 \tag{3-3}$$

式中:S——行驶车速(mile/h);

I——停车影响系数。当道路两侧没有停车时,$I=2$;当路侧为平行式停车时,$I=1.5$;当路侧为斜列式停车时,$I=1$。

第三种模型被交通信号协调及配时优化软件 Synchro 所采用,其应用协调系数(Coordinatability Factor,CF)确定相邻两交叉口是否需要进行信号协调控制[161]。该指标考虑了行程时间、流量、交叉口间距、车队离散和信号周期等诸多因素:

$$CF = \max(CF1, CF2) + Ap + Av + Ac \tag{3-4}$$

式中:$CF1$——行程时间协调系数;

$CF2$——流量密度协调系数;

Ap——车队离散调整系数;

Av——流量调整系数;

Ac——信号周期调整系数。

在6.3节中对各参数的计算将作详细说明。

3. Robertson 和 Hunt 排队减少量模型

Robertson 和 Hunt 考虑车队离散特征,采用排队减少量(Reduction in the Queue,QR)来判别交叉口协调关联性,QR 值依据行程时间和流量计算而得[162]:

$$QR = Q/[200(1+T)] \tag{3-5}$$

式中:T——交叉口之间的行程时间(min)。

4. 互连指数模型

Chang 认为到达下游交叉口的车流呈高密度车队特征就应对两个相邻交叉口进行信号协调控制,称之为互连期望指数(Interconnection Desirability Index,IDI),考虑了上游交叉口的流量波动和路段上的车队离散[72]:

$$IDI1 = \frac{1}{(1+T)}\left[\frac{X \times q_{\max}}{q_1 + q_2 + q_3}\right] - (n-2) \tag{3-6}$$

式中:X——上游交叉口出口道的车道数;

$q_{\max}$——上游交叉口主线方向的最大交通流量(vph);

q_1, q_2, q_3——下游交叉口的左、直、右车流流量,三者之和即为到达下游交叉口的流量总和(vph);

n——下游交叉口进口道的车道数。

1987年美国的《交通控制系统手册》[73]推荐的相邻交叉口之间路段关联性计算模型与Chang的模型相似,但更为简化:

$$IDI2 = \frac{0.5}{(1+T)}\left[\frac{nq_{\max}}{\sum_{i=1}^{n}q_i} - 1\right] \quad (3-7)$$

式中:n——自上游交叉口的车流驶入的分支数,对于十字型交叉口而言,$n=3$。

马万经等考虑车辆的路径特征,即上游交叉口流入车流的时间分布特征、在下游交叉口的转向比例、下游交叉口的排队影响等,借鉴式(3-7)的关联度模型形式,对两个交叉口间各个路径信号的确切需求程度进行度量[76]:

$$IDI3 = I_n^{ij} = \frac{0.5}{(1+t_{jn})}[I_{kn}^{ij} - 1] \quad n = 1,2,\cdots,N \quad (3-8)$$

式中:I_{kn}^{ij}——上游交叉口i流向k到下游交叉口j流向n的路径不均匀系数;

t_{jn}——上游交通流到下游交叉口j流向n的行程时间(h),行程时间的计算过程中考虑了下游交叉口排队长度的影响。

5. Lin信号协调控制路径长度模型

Lin考虑了车队离散特征,对实施信号协调控制的关键路径长度(Critical Length,CL)进行了研究,采用实测数据对实施信号协调控制的路径长度公式进行了标定,如式(3-9)所示[162]:

$$CL = 689.97 + 6.86OPS - 7.15PCR \quad (3-9)$$

式中:OPS——离开上游交叉口停车线的初始车队规模(veh);

PCR——车队完整率。

车队完整率的计算公式如下:

$$PCR = DPS/OPS \quad (3-10)$$

式中:DPS——达到下游某个观测点时的车队规模(veh)。

3.1.2 相邻交叉口关联度影响因素

从上述对相邻交叉口关联度计算模型的研究中可发现,交叉口关联特征受路段流量、距离、车速、车队离散、周期时长、流量不均衡性、车道数、车辆排队等诸多因素的影响,从表3-1可知,在这些影响因素中流量和距离在所有模型中都有所考虑,而车队离散和车速也对路段关联度产生重要影响。

表 3-1　相邻交叉口不同关联度计算模型所涉及的影响因素

影响参数	交通量	间距	平均车速	不均衡性	车道数	车队离散	排队	周期长度
CI	✓	✓						
ICI	✓	✓						
SA	✓	✓	✓			✓		
CF	✓	✓	✓		✓		✓	✓
QR	✓	✓	✓					
IDI1	✓	✓		✓				
IDI2	✓	✓		✓	✓	✓		
IDI3	✓	✓		✓	✓	✓	✓	
CL	✓	✓				✓		

相邻交叉口间距属于静态的影响因素，对关联度大小的影响固定不变，但结合平均车速转化为行程时间之后，则变为动态的影响因素。相邻交叉口的间距决定了路段容纳交通量的大小，如果间距很长，则下游交叉口的排队车辆难以影响到上游交叉口的放行车辆，如果间距过短，则在大流量情况下易发生溢流，下游交叉口排队车辆会使上游交叉口发生堵塞，相邻两交叉口表现出较强的关联性。此外，车队离散也与交叉口间距密切相关。如果交叉口间距较长，车队在离开上游交叉口后难以保持车队的连续性，在下游交叉口呈离散到达，信号协调控制效果减弱，相邻两交叉口关联度也降低；如果两交叉口之间距离较短，车队从上游交叉口驶出后能保持良好的连续性，交叉口关联度提高，协调控制效果增强。

流量的大小实时影响交叉口的关联程度，与通行能力共同决定了交叉口的饱和度。当饱和度较大时，车辆在交叉口群网络中行驶所受的随机干扰和延误都比较大，相邻交叉口之间容纳较多的交通量，实时相关性强；当路段交通量较小时，车队离散性强，实时相关性弱。

交叉口信号配时参数，包括信号周期、绿信比与相位差，决定了路段的通行能力，对协调控制的实时效果有至关重要的影响，也是决定交叉口关联程度的动态作用因素之一。相位差的设置需要使其同车辆在交叉口间的行程时间相适应，决定了一个信号控制周期内路段上可能存在的最大交通流量。为维持较为稳定的相位差，相邻交叉口必须采用相近的信号控制周期，通过设定一个公共周期，保证相邻交叉口间的信号协调控制效果和不同交叉口自身的车辆通行效率，使交叉口之间具有较强的相关性。上下游交叉口同一方向上绿信比的差值决定了一段时间内路段中车辆的累积与消散，当下游交叉口绿信比小于上游交叉口时，路段交通量逐步累加，相邻交叉口之间的关联性增强；反之，路段累积车辆逐步消散，相邻交叉口的关联程度也降低。

结合上述分析,以下将从网络拓扑结构、路段空间布局、交通信号控制和车流运行特征四个方面对信号控制交叉口群的交通关联特性作深入探讨。

3.2 交叉口群交通关联特征分析

3.2.1 网络拓扑结构

1. 交叉口群网络与路径

根据交叉口群中车流运行起点与讫点之间连通路径的数目,交叉口群交通网络可被分成三种基本类型,即线性路网(任意一对起讫点之间仅有一条连通路径)、多路径路网(任意一对起讫点之间有两条或两条以上连通路径)、复合路径路网(部分起讫点之间有两条或两条以上连通路径)。线性路网包括的连通路径数量通常是可以枚举的,多路径路网常见于环形路网或多通道网络[163]。如图 3-1 所示,交叉口 1 到交叉口 2 的连通路径和交叉口 4 到交叉口 2 的连通路径有且只有图中所示的一条路径。图 3-2 所示的交叉口群为复合路径网络,交叉口 1 到交叉口 2 的连通路径有且只有 1 条,而交叉口 2 到交叉口 6 的连通路径有两条,分别为 2→3→4→6 和 2→3→5→6。

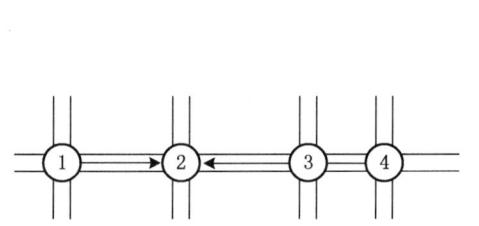

图 3-1 线性路网

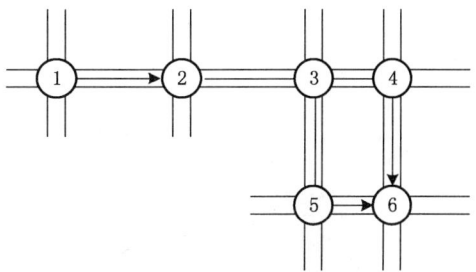

图 3-2 复合路径路网

交叉口群交通网络的交通组织方案相对路网形态来讲是一种动态的配置信息,当交通组织方案发生变化时,车流运行路径发生改变,交叉口群连通路径的数目和网络类别产生变化,对于后期的信号控制算法开发也会产生直接影响。

对交叉口群路径的认识首先基于对交叉口群网络拓扑结构的分解。从交叉口群范围内指定的起点出发,寻找到达任意一点的通路,建立路径集合,并采用计算机建立数据库进行数字存储,能够方便快速地提取信息,完成路径车流运行状态分析、信号协调控制方案制定以及路径流量调节诱导等后续工作。对交叉口群道路网络进行计算机表达与存储需要解决三个关键问题:选择交通网络的表达方式、在网络拓扑图上对路径寻迹、在计算机中存储路径信息。

2. 网络的图论表达

从网络拓扑形式来看，城市道路信号控制交叉口群的交通网络由交叉口（Intersection）与有向的路段车道（Road Segment）共同构成。应用有向图来描述交叉口群可将其抽象为结点和弧段的集合，结点集合（Nodes Set）代表路网中的交叉口，弧段集合（Links Set）代表路网中的路段。一个简单的交叉口群有向交通网络可表示为 $N=(V,L)$，其中 $V=\{v_1,v_2,\cdots,v_n\}(v,w\in V)$ 表示结点集合，$L=\{l_1,l_2,\cdots,l_n\}$ 表示弧段集合。令 $L=(v,w,Q^{vw})$，其中 v 和 w 分别表示弧段的起讫点，Q^{vw} 表示弧段的属性，可以为距离、通行能力、车辆行驶速度、车种信息等。

路网的拓扑结构一般用来描述结点、弧段和面域等要素之间的邻接、关联、包含等关系。连通性表示弧段以及结点之间的邻接关系，道路网络拓扑关系可抽象表示为物理连通性和逻辑连通性两部分。前者是指结点与弧段之间的空间链接关系，而逻辑连通性是指交通行为上的可达性。在实际路网中由于交通管理部门采取的单向交通、转向限制等一系列交通管制措施，使得物理连通的路线在逻辑行为上不可达。将一个路网中所有可能存在的转向 T 定义如下：$T=\{(v,w,x)\mid v,w,x\in V,(v,w,Q^{vw})\in L,(w,x,Q^{wx})\in L\}$，其中被禁止的转向集合 P 可以视为 T 的子集，$P\subset T$。

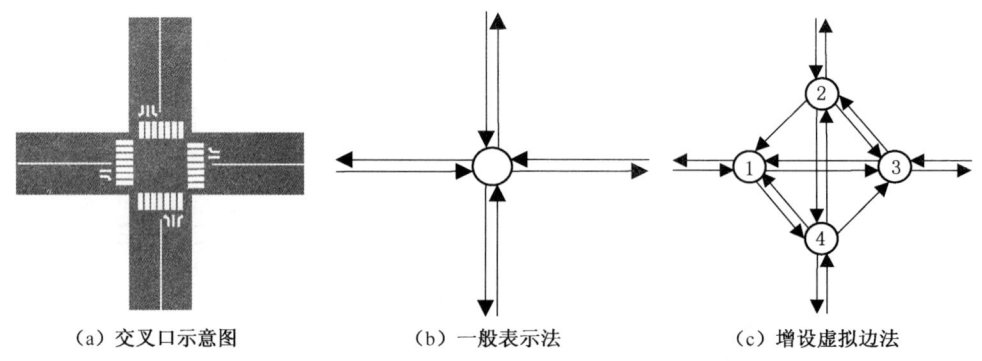

(a) 交叉口示意图　　　(b) 一般表示法　　　(c) 增设虚拟边法

图 3-3　交叉口表示法

图 3-3(a)所示的交叉口描述了真实的车流流向，在一般交通网络拓扑图中该交叉口可以简单地用一个结点以及到达和离开该结点的 8 条路段来表示，如图 3-3(b)所示。这种表示方法可以让规划者在宏观层面从时间和空间上把握交通需求的大小和方向，但从微观角度来看，该表示方法有两点不足：第一，无法体现对交通运行方向的限制；第二，没有体现交通流从路段流入交叉口后，交通流在交叉口内部的方向性及其穿过交叉口时间的差异性[164]。图 3-3(c)用 4 个虚拟结点（Dummy Node）表示连接交叉口的 4 条双向路段，用若干虚拟路段（Dummy Link）反映交通流在交叉口内部的移动情况。

增设虚拟边的方法能够清楚表达转向限制,而且没有大幅度改变路网结构,未伤害路网的易读性。但对于包含大量交叉口的实际路网,由于需要增设大量的虚拟结点和虚拟路段,会占用大量的存储空间。

采用对偶图法对具有转向限制的路网进行表达。J. Anez 等最早将对偶图的原理引入交通网络的表达之中,其核心思想是将原结点图的弧段转化为对偶图中的结点,将原图中同一结点的多个转向映射为对偶图中的不同弧段[165]。

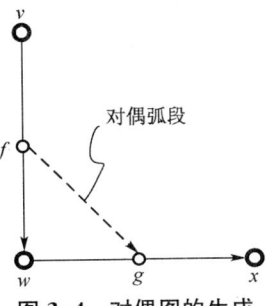

图 3-4 对偶图的生成

定义对应原结点图 N 的对偶图为 $D(N) = (V', L')$,其中 $V' = L(N)$,即对偶图中的顶点集 V' 是原结点图 N 中的弧段集。L' 表示对偶弧段,定义为:

$$L' = \{(f, g, Q^{fg}) \mid f, g \in V', f = (v, w, Q^{vw}), g = (w, x, Q^{wx}), (v, w, x) \notin P\} \quad (3-11)$$

式中,$f, g \in V'$ 表示对偶图中的弧段顶点对应于原结点网络图中的弧段,$f = (v, w, Q^{vw})$ 表示对偶图中弧段的起点是原结点图中的起始弧段,$g = (w, x, Q^{wx})$ 表示对偶图中弧段的终点是原结点图中的 f 的后继弧,$(v, w, x) \notin P$ 表示原结点图中有转向限制的弧段在对偶图中不存在。

以图 3-5(a)所示的 3 个相邻交叉口为例,交叉口 C1 北进口禁止左转,交叉口 C1 与 C2 之间采取由西至东方向单行线组织,各路段内禁止车辆掉头。图 3-5(b) 为该交叉口群的对偶图表示方法。结点 1 和结点 3 之间的双向路段经过对偶图转

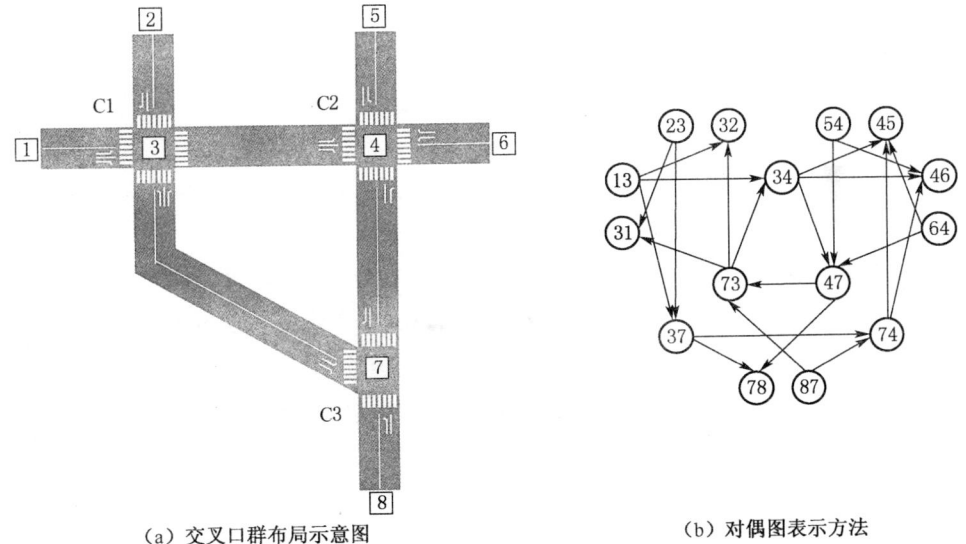

(a) 交叉口群布局示意图　　　　　(b) 对偶图表示方法

图 3-5 交叉口群交通网络图论表达示例

变之后分别以结点 13 和结点 31 表示。对偶图法的缺陷在于它从根本上改变了路网的拓扑结构,转换后的路网比较复杂,可读性较差。但这种方法能够表达转向限制,避免了增设虚拟边表示法包含大量虚拟结点和虚拟边的不足[166]。

3. 网络路径寻迹

寻找交叉口群范围内任意两点之间的通路,等效于在对偶图 $D(N)$ 中寻找出每个顶点正好经过一次的有向 Hamilton 通路,可采用回溯法对对象进行 Hamilton 圈的寻迹[167]。回溯法是应用深度优先搜索法构成解的树形结构找出图的所有 Hamilton 回路。解空间的树结构称为状态空间树。定义树结构中一个正在产生子结点的结点为扩展结点;一个自身已产生但其子结点还没有全部生成的结点为活结点;一个所有子结点已经产生的结点为死结点。深度优先的问题状态生成法是对一个扩展结点 R,一旦产生了它的一个子结点 C,就把 C 当作新的扩展结点。在完成对子树 C(以 C 为根的子树)的穷尽搜索之后,将 R 重新变成扩展结点,继续生成 R 的下一个可能存在的子结点。为了避免生成不可能产生最佳解的问题状态,需要不断利用限界函数(Bounding Function)除去那些实际上不可能产生所需解的活结点,以减少问题的计算量。具有限界函数的深度优先搜索法称回溯法。

回溯法的搜索策略是从根结点出发,以深度优先的方式搜索整个解空间。在当前的扩展结点处,搜索向纵深方向移至一个新结点,这个新结点就成为活结点,并成为当前扩展结点。如果当前的扩展结点处不能再向纵深方向移动,则当前扩展结点就成为死结点。此时,应往回移动(回溯)至最近的一个活结点处,并使这个活结点成为当前的扩展结点。回溯法以这种工作方式递归地在解空间中搜索,直至找到所要求的解或解空间中已没有活结点时为止。回溯法的一个显著特征是在搜索过程中动态产生问题的解空间。在任何时刻,算法只保存从根结点到当前扩展结点的路径。如果解空间树中从根结点到叶结点的最长路段的长度为 $h(n)$,则回溯法所需的计算空间通常为 $O(h(n))$,而显式地存储整个解空间则需要 $O(2^{h(n)})$ 或 $O(h(n)!)$ 内存空间[168]。

可用回溯法求解的问题 P 通常表达为对已知的、由 n 元组 $(x_1,\cdots,x_n)$ 组成的状态空间 $E=\{(x_1,\cdots,x_n)|x_i\in S_i, i=1,2,\cdots,n\}$,给定关于 n 元组中的分量的一个约束集 D,求满足 D 的全部约束条件的所有 n 元组。S_i 是 x_i 的定义域且 S_i 是有穷集,称 E 中满足 D 的全部约束条件的所有 n 元组为问题 P 的一个解。对许多的问题所给定的约束集 D 具有完备性,即 i 元组 $(x_1,\cdots,x_i)$ 满足 D 中仅涉及 $x_1,\cdots,x_i$ 的所有约束,这意味着 $j(j<i)$ 元组 $(x_1,\cdots,x_j)$ 也一定满足 D。换而言之,只要存在 $1\leqslant j\leqslant n-1$,使得 $(x_1,\cdots,x_j)$ 违反了 D,则以 $(x_1,\cdots,x_j)$ 为前缀的任何 n 元组 $(x_1,\cdots,x_j,\cdots,x_n)$ 也一定违反 D。由于回溯法的这种完备性,所以回

溯法是一种既带有系统性，又带有跳跃性的搜索方法。

设对偶图 $D(N)$ 中有 n 个顶点，用回溯法解 Hamilton 通路问题需要画出问题的解空间树。该解空间树是一棵最大度为 n 的树，在编写算法时通过判断结点与结点构成的边在图的邻接矩阵中的值来剪枝，如果其值不是 1，则说明该边不存在，则剪枝不用搜索。由于在求图的 Hamilton 通路时走过的顶点不能再重复走，所以要对已经遍历过的顶点做一个标记，如果在搜索时找到的是一个带有标记的顶点，则该路径也不可行应该剪去。

以图 3-6 所示的交叉口群交通网络为例，采用 Matlab 编程语言编写算法[169]，求解从各顶点出发的不同通路，图 3-6 表示了从结点 1 出发在交叉口群范围内所有通路的树状结构解。图 3-6(a) 中根结点 13 是对偶图 $D(N)$ 中路径的起点，取首位数字 1 即为原图中路径起点的编号；对图 3-6(a) 有向树状图中所有分支点与树叶结点取编号值的末位，即原图中弧段的终点编号，如图 3-6(b) 所示。从该图可知，在树状图中所有的根结点与叶结点为交叉口群范围的边界结点，分支点为交叉口群内部的交叉口编号。从根到叶的连通路径是交叉口群路径研究的重点。

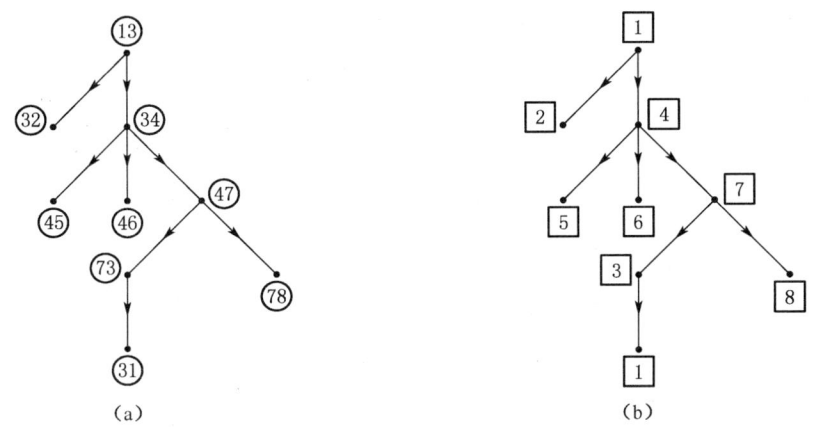

图 3-6　交叉口群路径寻迹（以结点 1 为起点）

4. 网络路径存储

交叉口群不同起点的众多路径可采用树形结构进行信息存储。在数据库系统中，由于树中每个结点都有零个或多个孩子结点，因此可以令每个结点包括一个结点信息域和多个指针域，每个指针域指向该结点的一个孩子结点，通过各个指针域值反映出树中各结点之间的逻辑关系。这种表示法中树中每个结点有多个指针域，形成了多条链表，所以这种方法被称为多重链表法。

一个树中各结点的度数各异，因此结点的指针域个数有两种设置方法：一是每个结点指针域个数等于该结点的度数；二是每个结点指针域个数等于该树的度数。

对于前者虽然在一定程度上节约了存储空间,但由于树中各个结点的度数不相同,各种操作不容易实现,所以一般采用后者来实现多重链表法。显然,该方法适用于各个结点的度相差不大的情况[170]。

一条路径由不同弧段构成,为了表示弧段的前后连接关系,研究采用双亲孩子表示法存储关于路径的树形结构。双亲孩子表示法是将双亲表示法和孩子链表表示法相结合的结果。其仍将各结点的孩子结点分别组成单链表,同时用一维数组顺序存储树中的各结点,数组元素除了包括结点本身的信息和该结点的孩子结点链表的头指针之外,还增加一个域,存储该结点双亲结点在数组中的序号。

图 3-7 为采用双亲孩子表示法存储图 3-6 中树的结构示意图。根①无双亲,其双亲域为 −1;②和④所在结点的双亲域为 0,它们的双亲结点在向量中的位置是 0,即①是它们的双亲;③的孩子域为 0,即①是它的孩子。采用链式存储路径在于方便根据网络逻辑连通性的调整对链表单元进行动态增删。若交通网络内实施分时段或分车种限行措施,则应对不同时段、不同车种建立不同的数据链表分别存储路径信息。将交叉口群内所有逻辑连通路径的相关信息存储于计算机之后可方便主路径的搜索。

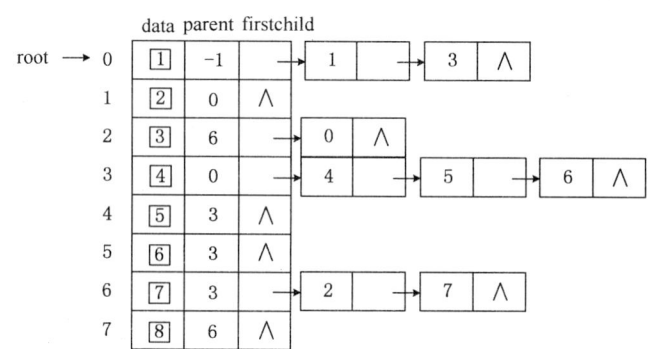

图 3-7 双亲孩子表示法存储路径信息

3.2.2 路段空间特征

路段是交叉口群交通运行的载体,路段空间极大地影响着交叉口群的交通运行状态。从系统控制的角度讲,交叉口群内车辆行驶的路段分为四种基本类型,即"边界驶入路段""边界驶出路段""交叉口间路段"和"交叉口内部路段"[164]。路段特征中对交通流有影响的主要包括交叉口间的路段长度、交叉口进口车道功能布置和路段交通设施等。

1. 交叉口间路段长度

当交叉口群上游交叉口绿灯放行后,其排队车辆形成若干车队进入下游路段,并以饱和流率消散。当排队长度不长时,在绿灯时间的前半部分,驶离车队为连续车队,驶离流率为饱和流率;在绿灯时间的后半程,交叉口进口处的排队消散完毕,车辆随机到达,驶离流率为车辆的到达流率。当上游交叉口的排队在绿灯时间内不能消散完时,驶离车队始终为饱和流率的连续车队。在交叉口群中,过短的路段长度以及大于饱和流率的车辆到达率都能使下游交叉口的排队延伸到上游交叉口,造成溢流现象。所谓溢流,是指下游交叉口处于过饱和状态,并产生超长的排队,其排队占用了下游交叉口到上游交叉口所有的道路空间以致上游交叉口的车辆即使在绿灯时也无法进入交叉口,此种情况被称为上游绿灯到达车辆无法驶入现象(De-facto red),状况描述如图3-8所示。交叉口间的路段越短,越容易产生溢流现象。

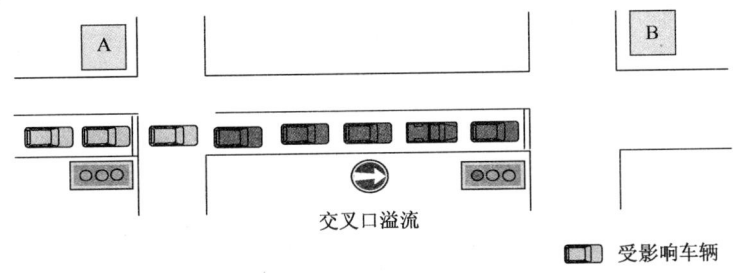

图 3-8 交叉口溢流(上游绿灯到达车辆无法驶入(De-facto red))

2. 进口车道功能布置

交叉口的进口转向车道有专用转向车道和混合转向车道两种。当交叉口到达车流中含有较多的转向车辆却使用混合车道时,排在前面的直行车会影响后面的转向车辆的转弯。如图3-9所示,假设所有的车辆公用绿灯时间,虽然此时为转向车的绿灯放行期,转向车因为前面直行车阻挡,不能完成转向,从而造成车辆排队不断增加。

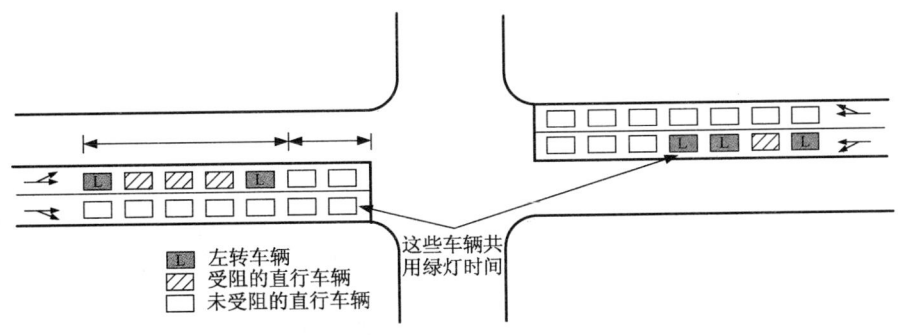

图 3-9 车道功能设置不合理示意图

3. 进口车道长度设计

路段交通设施受周边环境约束极大，无法处处按照交通需求进行配置。例如在交叉口处，理论上应该拓宽进口道以增设车道，从而提升进口道的通行能力，与路段匹配。但受到现实条件的制约，很多交叉口都无法实现进口道的展宽，或者展宽段长度不足。这些因素包括交叉口进口道拓宽，交叉口进口道附近存在公交停靠站或路边停车，路段有公交专用道等等。随着城市道路交通需求的增长，由于短车道长度不足而引发车辆排队溢出的现象日渐普遍，这种现象又称为短车道效应，它严重影响交叉口乃至路网的通行能力。例如交叉口进口道拓宽后形成的短车道，由于其长度的限制，存在因车辆排队溢出而造成阻塞的问题，如图3-10所示。

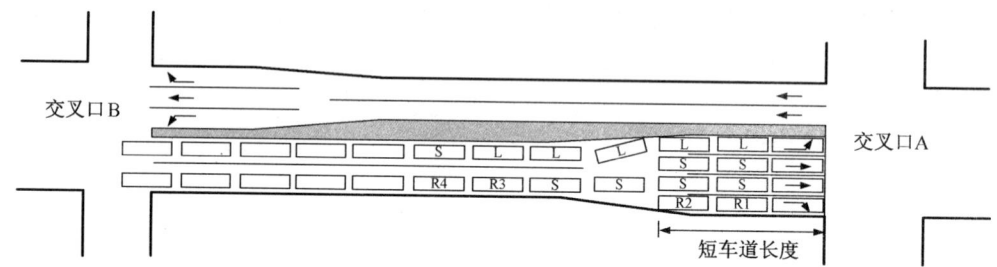

图 3-10　短车道长度不足引发交叉口群拥挤示意图

在交叉口A中，左转车辆较多，排队溢出短车道积压在路段上，排在其后的直行车只能通过一个直右车道进入交叉口的展宽段。如果此时直行排队较多，进一步积压到直右车道内，右转车辆只好停在直右车道上进行等候。此时放行右转车辆，也只能放行已经排在短车道内的R1、R2车辆，通常右转相位不是很长，R3、R4的通行会受到影响，无法在此次绿灯时间通过。这时排队等候的右转车，也对直行车辆进入渐变段内产生影响，各流向的交通锁死，排队长度不断增长。同理，右转车辆如果排队溢出其展宽段，也有可能产生上述拥堵。如果左转、右转渐变段的长度都不足以满足排队需求，排队延续到正常路段，直行车没有办法进入展宽段内，更没法进入交叉口，拥堵将进一步恶化。另一方面，如果展宽段宽度过小，而转向车辆多为大车，也会对相邻车道造成影响。

一味的增加展宽段长度并不能增加交叉口的通行能力，转向车辆不多时，展宽段长度过长时，会浪费一定的车道，如图3-11所示。在一般的道路条件下，规范中的展宽段长度往往能够满足，但在交叉口群中，交叉口间距过

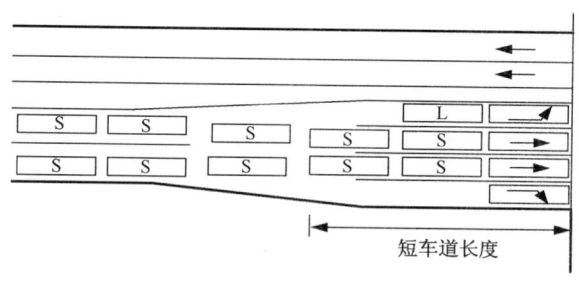

图 3-11　短车道长度过长造成空间浪费示意图

小、道路红线宽度受限,过长的展宽段反而会影响路段的通行能力。

3.2.3 交通信号控制

交通信号控制是影响交叉口群交通运行状态的关键因素,也是缓解交叉口群交通拥堵的有效手段。路网上车辆行驶的连续性,在很大程度上取决于多个交叉口各组信号间的协调。这种协调主要是信号配时的协调,即对相位相序和配时参数做统筹安排,建立一种合理的相关关系。

1. 关键相位设计

关键车流是指能够对整个交叉口的通行能力和信号配时设计起决定作用的车流。只要对关键车流足够的绿灯通行时间,满足其在通行能力上的要求,其他各向车流的通行能力要求自然得以满足;每一个关键车流对应的关键相位能获得足够

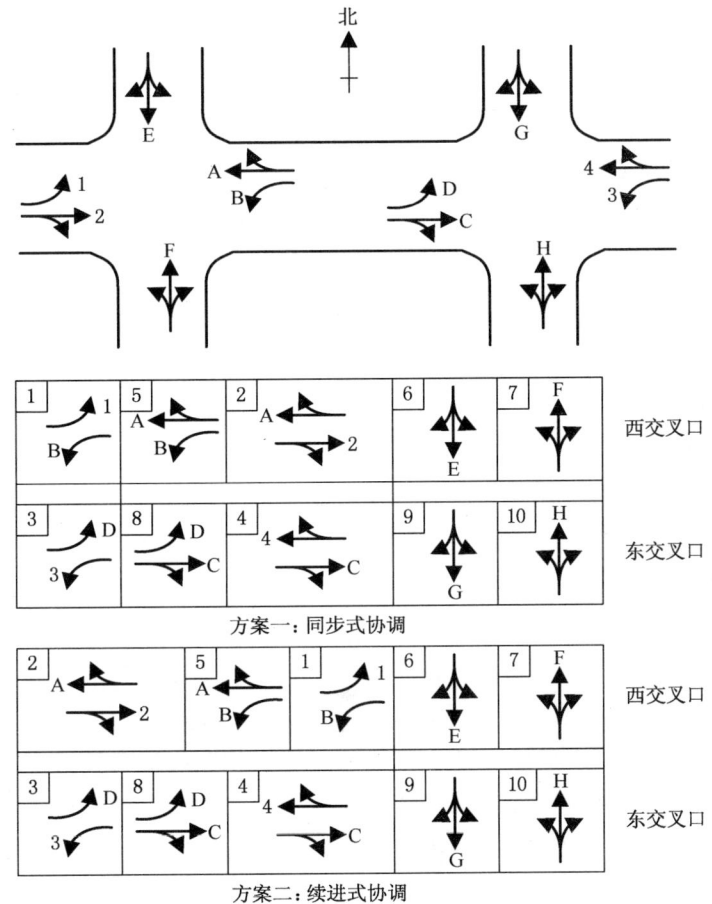

图 3-12 两邻近交叉口信号协调控制相位相序示意图

的通行时间,此交叉口所有其他相位也必定获得足够的通行能力。为保证关键相位得到充足的绿灯时间,可将关键相位设置为搭接相位,即跨信号阶段通行的相位,绿灯显示时间可跨越两个或两个以上的信号阶段。以图 3-12 为例,两邻近短间距交叉口采用交通信号协调控制,东、西方向车流为关键车流,为避免因短间距、大流量而产生溢流现象,将相位 A、B、C、D 设置为搭接相位,相位 A 跨越相位阶段 2 和 5,相位 B 跨越相位阶段 1 和 5,相位 C 跨越相位阶段 4 和 8,相位 D 跨越相位阶段 3 和 8,从而被赋予足够的绿灯时间,减少因相位切换而产生的绿灯损失时间。

2. 相位差设置

绿灯空放是一种典型的由于交叉口信号设置不当从而降低交叉口群网络整体通行能力的情况。所谓绿灯空放是指因为上游交叉口发生例如排队溢流、阻挡溢流或红灯设置不当等现象而使下游交叉口的绿灯时间不能有效利用,绿灯空放的状况如图 3-13 所示。此种情况可通过调节相位差(绿波控制)和控制转向等方法来避免。

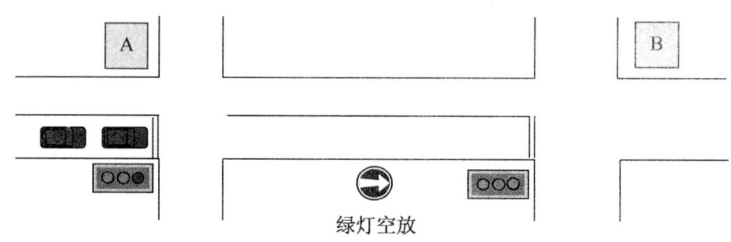

图 3-13　交叉口绿灯空放

相位差是多个交叉口协调控制最重要的参数,它决定了系统运行的有效性,需要根据道路上的要求车速与交叉口的间距,协调干道各相邻交叉口绿灯的启亮时间,使上游交叉口绿灯启亮后驶出的车辆以适当的车速行驶,可恰好在下游交叉口绿灯期间到达。图 3-12 中方案一采用了同步式干道协调控制,车辆在相邻交叉口间的行驶时间等于信号周期时长的整数倍,相位差为 0。当相邻交叉口间距相当短,而且沿关键路径方向的交通量远大于相交道路的交通量时,可把相邻的交叉口看成一个交叉口,绿灯启亮时刻也相同,组成一个同步式协调控制系统,改善关键路径的车辆通行;或当关键路径的流量特别大,高峰小时交通量接近通行能力,下游交叉口红灯车辆排队有可能延长到上游交叉口时,将这些交叉口组成同步式协调系统,可避免多米诺现象的发生。方案二调整了相序安排,可在此基础上对关键相位采用续进式干道协调控制,在保证非关键相位通行需求的前提下,根据不同的交通条件设置关键相位的绿信比,进而实现相位差的调整。

3.2.4　车流运行特征

车辆从上游交叉口停车线出发在到达下游交叉口停车线之前,由于行驶速度的不同,会渐渐拉开距离这种现象就是"离散",这种车流变化特点称之为交通流的"离散性"。交叉口群中各交叉口交通关联性的强弱主要表现为交叉口间车流离散程度的大小,即下游交叉口的到达车流特性和上游车流特性的相似性。这种相似性在关键路径上表现更为明显。一旦关联交叉口群中上游交叉口因交通信号控制或交通拥堵引起流量、车速等交通流参数变化,根据关联交叉口群相邻交叉口的强关联性,交通流参数的短时变化特性可保持至下游交叉口。如图 3-14 所示,图(a)为交叉口群中上游的交叉口观测到的交通量数据,而图(b)为交叉口群中下游的交叉口观测到的交通量数据。分析两个交叉口的交通量数据可以发现相配对的交通流数据,如图中标星号的两组交通量数据。虽然这两组交通量数据不完全相同,但是其交通特性基本相同。如图中方框所框选的交通数据,其他组交通量数据也存在类似特性,虽然总量相似,但其车队的离散性相比第一组较大。

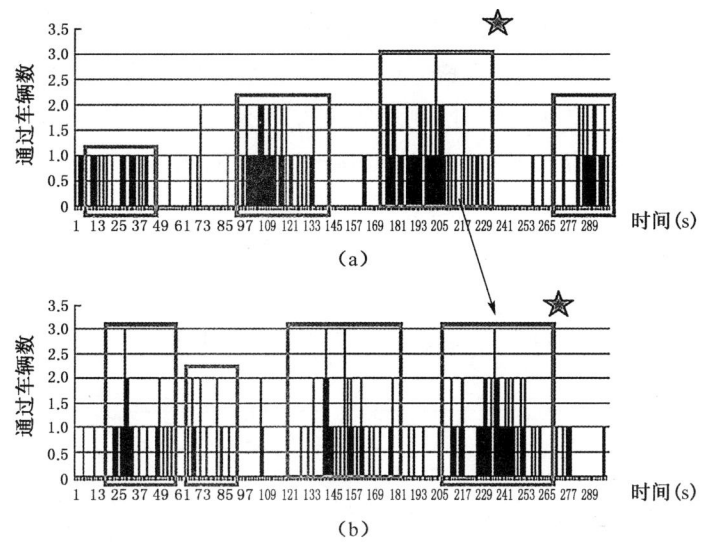

图 3-14 交叉口群上下游交叉口对应的交通状态

交通专家 D. I. Robertson 认为,下游某断面上车辆到达率与上游停车线断面上的车辆通过率有如下数学关系[171]:

$$q_d(i+t) = Fq_o(i) + (1-F)q_d(i+t-1) \tag{3-12}$$

式中:i——路径起点在绿灯启亮之后离散的观测时间间隔,可将每秒作为一个间隔;

$q_o(i)$——在第 i 个时间间隔从路径起点停车线驶出的车辆数(veh);

$q_d(i+t)$——在第 $i+t$ 个时间间隔通过路径终点停车线的车辆数(veh);

F——离散系数,$F = 1/(1+\alpha t)$;

t——平均行驶时间修正值,$t = \beta T$ (s);

T——平均行驶时间(s);

α、β——待标定参数,Robertson 建议取值分别为 0.35 和 0.8[171]。

若令 $j=i+t, i=j-t$,Robertson 的公式还可以推导出如下算式:

$$q_d(j) = \sum_{i=1}^{j-t} q_o(i) F (1-F)^{j-t-1} \qquad (3-13)$$

由于 Robertson 公式基于行程时间分布函数为几何分布的假定建立的经验公式计算简单,所以其应用较为广泛。在 Robertson 的公式中,离散系数值 F 的确定至关重要。Robertson 建议应当根据具体的地点条件(诸如车道宽度、车道纵坡、路上停车情况、对向车流的交通流大小,以及车流中车辆构成情况等等),确定 F 值的大小。换句话说,应当通过实地观测调查,用统计方法建立离散系数与上述因素的函数关系。

实现交叉口群内一条路径上若干交叉口的绿波控制可有效提高车辆的通过效率。但受车队离散因素的影响,车队在运动过程中其头部和尾部之间的距离逐渐加大,以致整个车队通过下游停车线所需的时间加长。假设一条路径包含若干个间隔为 200 m 的信号控制交叉口,在理想情况下采用绿波控制使车辆以恒定速度连续通过,设置不同的路径长度,采用 Robertson 车队离散模型分析由于离散因素导致在等宽绿波情况下绿灯时间内通过交叉口的车辆折减数 ΔN。假定路径起点交叉口在绿灯时间内以 1 800 veh/h 的饱和流率放行车辆,信号控制周期为 100 s,沿路径方向的有效绿灯时间为 50 s,平均车速设为 10 m/s。如图 3-15 所示,路径长度值越大,即途经交叉口个数越多,等长绿灯时间内通过终点交叉口的车辆数越

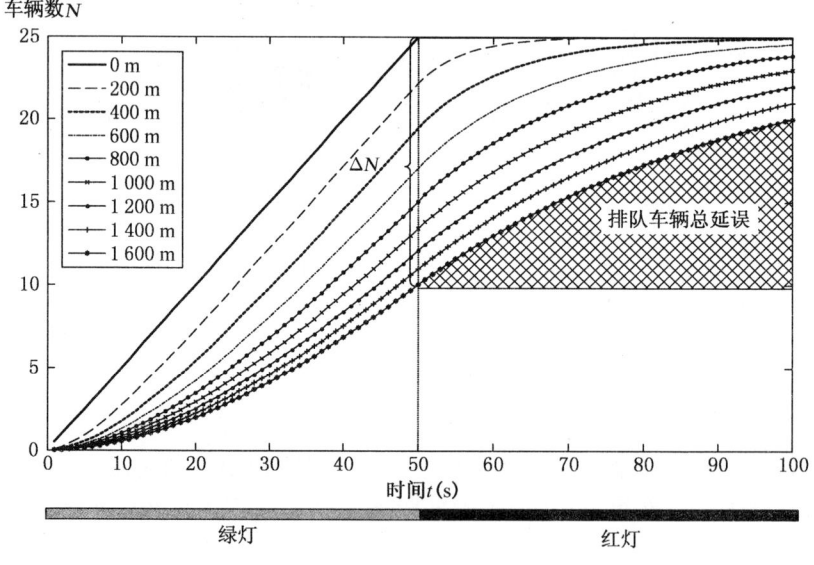

图 3-15 绿灯时间内车辆累计到达量与路径长度变化关系

少,受红灯阻滞影响排队车辆的总延误也越大。

受车队离散因素的影响,在下游交叉口若要保证车队的首车和末车均在同一绿灯时间内通过交叉口,则需要设计一种扩散状的变宽绿波带,但此设计会使最下游的交叉口的绿灯时间长得无法接受,是一种对离散性不加约束的控制方式,在实际工作中往往不可取。对离散约束的控制方法一般采用等宽绿波,但该方法会使位于车流首部或尾部的部分车辆会在每一个路口有一定的延误。

3.3 交叉口群路径关联度计算模型

交叉口群一条路径由若干交叉口与路段组成,某些路径内的交叉口之间具有较强的关联性,任何路段交通服务水平的改变都有可能会对交叉口群范围内其他路径产生影响,甚至产生如排队溢流、绿灯空放等诸多交通负面效应。定义交叉口群内的主路径为交叉口群中路径关联性最高、对交叉口群网络整体运行效益起决定作用的路径。依据路径关联指标的大小确定网络内的主路径,可以明确交叉口群信号协调控制的对象。既有研究已表明现有的关联度模型大多反映的是交叉口两两路段之间的影响关系,难以表现网络中多交叉口相互影响的综合效益。交叉口群内一条路径包含各交叉口转向车流、信号配时、车道功能划分等多重信息,既有的针对路段的关联度计算模型无法表征此类路径信息,需要首先提出路径关联度的计算方法。

3.3.1 关联指标选取

信号控制交叉口群路径关联度受路径长度、交叉口间距、各交叉口配时方案、流量分布等交通供需特征以及行程车速、车队离散等交通运行因素的影响。在改善交叉口群网络运行效益时应发挥路径强关联性的积极作用,进行信号协调控制,同时也应避免强关联性导致的交通负面效应,如溢流及绿灯空放等。在构建路径关联度计算模型时既应考虑决定绿波控制效果的车流离散因素,也应反映由于车辆加减速频繁导致的行车不畅现象。

1. 离散性关联指标

将车队离散因素纳入路径关联度计算模型之中可反映路径长度、车流运行特征对路径关联度的影响。假设一个理想车队在途经路径的起点时车头时距为$\bar{h}_o$,到达路径终点时没有车辆汇入、驶离,也不存在超车现象,受车队离散因素的影响平均车头间距变为$\bar{h}_d$,于是有$\bar{h}_o < \bar{h}_d$,路径起点的平均流率$\bar{q}_o$大于路径终点的平均流率$\bar{q}_d$。

定义离散性关联指标为一个理想车队在途经等宽绿波带时路径起、讫点车辆

数的比值,即

$$I_1 = n_d/n_o \tag{3-14}$$

其中

$$\sum_{i=1}^{n_o} h_o(i) \leqslant t_g < \sum_{i=1}^{n_o+1} h_o(i), \sum_{i=1}^{n_d} h_d(i) \leqslant t_g < \sum_{i=1}^{n_d+1} h_d(i)$$

式中:I_1——离散性关联性指标;

$h_o(i)$——车队在路径起点第 i 辆车的车头时距(s);

$h_d(i)$——车队在路径终点第 i 辆车的车头时距(s);

n_o——车队在路径起点绿灯时间内通过的车辆数(veh);

n_d——车队在路径终点绿灯时间内通过的车辆数(veh);

t_g——绿波带宽(s)。

$h_o(i)$ 与 $h_d(i)$ 可采用现场观测值,也可通过 Robertson 车队离散公式[172]估算起、讫点绿灯时间内的到达车辆数。

因此有

$$n_o = \sum_{i=1}^{t_g} q_o(i), n_d = \sum_{i=1}^{t_g} q_d(i+T) \tag{3-15}$$

2. 阻滞性关联指标

滞留排队也是关联交叉口的交通负面效应之一。如图 3-16 所示,下游交叉口产生的排队滞留会妨碍上游交叉口交通流的正常运行并产生额外的延误,进而演化为排队溢流,不断增加的延误和与其相对应的损失时间会加剧交叉口的拥堵状况。滞留排队的产生与交叉口间距、流量分布、车辆平均行驶速度、信号配时等因

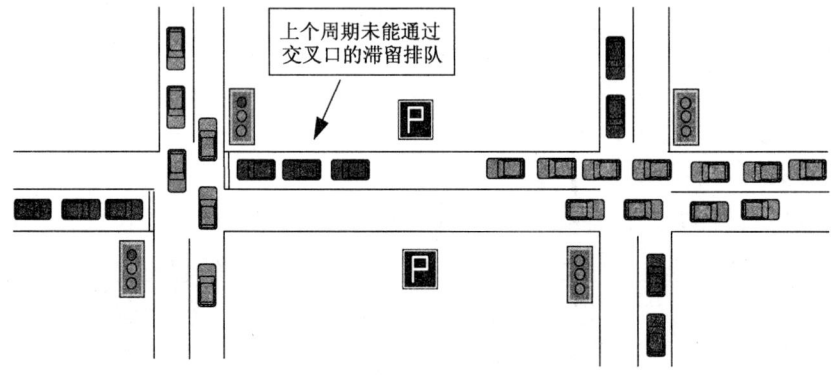

图 3-16 交叉口滞留排队

素密切相关。设连接邻近交叉口的路段长度为 L，下游交叉口的上游功能区长度为 D。功能区长度与路段总长度的比值较大时，车辆在加速启动通过上游交叉口后不久就需要采取刹车制动，在下游交叉口进行排队等候，自由行驶时间短，燃油消耗高；此外，一旦交通流量略有增加，发生交通溢流的可能性也增大。如图 3-17 所示，交叉口上游功能区由三部分组成：排队长度 d_1、驾驶员进行减速直至停止的减速距离 d_2 和感知时间行驶的距离 d_3。其中，排队长度 d_1 与进口道转向流量、信号配时方案相关，d_2 和 d_3 与行程车速相关。研究功能区长度 D 与路段总长度 L 的比值可以从交通设施供给和需求层面分析交叉口关联特征。

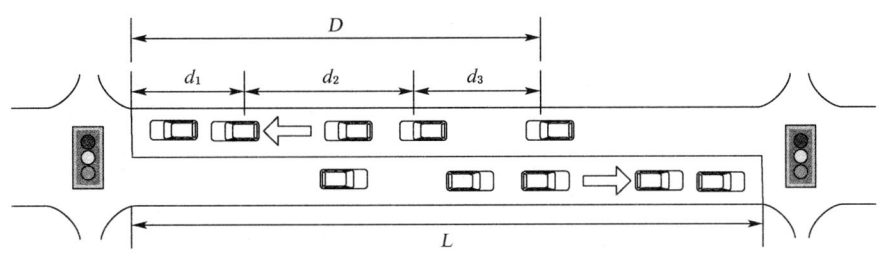

图 3-17 交叉口上游功能区示意图

对于交叉口群组成某条路径的任意路段 m，沿该路径前进方向的交叉口进口道若有 N 条不同车道，计算每个车道的功能区长度值为：

$$D_n^m = d_{1n}^m + d_{2n}^m + d_{3n}^m \tag{3-16}$$

式中：D_n^m——路段 m 第 n 条车道的功能区长度(m)；

d_{1n}^m——路段 m 第 n 条车道的车辆排队长度(m)；

d_{2n}^m——减速距离(m)；

d_{3n}^m——感知—反应距离(m)。

d_{1n}^m 可采用实地观测统计值，也可使用排队长度计算公式进行估算，此处采用 Synchro 7 的排队长度计算方法[160]；d_{2n}^m 和 d_{3n}^m 的计算方法可参考文献 172 条。

将 I_2^m 定义为路段 m 沿路径前进方向的交叉口进口道中流向功能区长度最大值与路段长度 L 的比值，即

$$I_2^m = \max(D_1^m, D_2^m, \cdots, D_n^m, \cdots, D_N^m)/L \tag{3-17}$$

若该路径由 M 个路段组成，则其阻滞性指标 I_2 为

$$I_2 = \sum_{m=1}^{M} I_2^m / M \tag{3-18}$$

3.3.2 指标敏感性分析

在恒定车速下设置不同的路径长度、绿信比、饱和度及交叉口间距值,计算离散性关联指标 I_1 和阻滞性关联指标 I_2,分析交通设施供给与车流运行特征对路径关联度的影响,计算结果如图 3-18 所示。

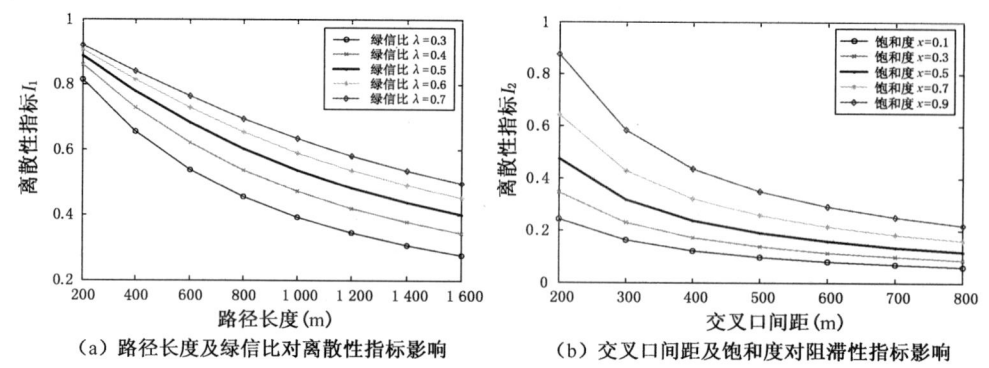

(a) 路径长度及绿信比对离散性指标影响　　(b) 交叉口间距及饱和度对阻滞性指标影响

图 3-18　关联指标敏感性分析

路径所包含的交叉口数量越多,则必然延伸路径的长度。图 3-18(a)表明,随着路径长度的增加、绿信比的降低,离散性关联指标 I_1 值呈递减趋势。在路径长度较小的情况下,不同绿信比值对 I_1 的影响差异不明显,但随着路径长度的递增,绿信比对 I_1 值的影响愈加明显;同样,绿信比越小,I_1 值对路径长度的变化也越敏感。

当路径仅包含 1 个路段时,不同饱和度和交叉口间距条件下的阻滞性关联指标 I_2 的变化趋势如图 3-18(b)所示。由图 3-18(b)可知,交叉口饱和度与交叉口间距对 I_2 均有较大影响。随着交叉口间距的增加,I_2 值逐渐减小,相同交叉口间距、不同饱和度情况下 I_2 的差值也逐步缩小。在短交叉口间距的情况下,饱和度越高,受车辆排队的影响,I_2 值也越大。

指标敏感性分析结果表明,离散性关联指标 I_1 和阻滞性关联指标 I_2 可共同反映交叉口群拓扑结构、信号配时方案、交通流量、车队离散因素等关键要素对信号控制交叉口群路径关联特征的影响。

3.3.3 路径关联度计算

离散性关联指标 I_1 和阻滞性关联指标 I_2 所代表的物理含义不同,存在量纲上的差异,计算出交叉口群范围内所有路径的 I_1 和 I_2 值之后需无量纲处理,分别记为 I_1' 和 I_2',如式(3-19)和式(3-20)所示:

$$I'_1 = (I_{1\max} - I_1)/(I_{1\max} - I_{1\min}) \tag{3-19}$$

$$I'_2 = (I_{2\max} - I_2)/(I_{2\max} - I_{2\min}) \tag{3-20}$$

式中：$I_{1\max}$、$I_{1\min}$——交叉口群范围内所有路径离散性关联指标 I_1 值的最大值与最小值；

$I_{2\max}$、$I_{2\min}$——交叉口群范围内所有路径阻滞性关联指标 I_2 值的最大值与最小值。

因此某条路径关联度 I 按式(3-21)计算，$I \in [0,2]$。

$$I = I'_1 + I'_2 \tag{3-21}$$

对交叉口群内的所有逻辑连通路径计算路径关联度值，选择其中具有最大路径关联度值的路径作为交叉口群内的交通主路径。

3.3.4 实例分析

1. 交叉口群路径关联度计算结果

选取滁州市南谯中路、稻香路、紫薇中路和湖心路围合的 4 个交叉口组成的交叉口群为例，实地调查获取数据包括各交叉口流量、信号配时、行程车速、渠化形式等，图 3-19 为交叉口群结构示意图。

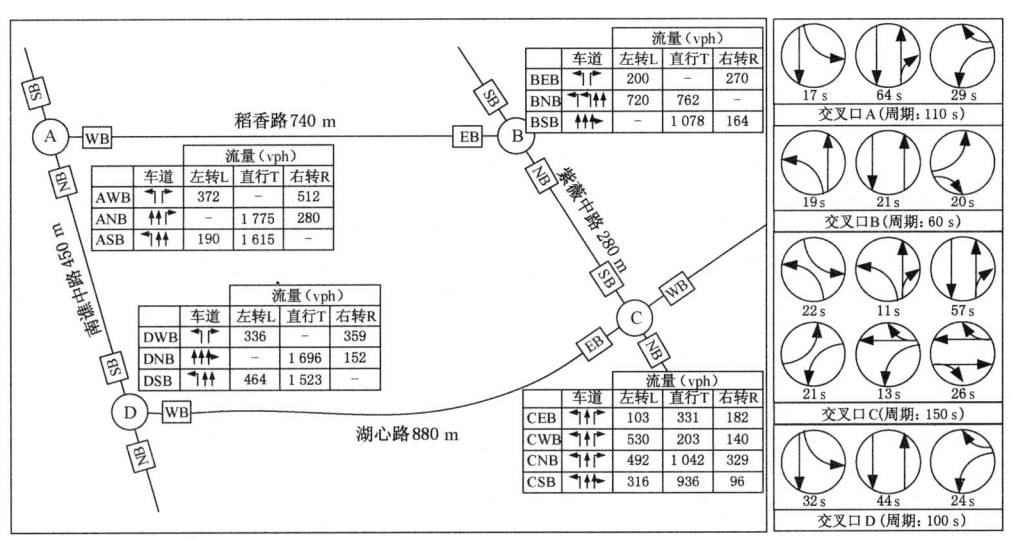

图 3-19　交叉口群结构示意图

各转向编号由三部分组成，以转向"ASBT"为例，"A"为交叉口编号，"SB"为进口道方向，"T"表示直行车道。路径表示由不同转向编号组合而成，"CNBT - BN-

BL-AWBR"表示车辆由紫薇中路—湖心路交叉口北向进口道驶入,直行至稻香路—紫薇中路交叉口,左转至南谯中路—稻香路交叉口,右转驶出交叉口群范围。采用回溯法搜索路径可知,驶经2个交叉口、3个交叉口进出交叉口群范围的路径各有12条。计算此24条路径的离散性关联指标I_1和阻滞性关联指标I_2并进行无量纲处理,得出各路径关联度值I,表3-2列出了24条路径关联度值的计算结果,计算结果从高到低依次排列。其中,"BSBT-CSBT"为该交叉口群范围内的交通主路径。

表3-2 部分路径关联度指标计算结果

序号	路径编号	I_1	I_2	I_1'	I_2'	I
1	BSBT-CSBT	0.60	0.56	0.59	1.00	1.59
2	BSBT-CSBL	0.60	0.51	0.59	0.90	1.49
3	DNBT-ANBT	0.70	0.38	0.73	0.64	1.37
4	CNBT-BNBT	0.88	0.19	1.00	0.24	1.24
5	CWBR-BNBT	0.78	0.19	0.86	0.24	1.10
6	ASBT-DSBT	0.84	0.12	0.94	0.09	1.03
7	CNBT-BNBL-AWBR	0.61	0.24	0.59	0.33	0.92
8	ASBT-DSBL-CEBT	0.58	0.14	0.55	0.13	0.68
9	CWBR-BNBL-AWBR	0.43	0.24	0.33	0.33	0.66
10	ASBT-DSBL-CEBR	0.58	0.11	0.55	0.07	0.62
11	DNBR-CEBT	0.51	0.16	0.45	0.17	0.62
12	CWBT-DWBR-ANBT	0.36	0.25	0.22	0.37	0.59
13	CNBL-DWBR-ANBT	0.31	0.25	0.15	0.37	0.52
14	ASBL-BEBR-CSBT	0.21	0.32	0.00	0.51	0.51
15	DNBR-CEBR	0.51	0.10	0.45	0.05	0.51
16	CWBT-DWBL	0.47	0.12	0.39	0.09	0.48
17	ASBL-BEBR-CSBL	0.21	0.30	0.00	0.46	0.46
18	DNBR-CEBL-BNBT	0.43	0.14	0.33	0.12	0.46
19	BSBR-AWBR	0.33	0.20	0.18	0.27	0.45
20	CNBL-DWBL	0.42	0.12	0.31	0.09	0.40
21	DNBT-ANBR-BEBL	0.42	0.11	0.32	0.07	0.39
22	BSBT-CSBR-DWBL	0.23	0.15	0.03	0.15	0.18
23	BSBR-AWBL-DSBT	0.23	0.14	0.03	0.13	0.15
24	ASBL-BEBL	0.27	0.08	0.09	0.00	0.09

如表 3-2 所示,路径距离越短,车流脉冲式到达下游交叉口特征越明显,关联度值越高;但短路径情况下当交叉口流量较小时,受车辆排队造成的阻滞影响程度不显著,关联度值降低。以路径"BSBR-AWBR"为例,I_1' 值为 0.18,I_2' 值为 0.27,虽然路径长度短于路径"CNBT-BNBL-AWBR",但流量低,获得的有效绿灯时间短,连续车队规模小,对下游交叉口排队长度值的增加贡献少,所以关联度值低于路径"CNBT-BNBL-AWBR"。由此可见,本节所提出的路径关联度模型能多方面地反映交叉口群路径长度、流量分布、信号配时、车队离散等因素。

2. 基于路径关联度的信号协调控制方案比较

为进一步验证路径关联度计算方法的合理性,对关联度高的路径(在本例中选择排序在前 9 位的路径)采取信号协调控制,通过仿真手段进行比较,说明关联路径的识别有助于信号协调控制效率的提高。

提出两种信号协调控制改善方案:在对周期进行优化时,方案一采取绿波控制的思路对不同路径分别实施线控,方案二将该交叉口群四个交叉口定为一个控制子区,采用关键交叉口周期长度作为公共信号周期,对相位差的优化以路径关联度计算结果为依据。路径 1 和 6 的关联度计算结果反映了交叉口 A 和 D 的关联程度,路径 1、2、4 和 5 的关联度计算结果反映了交叉口 B 和 C 的关联程度。对相位差优化时采取如下思路:将交叉口 A 和 D 设为协调控制单元Ⅰ,兼顾路径 7 和 8 的信号协调;将交叉口 B 和 C 设为协调控制单元Ⅱ,兼顾路径 8 的协调。各交叉口的绿信比根据交叉口各方向的交通流量比确定。

在方案一中,对协调控制单元Ⅰ将交叉口 A 设为关键交叉口,将其周期长度 110 s 定为公用周期时长,由于路径 3 关联度大于路径 6,先协调北向车流,获得最大带宽 47 s,再协调南向绿波获得最大带宽为 81 s;协调控制单元Ⅱ内将交叉口 C 设为关键交叉口,交叉口 B 的周期时长定为公用周期时长的一半,即 75 s,对南向绿波优先考虑,获得最大带宽为 31 s,北向带宽为 55 s。在方案二中,将交叉口 C

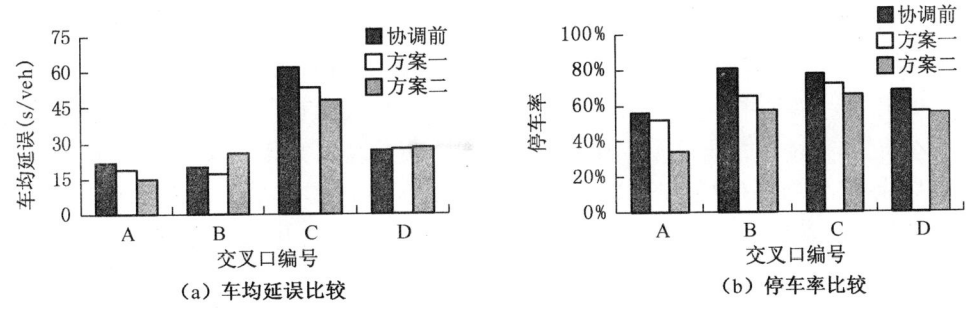

图 3-20 各交叉口交通运行效益指标比较

设为整个交叉口群的关键交叉口,四个交叉口周期长度均设为 150 s。分别优化协调控制单元 Ⅰ 和 Ⅱ 的相位差,协调控制单元 Ⅰ 北向绿波带宽为 66 s,南向带宽为 79 s,协调控制单元 Ⅱ 北向绿波带宽为 38 s,南向带宽为 57 s。两种协调方案在可能条件下调整相序设置,优化转向 AWBR 与转向 BNBL、转向 DSBL 与转向 CEBT 的相位差。

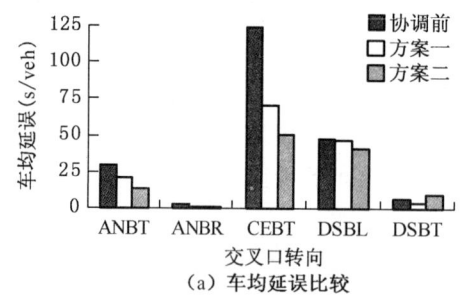
（a）车均延误比较

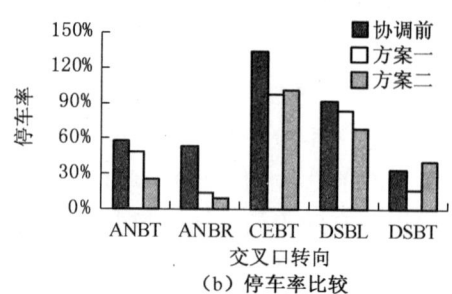
（b）停车率比较

图 3-21　协调路径途经转向交通运行效益指标比较（控制单元 Ⅰ）

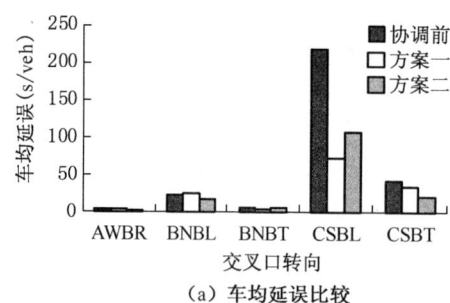
（a）车均延误比较

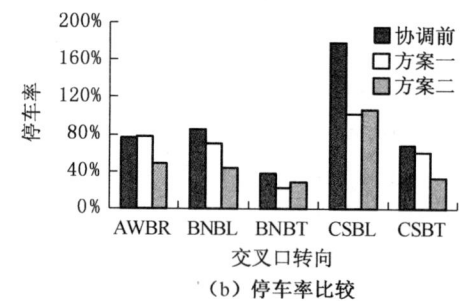
（b）停车率比较

图 3-22　协调路径途经转向交通运行效益指标比较（控制单元 Ⅱ）

对协调前后各控制方案仿真 10 次,通过对 Synchro 7 输出的评价指标进行统计,获得协调前后各交叉口及转向的车均延误与停车率指标(见图 3-20～图 3-22)。实行路径协调控制之后,交叉口群交通运行效益略有提升,方案一车均延误与停车率分别降低 10.5% 和 12.6%,方案二车均延误与停车率降低幅度值为 10.6% 和 24.1%。但在方案二中,由于公共周期长度远大于交叉口 B 自身最优周期长度,导致车均延误增加了 28.4%。对关联度高且实施协调控制的路径而言,虽有个别转向受控制协调优先级别调整,运行状况略有恶化,但采取信号控制优化的各路径交通运行效益整体改善明显,方案一车均延误与停车率降低幅度分别为 44.1% 和 27.0%,方案二降低幅度分别为 47.1% 和 37.6%。较长的周期长度使方案二获得了较大的绿波带宽,网络整体运行效益优于方案一,但是否采用相等的公用周期需要结合不同的网络形态及交通关联性进一步论证。两种信号协调方法仿真结果均表明,在计算出各路径关联度值之后,能有效找出交叉口群范围内的相位差协调目标,进而改善交叉口群的交通运行效益。

3.4 本章小结

本章综述了相邻交叉口交通关联度计算模型的既有研究成果,从网络拓扑结构、路段空间特征、信号控制要素、车流运行特征四个方面对城市道路信号控制交叉口群的交通关联特性进行了分析;综合考虑路径长度、交叉口间距、路段流量、行程车速、车流离散、信号配时等诸多因素,建立交叉口群路径关联度计算方法,依据离散性关联指标和阻滞性关联指标的高低确定交叉口群范围内的主路径。该主路径识别方法被应用于改善滁州市某一交叉口群交通运行效益,通过仿真比较验证了方法的有效性。

第 4 章
基于元胞传输模型的交叉口群交通流建模

交通流模型是根据实时采集的交通流数据,模拟、预测交叉口群各路段和交叉口处交通流状况,将相关交通流数据提供给交叉口的信号控制参数优化模型,用于生成交叉口群信号控制参数优化方案。建立可靠、及时的交通流模型是保障信号控制系统性能实现的前提条件。本章研究交叉口群的交通流建模问题,对元胞传输模型(Cell Transmission Model,简记为 CTM 模型)进行改进,并通过 Vissim 软件对该模型进行仿真验证。

4.1 元胞传输模型

4.1.1 信号控制交叉口交通流建模问题

交通流建模的目的就是描述交通流状态变量随时间和空间变化、分布规律及与交通控制变量之间关系的方程式或映射。现有的交通流模型按照描述对象的不同主要分为两大类:宏观模型与微观模型。宏观模型以离散时间差分方程或连续时间微分为工具,引入并描述车流量 Q、车流密度 K 和车速 V 等概括交通网络宏观物理量的概念之间的关系,它用于描述大量车辆的集体平均行为;微观模型研究单个车辆在不同道路和交通条件下的运动规律及相互作用,它用于描述单车在相互作用中的个体行为。

根据模型和其中变量的不同形态,交通流模型有静态模型和动态模型之分。静态模型描述不随时间改变的稳恒交通流随空间分布的规律。实际交通流在某些时段内变化不是很大时,可近似为这种稳态的交通流。动态交通模型描述交通流随空间的分布及每处交通流随时间变化的规律。

基于流体力学的交通流理论(LWR 模型)[173]是大多数宏观交通模型的基础,虽然并不完美,但由于易于理解被广泛应用于交通工程分析中。但是,大多数的宏观交通流模型不根据 OD 来区分交通流,因此在道路交叉口处的交通流常常使用固定的转弯比例或固定的流出率来模拟。事实上这两者都不是固定值,而是随时间的变化在不停地调整。此外,在交叉口信号配时的控制对象主要是各交叉口间由于信号控制而形成的车队。车队对于交通流的描述粒度界于宏观模型和微观模型之间,既需要描述车辆的集体行为,又需要对由于道路条件不同对车辆的影响进行描述。现有的能描述车队的模型主要有车队离散模型、元胞自动机模型等。其中,元胞自动机交通流理论是在 20 世纪 80 年代提出,90 年代得到迅猛发展的一种新的交通流动力学理论。人们把元胞自动机理论应用于交通流研究,采用离散的时空和状态变量,规定车辆运动的演化规则,通过大量的样本平均来揭示交通运行规律。元胞自动机理论用于交通流模拟,避免了交通流离散—连续—离散的近似过程,具有其独特的优越性。在基于元胞自动机的交通流模型中,道路被划分为等距格子,每个格点表示一个元胞。在某个时刻,元胞或为空,或被一辆车占据。在下一时刻,根据给定的规则对系统的状态进行更新。但是,基于元胞自动机的交通流模型对模拟计算时间和内存要求均与车辆数目成正比,对系统要求也较高,而且由于很难实现元胞自动机参数的实时校正,难以建立真正切合实际的交通流模型,造成基于元胞自动机的交通流模型的模拟结果常与实际观察结果存在较大差异。

元胞传输模型是 Carlos F. Daganzo 于 1994 年提出的。该模型是利用有限差分,为宏观道路交通流模型(LWR 模型)设计的一种近似方法。CTM 模型能清楚地描述排队的物理效应以及一些交通流动力学特性,如波动、排队形成、排队消散以及多路段间动态的相互影响,对于反映波动较大的交通流运行特性有相当优势。CTM 模型对路段进行分段研究,能够充分兼顾交通流的微观特性,关注小群体车辆之间的交通状态传递。对未饱和交通流、饱和乃至过饱和交通流均有良好的描述效果,足以满足工程实践所要求的精度,有广泛的应用前景。

4.1.2 CTM 模型

1. 路段部分

CTM 模型是对交通流的流体动力学理论 LWR 模型的离散化近似。LWR 模型通过微分方程来描述流量守恒方程,如式(4-1)。CTM 模型明确了交通量和密度的宏观特性,涵盖了所有交通状态下的基本密度—流量—速度关系,包括了拥挤和非拥挤状态下的交通返回波、车辆的排队和释放等。

$$\frac{\partial q}{\partial x} + \frac{\partial k}{\partial t} = s(x,t) \tag{4-1}$$

式中:q——交通流量;

k——交通密度;

x 和 t——分别表示时间和空间变量;

$s(x,t)$——流量产生率。对无进出口道道路 $s(x,t)=0$,对进口道 $s(x,t)>0$,出口道 $s(x,t)<0$。

在此基础上,Daganzo 提出了对 LWR 方程进行限差分解、推导,将交通量和密度之间的关系简化为分段线性关系,如图 4-1 和式(4-2)所示:

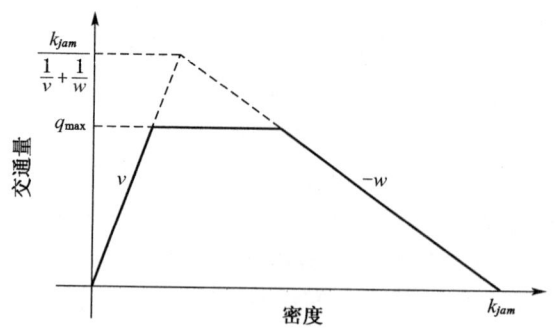

图 4-1 交通量与密度之间的分段线性关系

$$q = \min\{vk, q_{\max}, w(k_{jam} - k)\} \tag{4-2}$$

式中:k_{jam}——交通流拥挤密度;

$q_{\max}$——最大交通量;

v——自由流速度;

w——拥挤传播速度($w<v$)。

Daganzo 在图 4-1 和式(4-2)基础上,引用了元胞概念,将交通网络划分为等长度元胞的集合,每个元胞长度等于车辆在一个时间步长内以自由流速度行驶的长度:

$$L_c = v \cdot \Delta t \tag{4-3}$$

式中:L_c——元胞长度;

Δt——时间步长。

如图 4-2 所示,CTM 模型中元胞为交通流的基本模块,反映了 CTM 模型的迭代、传递过程。在 CTM 基本模块中,将元胞内拥有车辆数 n_i、元胞内允许最大通行车辆数 Q_i、元胞内允许最大容纳车辆数

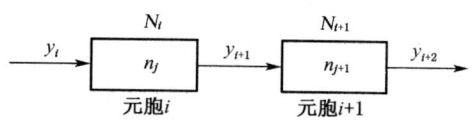

图 4-2 CTM 基本模块

N_i 等概念,代替了交通流密度、最大交通量、交通流拥堵密度等概念,保证了元胞内交通流的运行符合交通量和密度之间的分段线性关系。CTM 基本模型则由式(4-4)和式(4-5)组成:

$$n_i(t+1) = n_i(t) + y_i(t) - y_{i+1}(t) \tag{4-4}$$

$$y_i(t) = \min\{n_{i-1}(t), Q_i(t), \delta[N_i(t) - n_i(t)]\} \tag{4-5}$$

式中：$n_i(t)$——在第 t 个时间步长内，元胞 i 拥有的车辆数；

$y_i(t)$——在第 t 个时间步长内，元胞 i 实际驶入的车辆数；

$Q_i(t)$——在第 t 个时间步长内，元胞 i 允许最大通行的车辆数；

$N_i(t)$——在第 t 个时间步长内，元胞 i 允许最大容纳的车辆数；

δ——传播系数，$\delta = \begin{cases} 1 & n_{i-1}(t) \leqslant Q_i(t), \\ w/v & n_{i-1}(t) > Q_i(t). \end{cases}$

Daganzo 还提出了另外两种元胞连接形式：路段汇聚和路段分流，如图 4-3 所示。

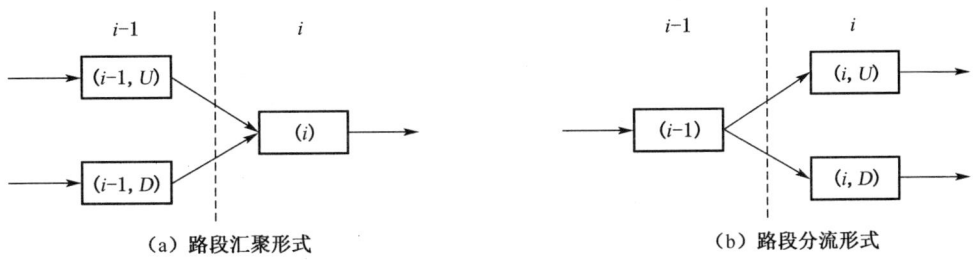

(a) 路段汇聚形式　　　　　　　　　(b) 路段分流形式

图 4-3　路段汇聚与分流形式

元胞之间的车辆传递是由上游元胞的驶出车辆数和下游元胞的驶入车辆数共同决定的。为统一三种元胞连接形式，CTM 模型中令上游元胞的驶出车辆数 $S_{i-1}(t)$ 和下游元胞的驶入车辆数 $R_i(t)$ 为：

$$S_{i-1}(t) = \min\{n_{i-1}(t), Q_{i-1}(t)\} \tag{4-6}$$

$$R_i(t) = \min\{Q_i(t), \delta[N_i(t) - n_i(t)]\} \tag{4-7}$$

则单路段相邻形式的式(4-5)可转化为：

$$y_i(t) = \min\{S_{i-1}(t), R_i(t)\} \tag{4-8}$$

路段汇聚形式下（图 4-3(a)），CTM 模型需分两种情况讨论：

如果 $R_i(t) > S_{i-1,U}(t) + S_{i-1,D}(t)$，在第 t 个时间步长内，元胞 $(i-1,U)$ 与元胞 $(i-1,D)$ 分别驶入元胞 (i) 的车辆数为式(4-9)和式(4-10)：

$$y_{i,U}(t) = S_{i-1,U}(t) \tag{4-9}$$

$$y_{i,D}(t) = S_{i-1,D}(t) \tag{4-10}$$

如果 $R_i(t) \leqslant S_{i-1,U}(t)+S_{i-1,D}(t)$，在第 t 个时间步长内，元胞 $(i-1,U)$ 与元胞 $(i-1,D)$ 分别驶入元胞 (i) 的车辆数为式(4-11)和式(4-12)：

$$y_{i,U}(t) = \text{mid}\{S_{i-1,U}(t), R_i(t)-S_{i-1,D}(t), p_{i-1,U}(t)R_i(t)\} \quad (4-11)$$

$$y_{i,D}(t) = \text{mid}\{S_{i-1,D}(t), R_i(t)-S_{i-1,U}(t), p_{i-1,D}(t)R_i(t)\} \quad (4-12)$$

式中：$p_{i-1,U}$ ——元胞 $(i-1,U)$ 驶入元胞 i 的车辆数占比；

$p_{i-1,D}$ ——元胞 $(i-1,D)$ 驶入元胞 i 的车辆数占比，$p_{i-1,U}+p_{i-1,D}=1$；

mid——取三个比较值的中间值。

路段分流形式下(图4-3(b))，在第 t 个时间步长内，元胞 $(i-1)$ 分别驶入元胞 (i,U) 与元胞 (i,D) 的车辆数如下式所示：

$$y_i(t) = \min\{S_{i-1,U}(t), R_{i,U}(t)/\beta_{i,U}, R_{i,D}(t)/\beta_{i,D}\} \quad (4-13)$$

$$y_{i,U}(t) = \beta_{i,U} y_i(t) \quad (4-14)$$

$$y_{i,D}(t) = \beta_{i,D} y_i(t) \quad (4-15)$$

式中：$\beta_{i,U}$ ——上游元胞驶入元胞 (i,U) 的车辆数占比；

$\beta_{i,D}$ ——上游元胞驶入元胞 (i,D) 的车辆数占比，$\beta_{i,U}+\beta_{i,D}=1$。

此外，对于任一路网，车辆的运行均需要起点和终点。因此，CTM模型还建立了两种特殊的虚拟元胞：起点元胞和终点元胞，分别记为 0 和 ∞。起点元胞和终点元胞的车辆运行规律如下式所示：

$$y_0(t) = u(t) \quad (4-16)$$

$$n_\infty(t+1) = n_\infty(t) + y_\infty(t) - y_{\infty-1}(t) \quad (4-17)$$

式中：$u(t)$ ——车辆流入率。

2. 交叉口部分

由于城市交叉口形式多样性，对于不同类型交叉口组成的城市干道，其 CTM 网络结构也不同。由 n 个十字形平面交叉口构成的 CTM 简单网络可用图 4-4 所示。

图 4-4 中每条链 $link_{ijk}$ 表示一条交通流，其中：i 为交叉口在干道模型中的序号；j 为本交叉口各交通流向；k 取 r、m、l，分别表示右转、直行、左转。如 $link_{23r}$ 表示干道模型中第 2 个交叉口以右转方式由南向东行驶通过交叉口的车流。

(1) 网络结构基本性质分析

城市干道的各交通流链可以分为三种相互独立的类型：

① 外进口链集 Ω

所有通过外进口道进入城市干道系统的交通流链所组成的链集，如图 4-4 中

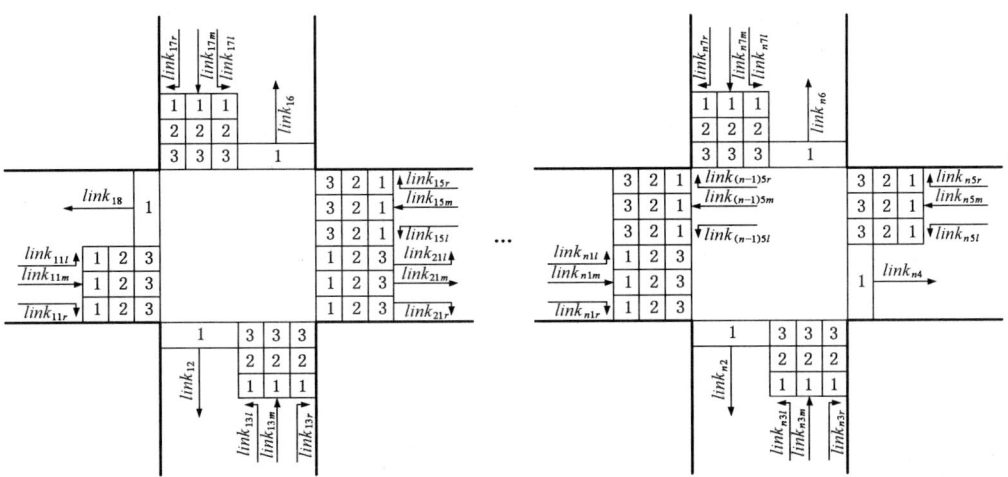

图 4-4 交叉口 CTM 模型示意图

的 $link_{11r}$、$link_{11m}$、$link_{11l}$、$link_{13r}$、$link_{13m}$、$link_{13l}$、$link_{n5r}$、$link_{n5m}$、$link_{n5l}$、$link_{n7r}$、$link_{n7m}$、$link_{n7l}$ 等。

② 内进口链集 Ψ

所有通过内进口道进入城市干道系统交叉口的交通流链构成的链的集合,如图 4-4 中的 $link_{15r}$、$link_{15m}$、$link_{15l}$、$link_{21r}$、$link_{21m}$、$link_{n1l}$、$link_{n1m}$、$link_{n1l}$ 等。

③ 出口链集 E

所有离开城市干道系统的交通流链组成的链集,如图 4-4 中的 $link_{12}$、$link_{16}$、$link_{18}$、$link_{n2}$、$link_{n4}$ 等。

城市干道模型中的任意一个交通流链只能属于外进口链集、内进口链集及出口链集的其中一种。每个交通流链被分成数个元胞,并从上行交通流方向按照下述规则命名:元胞 (i,j) 表示第 i 条交通流链上的第 j 个元胞,每条交通流链的第一个元胞用数字 1 标示。对于交通流链 i 上的第一个元胞 $(i,1)$,元胞传输模型中还有一些特殊意义:

a. 对于进口交通流链,交通流以一定的分布 $f_{i,1}$ 进入源链中的第一个元胞,第一个元胞可以储存进入城市干道的交通总需求,可设为无穷大,即:

$$n_{i,t}(t) = \infty, i \in \Omega \tag{4-18}$$

b. 出口链只有一个元胞,有两个功能:

一是作为大型车库,即

$$N_{i,t}(t) = \infty, i \in E \tag{4-19}$$

二是模拟信号控制作用：当出口链的元胞在绿灯亮时，其输入容量就为上游元胞交通流率输入容量；当处于红灯亮时，其输入流量则为零。

c. 中间链的第一个元胞相当于一个控制信号：当该元胞处于绿灯亮时，就接收上游元胞交通流率输入容量；当处于红灯亮时，其输入流量则为零。

④ 相邻元胞间关系

即交叉口上游与下游相邻元胞间关系，图 4-4 中相邻元胞之间的关系可根据式(4-4)、式(4-5)来建立。下面几个式子描述的是元胞$(21m,1)$与元胞$(11m,3)$、元胞$(13r,3)$、元胞$(17l,3)$的关系。

$$n_{21m,1}(t+1) = n_{21m,1}(t) + f_{(11m,3)-(21m,1)}(t) + f_{(13r,3)-(21m,1)}(t) \\ + f_{(17l,3)-(21m,1)}(t) - f_{(21m,1)-(21m,2)}(t) \quad (4-20)$$

其中：

$$f_{(11m,3)-(21m,1)}(t) = \mathrm{mid}\{S_{11m,3}, R_{21m,1} - S_{11m,3}, P_{11m,3}R_{21m,1}\} \quad (4-21)$$

$$f_{(13r,3)-(21m,1)}(t) = \mathrm{mid}\{S_{13r,3}, R_{21m,1} - S_{13r,3}, P_{13r,3}R_{21m,1}\} \quad (4-22)$$

$$f_{(17l,3)-(21m,1)}(t) = \mathrm{mid}\{S_{17l,3}, R_{21m,1} - S_{17l,3}, P_{17l,3}R_{21m,1}\} \quad (4-23)$$

$$f_{(21m,1)-(21m,2)}(t) = \min\{n_{21m,1}(t), Q_{21m,2}(t), w \cdot v^{-1}[N_{21m,2}(t) - n_{21m,2}(t)]\} \quad (4-24)$$

式中：$f_{(11m,3)-(21m,1)}(t)$——从元胞$(11m,3)$实际输入到元胞$(21m,1)$的交通流量；

$f_{(13r,3)-(21m,1)}(t)$——从元胞$(13r,3)$实际输入到元胞$(21m,1)$的交通流量；

$f_{(17l,3)-(21m,1)}(t)$——从元胞$(17l,3)$实际输入到元胞$(21m,1)$的交通流量；

$f_{(21m,1)-(21m,2)}(t)$——交通链$link_{21m}$元胞1与元胞2之间传输的交通流量。

(2) 信号控制条件下进口道交通流动态特性分析

在城市干道和次要道路的交叉口处一般设有红绿灯。即使是在比较低的密度下，由于红绿灯的影响，在交叉口的前方也会形成向后传播的堵塞带和畅通带，从而形成交通波。英国学者莱特希尔和惠特汉应用流体运动理论宏观地研究整个车流的演变过程，求出信号交叉口车辆集结、排队与消散，交通拥挤状态的变化规律。

如图 4-5 所示为城市干道交叉口进口道元胞i，元胞长度用L表示。元胞内车辆可分为三部分：

① 第Ⅰ部分为正在从上行方向行驶过来的车队，速度为u_h，密度为k_h，长度为l_h；

② 第Ⅱ部分为等候消散的排队车辆，速度为$u_k = 0$，密度为$k_k = k_{jam}$，长度为l_k；

③ 第Ⅲ部分为正在以最大流量消散的车队,速度为 u_m,密度为 k_m,长度为 l_m。
由以上可知:$L = l_h + l_k + l_m$。

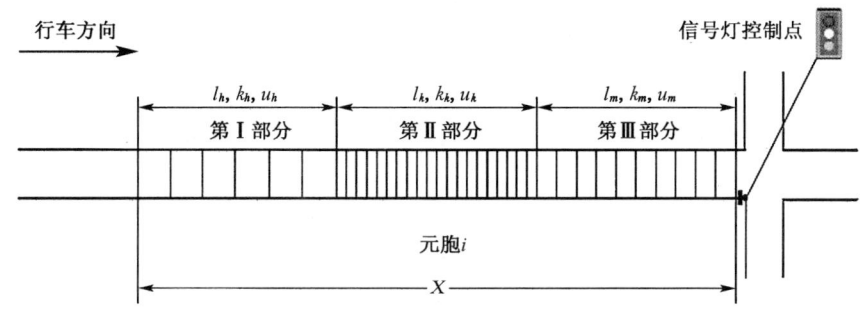

图 4-5 进口道元胞 i 车流运行示意图

图 4-5 给出了交叉口特定交通流状态及其信号控制条件下的波形图。根据交通流理论与实际情况,分析元胞 i 中车辆运行情况:

a. 如果 $l_k \neq 0, l_m = 0$,则信号灯显示为红灯,进口道处于拥堵状态,停止交通波以速度 $u_f \eta_1$ 向后传播,导致排队长度不断增加。

b. 如果 $l_k \neq 0, l_m \neq 0$,则信号灯显示为绿灯,属于排队车辆的消散过程,起动交通波以速度 u_f 向后传播,排队车辆长度为 $l_k = u_f \eta(t_r + T_d)$,其中 t_r 为红灯时间,T_d 为排队释放时间;元胞 i 车辆数为原有车辆数减去离开车辆数 $n(t) - tu_m k_m$;最大可进入车辆数为 $(X - x_h) \times k_h$;当 $L = l_h$ 时,可进入车辆数为零,直到时间 T_d 结束。

c. 如果 $l_k = 0, l_m \neq 0$,则信号灯显示为绿灯,车辆排队完全消散,车队以最大流量通行。从后面行驶来的车辆以速度 u_m 进入车队,路段车辆平均流率为 $u_m k_m$。

路段上可进入车辆数为已有剩余空间,加上该时刻释放出来的空间,即最大进入车辆数为 $N - n(t) + (t \times u_m)/H_m$,其中 H_m 为车流以最大流量释放时的平均车头间距。

d. 如果 $l_k = 0, l_m = 0$,则交叉口进口道处于小交通流状态,进入交叉口的车辆都可以无延误通过。

3. 双车道模型

双车道 CTM 模型由三部分组成,分别是 CTM 参数设定模块、流量计算与车辆前进模型、车辆换道模型。首先建立双车道 CTM 的基本架构和设定基本参数,然后通过流量计算与车辆前进模块实现每个元胞内车辆的更新,再利用车辆换道模块实现车辆换道行为的仿真。通过不断循环以上步骤,实现交通流稳态下的双车道 CTM 的仿真。

(1) CTM 参数设定

首先设置一条同向双车道道路,并将每条车道划分为多个路段,每个路段是两个元胞。设置路段共有 $2N$ 个元胞,每条车道有 N 个元胞。行车道元胞从起点到终点的元胞编号是 $1,2,\cdots,N$,超车道元胞从起点到终点的元胞编号是 $N+1, N+2,\cdots,2N$,并将元胞编号为 $1,N+1$ 的两个元胞定义为同位元胞,路段 1 由 1, $N+1$ 号元胞构成,其他以此类推。CTM 中的道路组成如图 4-6 所示,元胞的各个参数表述如下:

超车道:	$N+1$	$N+2$	……	$2N$
行车道:	1	2	……	N

图 4-6 双车道 CTM 中的道路组成

$$Num_i(t) = K_{\max}(t) \cdot L_i(t) \quad (i=2,3,\cdots,N-1,N+2,\cdots,2N-1) \tag{4-25}$$

$$q_i(t) = \min\{q_{i-1}(t), q_i(t)\} \quad (i=2,3,\cdots,N-1,N+2,\cdots,2N-1) \tag{4-26}$$

式中:$Num_i(t)$——元胞 i 在时刻 t 时最大能够容纳的车辆数;

$K_{\max}$——元胞 i 容纳最多车辆时的车辆密度(辆/km);

L_i——元胞 i 的长度(km);

q_i——元胞 i 的通行能力。

以上各个参数均是在时刻 t 时的取值。

对于道路起点、终点的元胞,元胞参数表述为:

$$Num_i(t) = 10\,000 \quad (i=1,N,N+1,2N) \tag{4-27}$$

该式表示起点、终点的元胞为特殊元胞,所能容纳的车辆数为极大值。

(2) 流量计算与车辆前进模型

流量计算与车辆前进模型,主要作用是实现各个元胞内车辆的向前运动,使得上游元胞内的车辆通过一定的数学公式计算向下游流动。该模型包括流量计算模型和车辆前进模型两部分,两个子模型用公式表述如下:

① 流量计算子模型

在对各个元胞的基本参数进行定义的基础上,首先建立前进流量公式。前进流量公式是为了能够动态地模拟双车道车辆的换道现象和车辆向前移动现象,因此需要建立元胞之间的数量联系的数学函数,该公式表示如下:

$$f_i(t) = \min\{n_{i-1}(t), q_i(t), w_i(t) \cdot (Num_i(t) - n_i(t)) \cdot 1/v_i(t)\}$$

$$(i = 2, 3, \cdots, N-1, N+2, \cdots, 2N-1) \tag{4-28}$$

$$f_i(t) = f_{sjx}(t) \quad (i = 1) \tag{4-29}$$

$$f_i(t) = f_{sjc}(t) \quad (i = N+1) \tag{4-30}$$

$$f_i(t) = \min\{n_{i-1}(t), q_i(t)\} \quad (i = N, 2N) \tag{4-31}$$

式中：f_i——元胞 i 的流量；

$f_{sjx}(t)$——行车道初始流量；

$f_{sjc}(t)$——超车道初始流量；

w_i——由于车辆存在拥堵而形成的向后传播的集聚波的速度(km/h)；

v_i——车辆在交通流自由流形式下的车流速度(km/h)。

② 车辆前进子模型

通过运算各个元胞前进流量的公式，得到各个元胞的前进流量，此时需要通过车辆数目更新公式对各个元胞内车辆数目进行更新，使得车辆向前运动。此时，车辆数更新公式为：

$$n_i(t+1) = n_i(t) + f_i(t) - f_{i+1}(t) \quad (i = 1, 2, \cdots, N-1, N+1, \cdots, 2N-1) \tag{4-32}$$

$$n_i(t+1) = n_i(t) + f_i(t) \quad (i = N, 2N) \tag{4-33}$$

式中，对于不是道路终点的元胞 i，元胞 i 在时刻 $t+1$ 的车辆数量等于该元胞在时刻 t 的车辆数目，加上时刻 t 内进入该元胞的车辆流量数，减去时刻 t 内离开该元胞的车辆流量数。而对于道路终点的元胞 i，由于没有车辆离去，所以不用减去离去的车辆流量。通过对每一个元胞执行该公式，可以实现每一个元胞的车辆数量更新。

(3) 车辆换道模型

各个元胞在执行了流量计算与车辆前进模型的公式之后，各个元胞内的车辆都实现了向前移动，此时，两条车道上的上下元胞之间会存在车辆的换道行为，车辆换道模型包含三部分：首先是计算元胞饱和度，其次计算车辆换道方向变量，最后是计算车辆换道数综合变量，并实现换道。以下分别进行表述：

① 元胞饱和度计算

计算元胞饱和度的目的是衡量目前元胞的拥挤程度，进而为车辆是否需要换道进行判别。元胞饱和度公式表述如下：

$$p_i(t) = n_i(t)/Num_i(t) \quad (i = 2, 3, \cdots, N-1) \tag{4-34}$$

$$p_j(t) = n_j(t)/Num_j(t) \quad (j = N+1, N+2, \cdots, 2N) \tag{4-35}$$

式中,式(4-34)是行车道上的 i 号元胞的元胞饱和度,式(4-35)是超车道上的 j 号元胞的元胞饱和度。

② 车辆换道方向变量计算

通过计算车辆换道方向变量,可以实现车辆是否进行换道,以及车辆换道方向的判别。车辆换道方向变量的公式表述为:

$$F = \begin{cases} -1 & (p_i(t) - p_j(t) > 0.05, n_i(t) < 35, n_j(t) < 35) \\ 1 & (p_i(t) - p_j(t) < -0.05, n_i(t) < 35, n_j(t) < 35) \\ 0 & 其他 \end{cases} \quad (4-36)$$

式中,F 是车辆换道方向变量。以上公式表示,只有当两条车道的车辆数目相差到一定程度时,才会出现车辆进行换道的行为,这和常理是相符的。因为如果车辆前方并没有出现过多车辆阻挡车辆快速向前行驶的时候,车辆进行换道的可能性要小得多。同时,$n_i(t) < 35, n_j(t) < 35$ 表示只有在同位元胞的车辆数都较小的情况下,才会进行换道,因为在实际车辆运行当中,如果两个车道上本身就比较拥挤,车辆数就已经很多的情形下,车辆换道情况不太可能出现,此处即通过设定 $n_i(t) < 35, n_j(t) < 35$ 来对这一情形进行模拟。

③ 车辆换道数综合变量计算

在确定车辆换道方向之后,需要计算一条车道换到相邻车道的车辆数,此处将进行换道的车辆数称为车辆换道数综合变量,这一计算换道车辆数目的过程即为计算车辆换道数综合变量。

4.1.3 CTM 模型的优点与局限性

1. CTM 模型的优点

(1) CTM 相比其他模型最大的优点是采用离散的车辆数。由于 LWR 模型是连续模型,同 CTM 模型相比要求较高的求解能力;

(2) CTM 模型中求解流量的公式 $q = \min\{vk, q_{\max}, w(k_{jam} - k)\}(0 \leqslant k < k_{jam})$,比解 LWR 模型中的差分方程 $\frac{\partial q}{\partial x} + \frac{\partial k}{\partial t} = s(x,t)$ 容易;

(3) CTM 模型是规则简单、动态的实时调整的模型,求解步骤简单,求解时间短;

(4) CTM 模型中进入元胞的车辆和离开元胞的车辆无关,仅仅同前面元胞能提供的车辆数、最大流量、本元胞的占有率有关。这个避免了基于 LWR 模型的麻烦问题,即流出被确定为关于一个特殊元胞的函数,同下个元胞的占有率无关,这就导致了一个结果:下游元胞达到阻塞密度时车辆仍然涌进。基于 LWR 模型的其他改进模型,都采用了复杂的约束防止出现这种同实际交通状况严重不符的情况。

2. CTM 模型的局限性

(1) CTM 模型是 LWR 模型的简单而精确的近似,元胞的使用是为了方便使用。在实际应用时,元胞的实际长度和时间步长必然产生一定的误差,因此元胞的使用使 CTM 模型简单易解,它既是 CTM 模型的优点,又是 CTM 的主要局限性之一。

(2) CTM 模型是基于单方向的,不能捕捉"移动瓶颈"的影响。

(3) CTM 模型不能捕捉车辆的加速和减速特性。

(4) CTM 模型不能精确预测在信号灯处排队消散的具体时间。

下节将根据 CTM 模型的不足,引入元胞交通流密度和元胞长度两个参数,提出改进的 CTM 模型。

4.2 对元胞传输模型的改进

4.2.1 改进的 CTM 模型基本公式推导

改进的 CTM 模型无需建立统一的元胞长度,如图 4-7 所示。因为在普通道路路段有基本路段,而在接近交叉口的地方存在展宽渐变段、展宽段,并且在接近交叉口时,常常根据交通流流向、交通量划分车道,因此采用不同的长度,将大大增加改进 CTM 模型的适用性。

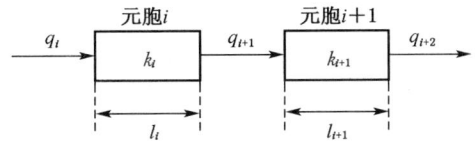

图 4-7 改进的 CTM 模型的基本元胞

如图 4-7,改进的 CTM 模型的每个元胞均应满足流量守恒定律,即"流入量－流出量＝数量上的变化":

$$[q_i(t) - q_{i+1}(t)]dT = [k_i(t+1) - k_i(t)]l_i \quad (4-37)$$

式中:$q_i(t)$——在第 t 个时间步长内,驶入元胞 i 的流率,其定义如式(4-38)所示;

$q_{i+1}(t)$——在第 t 个时间步长内,驶出元胞 i 的流率;

$k_i(t)$——在第 t 个时间步长内,元胞 i 的交通流密度;

dT——时间步长;

l_i——元胞 i 的长度,设 $l_i > L_c$。

$$q_i(t) = y_i(t)/dT \quad (4-38)$$

化简式(4-37)得到：

$$k_i(t+1) = k_i(t) + \frac{dT}{l_i}[q_i(t) - q_{i+1}(t)] \qquad (4-39)$$

式(4-39)反映了改进的 CTM 模型元胞的交通流特性。该式与 CTM 模型中式(4-4)并无本质区别，仅从不同角度反映了交通流在元胞之间的时空运行特征。与式(4-4)相比，式(4-39)表达形式更为复杂，需要的运算参数更多，运算量也会随之增加。但式(4-39)中增加了元胞长度和交通流密度两个参数，考虑更为全面。改进的 CTM 模型增加的两个参数均有助于该模型在交叉口群中应用：第一，改进的 CTM 模型引入了参数元胞长度 l_i，使元胞长度的确定更为灵活，便于根据路段长度确定各个元胞长度，不受 CTM 模型要求所有元胞必须统一长度的限制；第二，改进的 CTM 模型引入了参数交通流密 $k_i(t)$，便于交通流检测设备获取，避免了 CTM 模型中 $n_i(t)$ 参数不利于采集的缺点。

CTM 模型中，元胞之间的车辆传递从上游元胞的驶出车辆数为 $S_{i-1}(t)$ 和下游元胞的驶入车辆数 $R_i(t)$ 两方面考虑(式(4-6)、式(4-7)和式(4-8))。改进的 CTM 模型中，元胞之间的车辆传递也可从上游元胞的驶出车辆数 $S_{i-1}(t)$ 和下游元胞的驶入车辆数 $R_i(t)$ 两方面考虑。

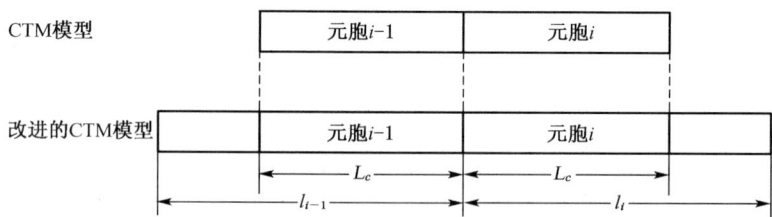

图 4-8 CTM 模型与改进的 CTM 模型基本元胞结构

如图 4-8 所示，由 CTM 模型基本原理可知，在单位步长 dT 内，改进的 CTM 模型的上游元胞 $i-1$ 的驶出车辆数仅与上游元胞 $i-1$ 中后半段灰色路段的车辆数、最大驶出车辆数相关。因此，改进的 CTM 模型上游元胞的驶出车辆数 $S_{i-1}(t)$ 可表示为：

$$S_{i-1}(t) = \min\left\{\frac{L_C}{l_{i-1}} \cdot n_{i-1}(t), Q_{i-1}(t)\right\} \qquad (4-40)$$

下游元胞 i 的驶入车辆数仅与下游元胞 i 前半段灰色路段内的车辆数、最大驶入车辆数相关，因此，改进的 CTM 模型下游元胞的驶入车辆数 $R_i(t)$ 可表示为：

$$R_i(t) = \min\left\{Q_i(t), \frac{\delta \cdot L_C}{l_i}[N_i(t) - n_i(t)]\right\} \qquad (4-41)$$

由式(4-40)和式(4-41)可得改进的 CTM 模型元胞之间车辆传递量为:

$$y_i(t) = \min\left\{\frac{L_C}{l_{i-1}}n_{i-1}(t), Q_i(t), \frac{\delta \cdot L_C}{l_i}[N_i(t) - n_i(t)]\right\} \quad (4-42)$$

对等式(4-42)两边同除以时间步长 dT 可得下式:

$$\frac{y_i(t)}{dT} = \min\left\{\frac{L_C}{dT \cdot l_{i-1}}n_{i-1}(t), \frac{Q_i(t)}{dT}, \frac{\delta \cdot L_C}{dT \cdot l_i}[N_i(t) - n_i(t)]\right\} \quad (4-43)$$

根据式(4-3),可得式(4-44):

$$q_i(t) = \min\left\{\frac{v}{l_{i-1}}n_{i-1}(t), q_i^{\max}(t), \frac{\delta \cdot v}{l_i}[N_i(t) - n_i(t)]\right\} \quad (4-44)$$

式中:$q_i^{\max}(t)$——在第 t 个时间步长内,元胞 i 允许流入的最大交通流率。

对式(4-44)化简可得:

$$q_i(t) = \min\{v \cdot k_{i-1}(t), q_i^{\max}(t), \delta \cdot v[k_i^{jam} - k_i(t)]\} \quad (4-45)$$

式中:k_i^{jam}——元胞 i 的交通流堵塞密度。

式(4-45)给出了改进的 CTM 模型中元胞之间交通流密度与交通流率之间的分段关系。该式反映了元胞内交通流传递、排队、疏散过程,符合交通量、车流速度与车流密度三者之间的内在联系。与标准 CTM 模型中的等式(4-5)相比,不仅考虑了交通流密度—速度—流量三者之间的联系,还满足了元胞长度 l_i 可变的要求。

式(4-39)和式(4-45)构成了改进的 CTM 模型中单路段相邻形式的基本模型。该模型引入了相邻元胞的元胞距离 l_{i-1}、l_i 参数,确保了路段元胞划分时具有更大的灵活性,无需受 CTM 模型中"元胞长度相等"条件的限制。但改进的 CTM 模型中,每个元胞长度的确定仍需满足大于或等于车辆在一个时间步长内以自由流速度行驶的长度的要求。

不失一般性,当所有元胞长度 l_i 均等于标准元胞长 L_C 时,改进的 CTM 模型的基本公式(式(4-39)和式(4-45))与 CTM 模型的基本公式(式(4-4)和式(4-5))趋于一致。

4.2.2 改进的 CTM 模型的单路段、汇聚、分流公式

根据 CTM 模型对上游元胞驶出车辆数和下游元胞驶入车辆数的定义(式(4-6)和式(4-7)),改进的 CTM 模型中的上游元胞驶出交通流率 $S_{i-1}(t)$ 和下游元胞驶入交通流率 $R_i(t)$ 可表示为:

$$S_{i-1}(t) = \min\{vk_{i-1}(t), q_{i-1}^{\max}(t)\} \quad (4-46)$$

$$R_i(t) = \min\{q_i^{\max}(t), \delta \cdot v[k_i^{jam} - k_i(t)]\} \quad (4-47)$$

则改进的 CTM 模型单路段相邻形式的式(4-45)可简化为：

$$q_i(t) = \min\{S_{i-1}(t), R_i(t)\} \qquad (4\text{-}48)$$

路段汇聚形式下(图 4-3(a))，在第 t 个时间步长内，由元胞 $(i-1, U)$ 与元胞 $(i-1, D)$ 驶入元胞 (i) 的交通流率分别为：

$$q_{i,U}(t) = \begin{cases} \mathrm{mid}\{S_{i-1,U}(t), R_i(t) - S_{i-1,D}(t), p_{i-1,U}(t)R_i(t)\} & \text{if } R_i(t) \leqslant S_{i-1,U}(t) + S_{i-1,D}(t) \\ S_{i-1,U}(t) & \text{if } R_i(t) > S_{i-1,U}(t) + S_{i-1,D}(t) \end{cases}$$
$$(4\text{-}49)$$

$$q_{i,D}(t) = \begin{cases} \mathrm{mid}\{S_{i-1,D}(t), R_i(t) - S_{i-1,U}(t), p_{i-1,D}(t)R_i(t)\} & \text{if } R_i(t) \leqslant S_{i-1,U}(t) + S_{i-1,D}(t) \\ S_{i-1,D}(t) & \text{if } R_i(t) > S_{i-1,U}(t) + S_{i-1,D}(t) \end{cases}$$
$$(4\text{-}50)$$

路段分流形式下(图 4-3(b))，在第 t 个时间步长内，元胞 $(i-1)$ 分别驶入元胞 (i, U) 与元胞 (i, D) 的交通流率为：

$$q_i(t) = \min\{S_{i-1,U}(t), R_{i,U}(t)/\beta_{i,U}, R_{i,D}(t)/\beta_{i,D}\} \qquad (4\text{-}51)$$

$$q_{i,U}(t) = \beta_{i,U} y_i(t) \qquad (4\text{-}52)$$

$$q_{i,D}(t) = \beta_{i,D} y_i(t) \qquad (4\text{-}53)$$

综上所述，改进的 CTM 模型由式(4-39)、式(4-48)~式(4-53)共同组成。其中，式(4-39)与式(4-48)为改进的 CTM 模型的单路段元胞表达式；式(4-39)、式(4-49)与式(4-50)为改进的 CTM 模型的路段汇聚元胞表达式；式(4-39)、式(4-51)与式(4-53)为改进的 CTM 模型的路段分流元胞表达式。

4.3 算例分析

如图 4-9 所示，算例分析采用了一条东西向路段的交通流进行模拟。该路段由路段和进口道展宽段两部分组成，其中普通路段长约 210 m，展宽段长约 70 m。

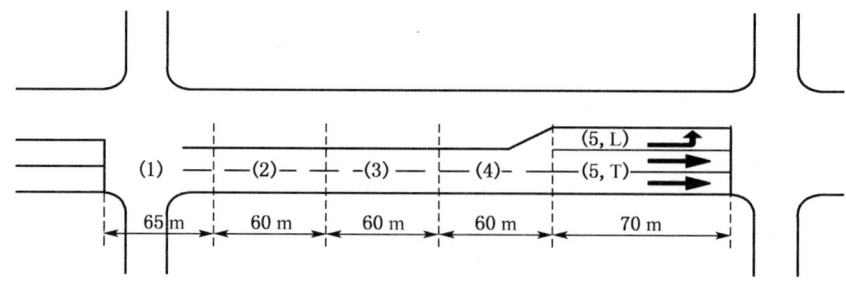

图 4-9　改进的 CTM 模型模拟路段示意图

从上游交叉口西进口停车线至下游交叉口西进口停车线全长共约 315 m。普通路段自西向东为 2 车道,到引道处拓展为 3 车道。

仿真采用 Vissim 交通仿真软件作为交通流的仿真平台,生成仿真路段的交通流,并监测各个元胞的交通流数据。通过 Matlab 软件建立改进的 CTM 模型,根据路段进口处的交通流参数,预测各时刻各元胞内的交通流状态。最后以 Vissim 获得的元胞检测数据作为依据,对模型预测的各元胞交通流数据的可靠性进行评价。具体实施步骤如下:

(1) 通过 Vissim 建立交叉口群中的短距离路段模型,及其路段上交通流的基本数据。

(2) 根据改进的 CTM 模型的元胞划分原则,在该路段建立元胞。在各元胞端点设置虚拟感应线圈,实时检测各元胞的交通流状态。

(3) 采用 Vissim 模拟不同饱和度条件下,路段上交通流的运行情况。

(4) 在 Vissim 模拟的同时,将路段上游入口处各步长的交通流流入率传输至模型中,由该模型模拟估计各时长每个元胞内的交通流量。

(5) 根据 Vissim 提供的路段交通流的原始数据,对改进的 CTM 模型模拟估计结果进行分析。

不失一般性,将数据采集点设置在上游交叉口的进口道停车线处,检测路段的交通流驶入率。为简化模拟路段,将以交叉口内部的直行距离作为交通流在交叉口内部的行驶距离,将其作为模拟路段的一部分。

假设该模拟路段的限速为 $v = 40\ \text{km/h}$,时间步长为 $\text{d}T = 5\ \text{s}$,最小元胞长度为 $l_{\min} = v \cdot \text{d}T = 55.6\ \text{m}$。由于展宽段与普通路段的交通流运行特点不同,需要分别建立元胞。在模拟路段分别建立了 7 个元胞和 2 个虚拟元胞。其中,普通路段分别由元胞(1)、(2)、(3)、(4);元胞$(5, L)$为左转引道,元胞$(5, T)$为直行引道;两虚拟元胞分别为起点元胞(0)和终点元胞(∞),各元胞参数如表 4-1 所示:

表 4-1 模拟路段中各元胞参数

元胞	(1)	(2)	(3)	(4)	$(5, L)$	$(5, T)$	(∞)
长度(m)	65	60	60	60	70	70	N/A
最大密度(pcu/m)	0.4	0.4	0.4	0.4	0.2	0.4	∞
最大流入率(pcu/s)	1.2	1.2	1.2	1.2	0.6	1.2	∞

模拟路段上下游交叉口信号周期均为 60 s。其中,模拟路段直行进口道的绿灯时长为 25 s,左转进口道的绿灯时长为 10 s,直行与左转车辆数比为 3∶7。通过 Vissim 分别以 700 pcu/h、1 250 pcu/h、1 600 pcu/h 等 3 种交通量模拟上游交叉口的车辆驶入流量,由模型对路段的交通流进行实时模拟,估计结果如下图所示:

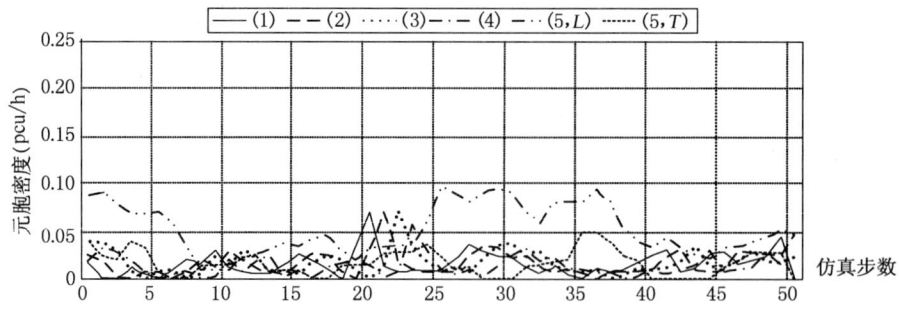

图 4-10　700 pcu/h 时元胞密度变化图

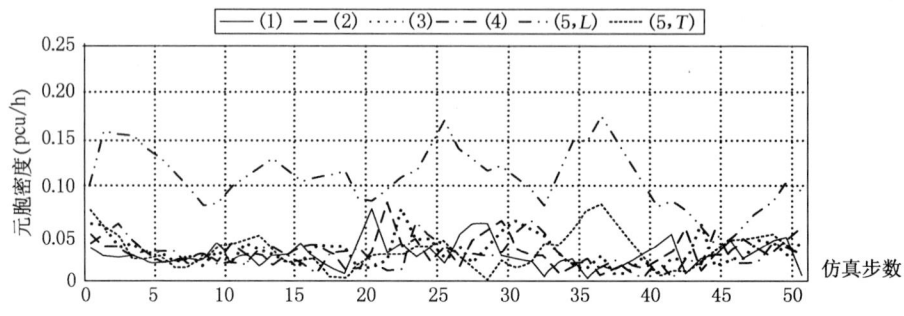

图 4-11　1 250 pcu/h 时元胞密度变化图

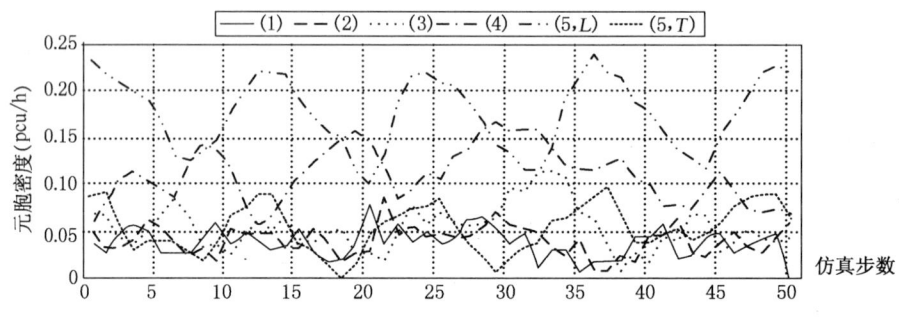

图 4-12　1 600 pcu/h 时元胞密度变化图

图 4-10～图 4-12 给出了道路上模拟的交通流运行稳定之后,在不同交通需求下截取的一段仿真时间内(190 s～440 s 之间),各个元胞内交通流密度实时变化情况。由图 4-10～图 4-12 可见,在不同的交通需求条件下,模拟路段前半程(元胞(1)、元胞(2))的交通流密度均较小。因为在这三种交通需求条件下,前半程元胞内交通流均保持畅通状态,各元胞内的交通车辆不存在拥堵现象。

模拟路段的引道段[元胞(5,L)、元胞(5,T)]的交通流因受到下游交叉口信号控制的影响,元胞内交通流密度呈周期性变化,引道段两元胞交通流密度变化幅度也随着交通量的增加而增加;由于引道段直行元胞$(5,T)$与左转元胞$(5,L)$的车道数之比为2:1,交叉口直行与左转绿灯时长比为5:2,而交通流直行需求与左转需求比为7:3,因此造成左转车道交通流密度明显高于直行车道交通流密度。

模拟路段的中段(元胞(3)、元胞(4))随着交通流需求的增加,元胞密度也有所增加,尤其在1 600 pcu/h的条件下,表现得最为明显。随着交通流需求的增加,下游引道段的交通车辆出现了较长的排队现象,影响到与引道段相连元胞内车辆的顺利通行,造成元胞密度有所增加。

通过改进的CTM模型,对上述三种交通需求条件的交通流进行仿真模拟,获得各个步长时刻,每个元胞交通流密度的估计值,将其与Vissim模拟仿真获得的原始数据相比,进行预测数值分析,得表4-2~表4-4。

表4-2 700 pcu/h时元胞密度预测分析

元胞	(1)	(2)	(3)	(4)	$(5,L)$	$(5,T)$
元胞密度均值	0.016 1	0.017 7	0.017 6	0.015 7	0.056 2	0.035 5
预测元胞密度均值	0.014 6	0.015 1	0.015 5	0.015 1	0.048 3	0.029 7
均等系数	0.907	0.853	0.881	0.962	0.859	0.835

表4-3 1 250 pcu/h时元胞密度预测分析

元胞	(1)	(2)	(3)	(4)	$(5,L)$	$(5,T)$
元胞密度均值	0.028 9	0.029 8	0.031 6	0.029 7	0.113 1	0.061 7
预测元胞密度均值	0.025 0	0.025 8	0.026 8	0.026 7	0.108 8	0.058 8
均等系数	0.865	0.866	0.848	0.899	0.962	0.952

表4-4 1 600 pcu/h时元胞密度预测分析

元胞	(1)	(2)	(3)	(4)	$(5,L)$	$(5,T)$
元胞密度均值	0.037 5	0.041 4	0.054 3	0.111 9	0.177 0	0.094 0
预测元胞密度均值	0.032 0	0.035 4	0.046 7	0.095 1	0.176 5	0.081 4
均等系数	0.853	0.854	0.860	0.850	0.997	0.866

元胞的估计值较检测值小,这是因为Vissim对车辆模拟更为微观,考虑驾驶员的行为特征,当前方出现排队现象时,上游车辆就提前采取了减速措施;而改进的CTM模型并未考虑驾驶员的行为特征,只有当下游元胞排队长度在下一个仿真步长内到达上游元胞时,才会导致上游元胞的车辆运行状态改变,否则下游排队车辆是不会影响上游车辆运行的。

由表4-2~表4-4中元胞密度均值和均等系数两项估计评价指标可知,元胞密度预测均等系数普遍大于 0.85，表明这些元胞的预测结果令人满意；个别元胞的预测误差略次于理想值，但与之差距不大，仍在可接受范围内。由此可见，在道路无混合交通、无纵向干扰的条件下，道路交通处于非饱和状态或饱和状态时，改进的 CTM 模型均能较好地估计道路上的交通流状态。

4.4 本章小结

本章首先分析了基于交通波动理论、车辆跟驰理论、元胞自动机理论和元胞传输模型等理论的交通流模型，研究了不同理论的适应性，总结了适用于交叉口群的交通流模型的必备条件。其次，结合 CTM 模型存在的不足，引入元胞交通流密度和元胞长度两个参数，提出了改进的 CTM 模型。最后，通过 Vissim 仿真软件，将改进的 CTM 模型应用于符合交叉口群道路结构特点的模拟路段，对改进的 CTM 模型的模拟、预测结构进行评价。预测结果表明改进的 CTM 模型能够适应交叉口群的建模需求，在道路无混合交通、无纵向干扰的条件下，道路交通处于非饱和状态或饱和状态时，改进的 CTM 模型均能获得与实际数据拟合度较好的预测数据，能够满足饱和状态下交叉口群的交通模型建立需求。

第 5 章
交叉口群交通动态协调控制系统结构设计

采用分布式的控制结构城市路网进行交通协调控制,将复杂的计算分配给各个交叉口群完成,可提高交通控制系统的响应速度,增加实时性,并使得安全可靠性大大增加。本章介绍了交叉口群动态协调控制策略集合,基于 Multi-Agent 技术建立了协调控制模式与控制结构,对交叉口群动态协调控制系统的关键功能模块和适用条件进行了说明。

5.1 动态协调控制策略集合

交叉口群动态协调控制策略是以较为简单的动态交通模型和反馈控制及优化技术,尽可能避免路段出现过饱和状态,倾向于降低与饱和度高的主路径相连的路段的绿灯时长,防止绿灯时间的浪费和交通大面积拥挤现象的产生。交叉口群动态协调控制策略集合包括控制范围动态识别、时空资源同步优化、主路径车流通行优先、数据实时处理四个部分。

5.1.1 控制范围动态识别

对一个较大范围的交通网络实行信号联网协调控制时,往往将路网划分为若干个相互独立的子系统,每个子系统制定独立的控制对策,执行适合本区域交通运行特征的控制方案。依据交通流的实时变化情况,各个子系统既可以合并,也可以分开。在进行子系统拆分与合并时,由技术人员依据路网的环境、几何条件以及流量的历史及现状数据进行判定,一般遵循周期相同、流量相似、距离相近的原则。在 SCATS 系统中,采用"合并指数"判断相邻子系统是否需要合并,而"合并指数"则由相邻子系统各自要求的信号周期长度差值所决定。控制范围动态识别的目标是为防止交叉口群内的瓶颈断面阻塞向瓶颈连线甚至整个网络蔓延。故子系统划分的第一步是寻找网络中的瓶颈断面,以瓶颈断面为基准点,向外围寻找其影响范围。在交叉口群动态协调控制策略中,控制范围的划分不再基于子系统的拆分与合并,而是通过评判交叉口之间的相互关联性来决定。

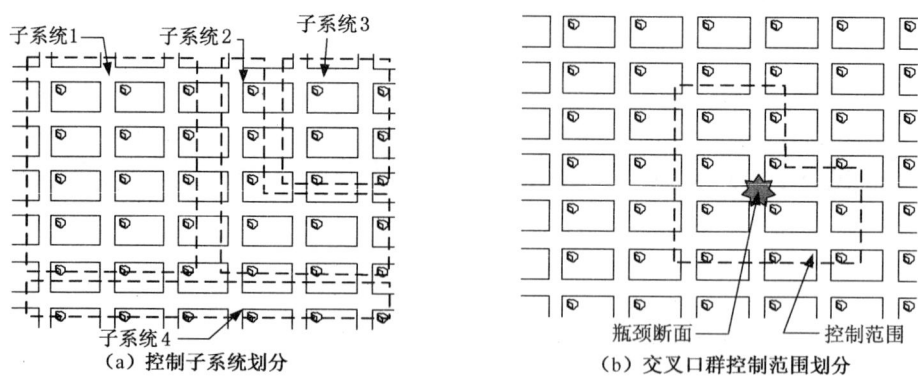

图 5-1 区域控制子系统划分与交叉口群范围界定的差别

5.1.2 时空资源同步优化

交通流量分布在城市道路交叉口群网络中的各条具体路径上,不同路段、不同交叉口的交通流流量、密度、速度在同一时间有所差异,表明交通流的特性与其所在的空间位置紧密相关;而由于不同时段交通出行特征与规律的差异性,相同空间位置的交通流在不同时间也表现出不同的特性与规律。交叉口群交通流的特性及规律通过空间与时间两个维度展现,交通流的时空特性要求从时、空两方面入手对交通流进行管理,以起到良好的控制效果。

交叉口群动态协调控制是实现"时、空、流"三者之间的有效协调。倘若将 PI 表示交叉口群的交通运行效益评价指标,将其定义为由时间和空间两个矢量共同表达的函数

$$PI = f(s,t) \tag{6-1}$$

式中:s——空间维度的设计要素,如交叉口间距、车道功能划分、展宽段设计等;

t——信号控制方案设置要素,包括相位、相序、周期、绿信比、相位差等。

通常在进行交叉口时空方案设计时,在 s 给定的情况下求解 t,使得 PI 最优。但实际上如果将每一个空间维度的设计方案和时间维度的设计方案分别用一个数值表示,$PI = f(s,t)$ 为一个散点的曲面(如图 5-2 所示),应该寻找 s 和 t 同时变动时的全局最优方案[138]。

对交叉口而言,车道功能划分控制空间资源,信号配时方案控制时间资源,如果车道功能划分不当,往往会束缚交通信号控制的效果,造成交叉口空间资源利用的不均衡,信号控制交叉口时间资源与空间资源的分离设计致使

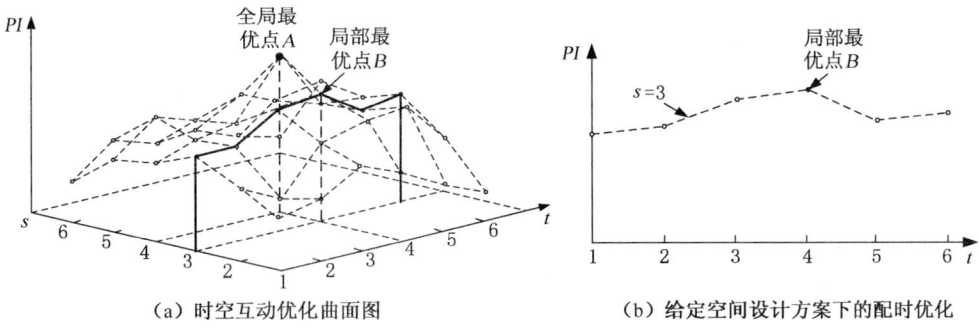

(a) 时空互动优化曲面图　　　　(b) 给定空间设计方案下的配时优化

图 5-2　交叉口群时空优化设计的互动关系

交叉口的潜力得不到充分挖掘。时空资源同步优化的目标是在空间资源无约束的情况下实现交叉口群车道功能划分与信号配时方案的同步设计。在交通运行效益评价函数 $PI = f(s,t)$ 中，将 s 视为车道功能划分方案，t 视为信号配时方案，同步对 s 和 t 进行寻优，使得 PI 值最大。同时，将时空资源综合优化方案作为在一定时间段内的静态基准设计方案，动态优化方案在此基础上生成，从而提高在线优化的速度。

5.1.3　主路径车流通行优先

在确定交叉口群控制范围之后，依据路径关联度值对控制范围内的所有路径进行控制优先级排序，主路径的优先通行体现在对周期、绿信比、相位差三参数的在线调整：①主路径方向的各交叉口采用相同的公用周期时长（或公用周期时长的一半）；②在采用时空资源同步优化法确定基准设计方案时，主路径方向的通行需求得到优先满足；③对汇入主路径的车流采取感应控制，实现绿信比的在线调整；④主路径相位差依据绿信比的调整分布进行动态优化。

5.1.4　数据实时处理

该部分通过检测器实时采集路网的车辆到达情况，经过检查、适当的数据处理及模拟估计/预测，生成各模块所需要的输入数据集合，在各个控制区间内将数据输入到各模块之中（见图 5-3）。基于检测数据，控制范围界定模块将控制决策发送至主路径识别、车道功能设计、周期控制、相位差控制模块，上述各模块完成相应的控制任务后，将其控制决策发送至绿信比控制部分，给定上述控制决策和检测数据后，绿信比控制模块完成其控制任务，提供全部的交通响应信号设置方案供输出使用。

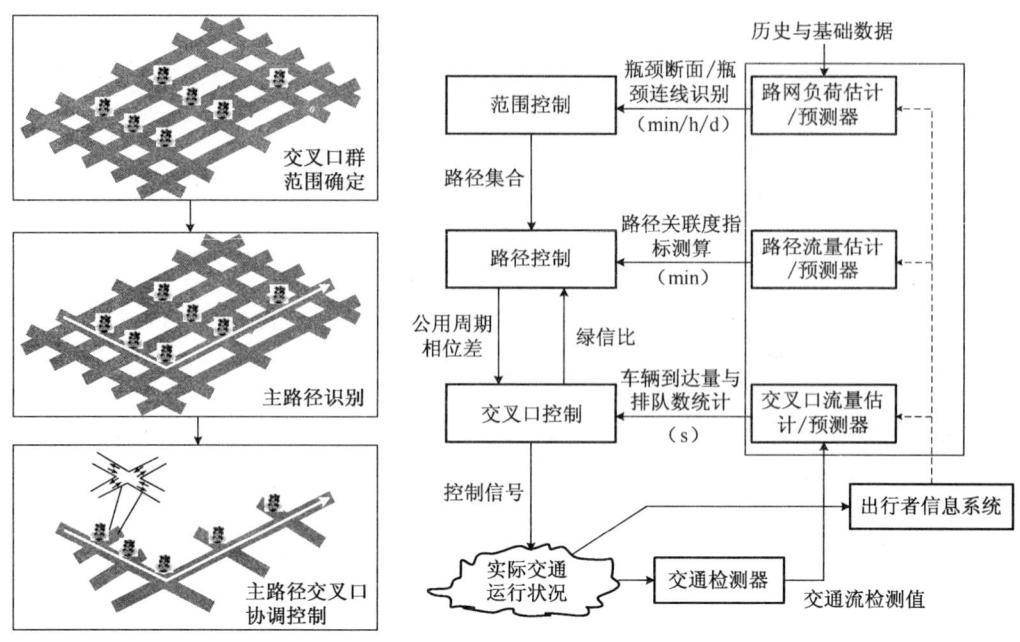

图 5-3 交叉口群动态协调控制策略功能体系结构

5.2 动态协调控制策略适用环境

依据控制策略的不同,交叉口群的协调控制可分为定时式离线控制系统和感应式在线控制系统。定时式离线控制系统依据历史及现状交通流统计数据,采取脱机优化处理,获得多个时段的最优信号配时方案,在控制器或控制计算机内储存,对整个交通网络实施多时段的定时控制。其最大的缺点是无法实时跟踪交通流的随机变化,难以通过反馈信息对过去的前一轮控制方案的效果进行评估和改善,当交通流量发生变化、与优化计算时的流量方案差别较大时,将明显影响控制效果。感应式在线控制系统在一定程度上克服了定时式离线控制系统的不足,通过在控制区域交通网络中设置检测器,对交通流数据进行实时采集,实施在线最优控制,能够较好地适应交通流的随机变化[4]。

不同的控制策略对应了不同的信号配时计算方法,包括离线计算、离线计算结合在线调整、在线计算。虽然在通信技术与计算机计算能力日益提高的背景下,信号配时的优化方法正逐步向动态化、实时化发展,如 SCOOT、SCATS、UTOPIA、MOTION、OPAC 等,同定时式离线控制系统的最优化方案相比,能够减少 10% 的平均行程时间[4],但此类信号配时优化方法都有一个无法解决的共性问题:高度实时化、动态化的算法往往无法获得最优解,有时需要以大量的离线工作方式标定优化参数或者缩小解空间的搜索范围,从而提高在线优化的速度[175]。基础参数的标定包括相位、相序、基础配时方案等,往往决定了在线优化算法能否达到预期效果。

考察交叉口群范围内的交通需求、道路及交叉口的建设情况、检测器与控制设备的安装情况、交通管理方案等,采用混合控制策略将定时式离线控制和感应式在线控制有机结合,可以相互取长补短,获得良好的实时控制效果。当某条特定路径上的交通流需要一个稳定的通行要求时,优先选择采用引导型的交通控制策略确定基础配时方案,不对短暂的交通需求变化作出反应,适用于交通需求变化缓慢的情况,从交通控制设备如检测器、信号控制机的角度讲,实施该控制策略的代价相对较低。倘若需要对交叉口群交通需求的短暂变化快速作出反应,使控制具

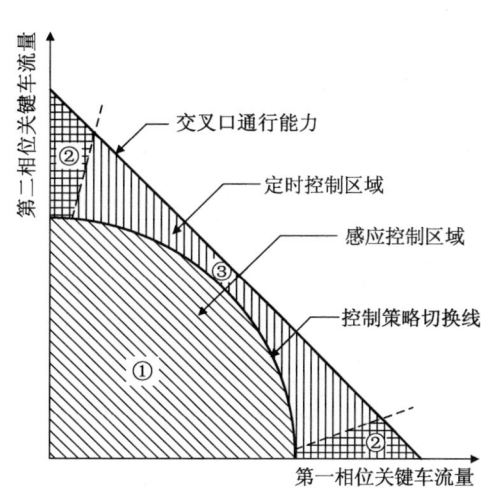

图 5-4 两相位交叉口控制策略选取参考图[176]

有较大的弹性,则采用适应型的控制策略。依靠强大的检测设备和实时交通流状况数据处理系统,对基础配时方案进行动态修正以实现控制目标。由于需要设置大量的检测设备,处理海量的检测信息,在实施的代价上相对较大。

图 5-4 显示了某个两相位信号控制交叉口信号控制混合策略的应用情况[175]。由于定时控制适用于车流量规律变化、车流量较大(甚至接近饱和状态)的情况,区域③代表交通流量较大,且二相分布较为均衡的情况,适宜于采取定时控制。区域②代表主次相位车流量相差较大,需要降低次路对主路干扰的情况,对支路采用半感应控制。区域①代表流量较小的情况,路径的优先等级差异不明显,适宜于采取全感应控制。

城市路网中的交通流具有不同的集聚状态,可以用特定的"相"来描述。当路网中的车流密度逐步上升,交通系统会发生相变。德国学者 Kener 的研究团队通过对实测数据的整理与研究,提出了三相交通流理论(Three-phase Theory),认为交通流中存在自由相(Free Flow)、宽幅运动阻塞相(Wide Moving Jams)和同步相(Synchronized Flow)三种状态[176]。

图 5-5 以交通流量与密度之间的关系图描述了三相交通流的相变过程。曲线 F 表示表示自由相,当流量较小时,车辆以期望速度运行,每辆车之间的相互作用可忽略,流量随交通流密度的增加而近似线性递增。当达到并超过阻塞相流出流

量 q_{out} 时，进入亚稳态状态，流量与密度不再呈线性正比关系，但流量依旧随密度的增加而增加。

宽幅运动阻塞相和同步相均可被称为阻塞相。线条 J 表示了宽幅运动阻塞相的分布，该交通相出现在车流密度很高，但车速与交通流量都很小的区域。车辆时走时停，离开一段阻塞后不久又不得不因为前方的交通阻塞而再次停下，即存在一系列的交通阻塞。该交通相的重要特征是阻塞区域的流出流量与流入流量无关。不属于宽幅运动相的阻塞相构成了同步相，如图 5-5 的阴影部分所示。在同步相没有明显的密度与流量关系，对应的密度与流量数据点无规则地分布于一个较大的二维区域内，处于同步相的车流平均车速明显低于自由相。

对交叉口群采用动态协调控制的目的在于尽可能避免交通相由自由相向阻塞相发生相变。在车辆低密度自由流动区域，即路网负荷较低、处于自由相的情况下，车辆以自由流速度行驶，交通管控措施以减少红灯停车次数、降低车辆行驶延误、缩短车辆在路径中的行驶时间为目标。在另一种极端情况下，整个交叉口群道路的交通流均处于阻塞相，所

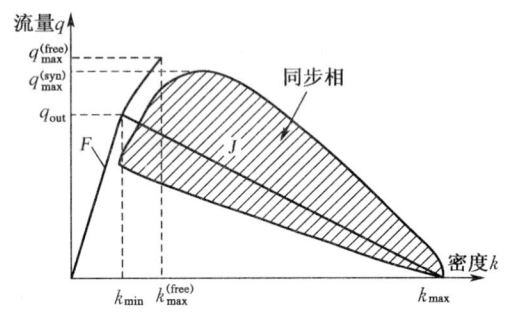

图 5-5 交通流相变的流量—密度图[176]

有交叉口的信号配时方案参数都达到极限值，此时没有负荷低的路径作为主路径车流的分流路线，采用动态协调控制无法解决问题。

介于上述两者之间的交通流状态是网络中的高负荷近饱和状态，也是最能够发挥动态协调控制功能的状态。在该状态下，仅仅是部分路段处在运行状况不理想的情形。虽然动态感应控制系统能够随各网络节点的流量变化，对配时参数进行调整，但如果不设置信号绿波，则交叉口之间的信号协同功能失效。主路径方向由于车流量大，易处于亚稳态状况，在非平衡相变点附近，微小的干扰会诱发拥堵的产生。当主路径中的路段或交叉口由于流量增加或交通事故有向阻塞相转变的趋势，而周边路网处于正常状态时，可以通过信号协调控制手段一方面减少车辆汇入主路径，另一方面设置绿波带使车流快速通过，达到流量调节、压力均分的目的。

5.3 基于 Multi-Agent 的协调控制模式

5.3.1 分布式信号控制系统

一个地区路网的信号控制系统由多个交叉口的信号控制机和指挥控制中心组成，是一种分布式的层级结构。各个交叉口按照自身的交通流向分布情况设置信

号控制方案，不同的交叉口配时方案对相邻交叉口的车流运行状况有不同的影响，要求采用统一的调度控制，以避免局部的优化导致全局的阻塞。交叉口群协调控制系统是典型的对象不确定、拓扑结构复杂、实时性要求高、随机性强的动态大系统，需要考虑网络的点、线、面的控制协同。

在传统的城市交通信号控制系统中，单个交叉口上设置的控制器仅用于执行由中央控制及传送来的信号配时方案，并将本交叉口上设立的车辆检测器所检测得到的数据传送给中央控制计算机，以便控制计算机计算得到新的配时方案；控制器本身不能根据交通状态制定控制策略。这种控制方式过于依赖于通信设备的可靠性，而且由于中央控制计算机的信息处理量特别大，需要配置成本很高的硬件设备。随着微处理器价格的降低，在每个交叉口设立一个工控机已成为可能，如此每个交叉口的控制区均有足够的能力完成自身控制策略的制定与执行。在交通信号分布式控制系统中，每个交叉口设置的信号控制器都可以根据自己掌握的信息自主地确定信号配时策略，并付诸执行。如此，由于检测数据可以就地在局部微型计算机上处理，即使交叉口控制器再多也不必担心长距离数据通信的高昂代价。局部机的功能是直接控制该交叉口的交通，同时与主控制计算机保持通信，接受某些控制参数作为产生本交叉口控制策略的基础，并上传某些数据。这种方式的应用使得通信的数据量大幅度降低，且对速度的要求也降低，方案生成式响应控制也成为可能。

对于不太复杂的交通网络，可省去控制中心，由一台设在关键交叉口处的局部微机兼行主控制器的功能。由其负责接收各交叉口送来的重要数据，进行自适应计算或优化计算，决定实时控制参数，传给各局部微机。数据通信可方便地采用所谓公用线结构，例如双股电话电缆，用微机软件实现编码、解码、纠错等功能，可靠性会大大提高。

对于较复杂的交通网络仍需要控制中心，但由于局部微机的功能较强，控制中心的任务远不像集中控制系统中那样繁重，由一台或少数几台微机便可胜任。对于更复杂的大规模路网，可采用多级控制，包括中心控制计算机，分布设置的分中心计算机，以及众多的局部微机控制器。

分布式系统的优势主要表现在：

（1）由于通信的简化，可以降低软硬件的投资；

（2）当局部微机、检测器、通信线路发生故障时，不影响系统中其他结点的正常运行，使可靠性提高；

（3）各交叉口的局部控制可以分期先后建设，不要求同步，灵活性增加；

（4）由于不必像集中式控制系统一般在中心控制计算机上求解十分庞大的最优控制问题，使得软件系统简化；

（5）局部微机控制器对各交叉口有较强的适应性，可以改善控制效果。

5.3.2 基于 Multi-Agent 的信号控制系统

源于人工智能领域的 Multi-Agent 系统具有分布性、智能性、灵活性，而且 Agent 之间可以进行协作与协商，这些特点充分符合了交通信号分布式协调控制系统的要求。

Agent 是一种处于一定环境下的计算机系统，能够在环境中灵活、自主地运行，具有一定的智能性和自治性。Multi-Agent 系统研究强调从整体上对多个 Agent 集体行为的性质进行分析与定义，以求从 Agent 个体行为、系统中 Agent 关系以及环境特性出发，来预测、引导和达成系统的总体目标。对于交通信号控制 Agent，可定义为"能够实时地、动态地、自主地与不断变化着的外部环境进行交互的智能交通控制系统，可以感知并作用于环境，并且能够通过行为的执行而达到一定的目标"。这种定义方式强调了 Agent 的实时性、自主性和智能性，而这些特点正是实现最优的交叉口群交通动态协调控制的关键。其优越性和可行性表现如下：

（1）交叉口群交通控制系统的拓扑结构具有分布式特性，使其适合应用 Multi-Agent 的分布式处理和协同技术。基于 Multi-Agent 的协同实施体系，结构上具有易于实现系统间的信息共享，易于扩张，可靠性高，灵活性高等特点，有利于实现交叉口群交通动态协调控制。

（2）Multi-Agent 的分布式结构能缓解运算过于集中、计算负荷大的问题。将一个复杂系统问题分解为相对独立的模块，有助于降低计算的复杂性，更易于处理、调试与维护，使系统对于软件、硬件的错误具有容错能力。

（3）Multi-Agent 间的协作机制有助于解决多目标优化中的目标冲突问题。系统中各个 Agent 相互协同、相互协作以解决大规模复杂问题，解决了建立一个庞大知识库所造成的知识管理和扩展困难。

（4）采用 Multi-Agent 技术的系统具有很强的鲁棒性和可靠性，某些 Agent 不能正常工作时，系统的整体性能也不会显著下降或引起系统崩溃，并具有较高的问题求解率。

（5）Agent 本身所具有的一些属性，例如自治性和规划能力、协同以及协商能力、适应性或进化性等待，Multi-Agent 所具有的这些特征正是交叉口群交通动态协调控制所需要的。

（6）由于在同一个 Multi-Agent 系统（Multi-Agent Systems，简称 MAS）中各 Agent 可以异构，因此针对不同的交叉口群主体对象，构建不同精度和智能的 Agent 可以充分表达主体的性质。

将 Agent 技术引入交通控制系统中，对于每个 Agent 的控制权限，存在三种处理方法[178]：

(1) 每个交叉口设置多个 Agent，每个 Agent 负责控制一个相位。这种情况下，每个交叉口内的 Agent 之间需要协作，保证交叉口在任一时刻只有一个相位是绿灯；而不同交叉口的 Agent 之间也需要协调，以使控制区域的整体利益达到最大。这种处理方式下，控制系统中所包含的 Agent 数量必然很多，而且其间的协作比较复杂，随着控制路网中交叉口数量的增加，系统研制开发将会很困难。

(2) 每个交叉口设置一个控制 Agent，负责该交叉口所有相位的控制。对于这种控制方式，相位之间利益的协作作为 Agent 的一种能力来设计实现，而交叉口之间的协调通过对策论或社会规则的制定来实现。

(3) 每个 Agent 控制一定的子区。在这种方式下，每个 Agent 负责一个或多个交叉口的控制，Agent 之间的协调与协作表示子区之间利益的协调。采用这种方式之前，首先要对整个控制区域进行子区的划分，而且一旦划分后不能动态地根据实际交通状况进行调整。

这三种方法各有利弊，在设计交叉口群交通控制系统结构时，采用第二种处理方式，即在每个交叉口设置一个控制 Agent。为了避免随着被控路网中交叉口数量的增加而导致 Agent 之间的交互过于频繁、协调过于复杂，采用递阶集散的信息传递与交互模式。

5.3.3 递阶集散协同实施模式

采用"递阶集散"的动态协调控制实施模式对代表每个交叉口的 Agent 进行组合，即在垂直空间依据 Agent 的功能将实施拆解到不同的层次，在水平空间对 Agent 采用智能集散，将实施分解到不同子系统，通过 Agent 之间的相互协同实现系统的管理任务和目标。"递阶"的思想源于区域信号控制系统的分布式层次结构，"集散"体现出各 Agent 有合作性与自主性共存的特点，Agent 之间可以进行信息的交互与协同体现了合作性，在没有其他 Agent 的干预下能够持续运行体现了自主性。各 Agent 分散与集中相结合，放松了规划、顺序、集中式控制的限制，提供了应急、分散控制和并行处理，根据地域与功能的不同，系统内部含有若干不同职能的 Agent，相互间的协同机制使其能够在需要的时刻主动向其他 Agent 发布协作请求，建立合作关系，智能、合理地分配资源，共同完成复杂任务。

采用"递阶集散"的动态协调控制实施模式的优势在于：能够从路网整体出发，在对交叉口群信号控制问题层次化、模块化分解剖析的基础上，对交叉口群的信号控制问题从局域到全域、从同层次到跨层次进行不断的分解、重构与整合，形成一种多元整合的求解机制，发挥综合协调功能。

图 5-6 显示了交叉口群动态协调控制策略实施采用的递阶集散分布式层级结

构。在区域协调控制层,依据路网拓扑结构,交通流历史、现状及预测数据,对交通运行状况做出评估;对交叉口群的划分方案进行推理、规划与决策,以追求总体交通管理运行效益最优。在交叉口群协调控制层,根据路况信息进行主路径的识别,产生协调控制参数传递至主路径各交叉口,并予以实施;同时将各交叉口群范围内的交通需求预测和控制效果反馈至区域协调控制层,作为交叉口群范围重新划分的参考依据。在交叉口执行层,依据来自检测器的历史及实时数据以及交叉口群协调控制层的控制指示,对时间资源与空间资源进行综合设计,确定适当的策略优化调整配时方案,此外还将局部的交通状况和控制效果反馈至上一协调控制层,以作为区域协同的参考。

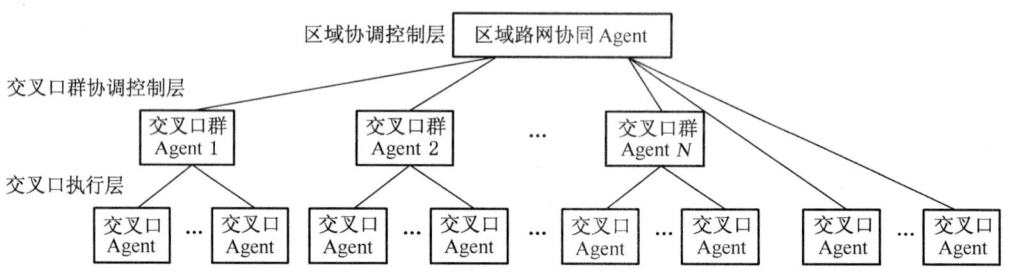

图 5-6 交叉口群信号控制递阶集散协同实施模式

在交叉口群交通动态协调控制系统中,多个 Agent 形成一个有组织的群体,其组织性体现在:一个区域路网协同 Agent 管理若干个交叉口群协同 Agent 和交叉口 Agent,一个交叉口群协同 Agent 管理若干个交叉口执行层 Agent。在该系统中,所有 Agent 都处于一个共同的大环境中,但各自又根据它周围的局部小环境,并行地、独立地进行适应性学习和演化。Agent 的这种适应性和学习能力是智能的一种表现形式。在环境中演化着的 Agent,不断地调整自己的行为以便能更好地适应环境,大量适应性 Agent 在环境中的各种行为又反过来不断地影响和改变着环境,动态变化的环境则以一种"约束"的形式对 Agent 的行为产生约束和影响,如此反复,使得 Agent 和 Agent、Agent 和环境之间处于一种永不停止的相互作用、相互影响、相互演化的过程之中。如果某些区域发生拥挤,交叉口群范围被重新识别,Agent 就按递阶集散的组织方式精心重新组合,通过各个 Agent 之间的相互合作来共同缓解交通拥挤,整个协同系统适应交通流的动态变化,各个 Agent 根据实时交通流的变化,以递阶集散的组合原则进行自动地组合或分解,通过这样的动态组合,整个交叉口群交通控制系统表现出动态响应的组织结构和动态组合的组织方式。

5.4 动态协调控制系统 Agent 结构设计

5.4.1 Agent 组织结构

与传统意义上位于交叉口的信号控制器相比,作为智能型的交通信号控制 Agent 具有自身的问题求解能力,同时通过与其他 Agent 的通信,实现与其他 Agent 的协同,从而以松散耦合的方式实现对路网交通流的动态优化分布调整。信息融合技术与通信技术是交叉口群交通动态协调控制过程中的关键。Agent 以信息融合模块为基础,把来源于多检测器、多信息院的信息进行快速的融合处理,形成有用、准确的数据,并通过通信技术实现各 Agent 间的信息共享和信息传递,以利于 Agent 间的协同,实现整个系统的优化。系统中的 Agent 能够与其他 Agent 以及环境进行交互,并在这些过程中不断"学习"或"积累经验",在 Agent 与其他 Agent 及 Agent 与环境之间的相互作用中,Agent 不断改变着自身的结构和行为方式,同时也改变着环境。

针对上述 Agent 的特点,采用结构化协调的设计方法,其结构如图 5-7 所示。其中感知子系统负责感知 Agent 所处环境发生的变化,提取有关信息,包括与 Agent 自身有关的检测信息、与该 Agent 相关的其他 Agent 状态变化的信息等。对于交通信号控制 Agent 来说,主要是接收由车辆检测器检测到的车辆信息,以及相邻控制 Agent 传送来的信息等,通过 Agent 的通信功能完成。

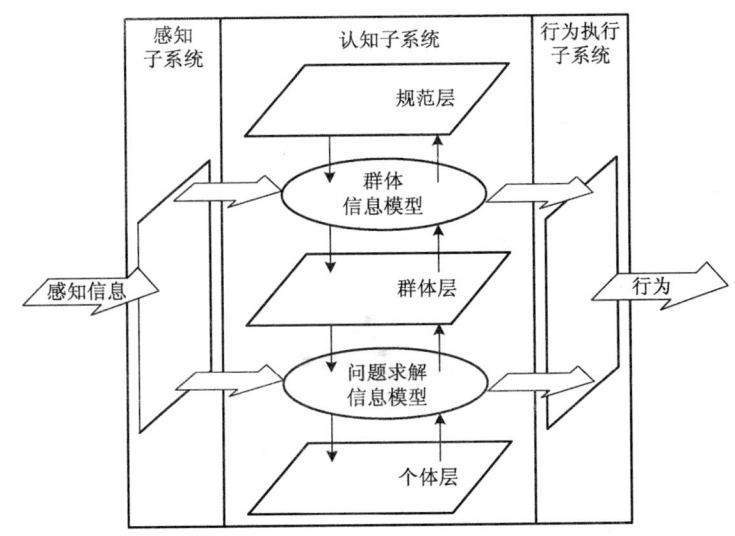

图 5-7 自治型问题求解 Agent 组织结构

经感知系统处理过的信息发送给认知子系统,用于更新 Agent 的信息模型。认知子系统在垂直方向上又分为三层:个体层、群体层、规范层,个体层根据实测的交通数据确定信号控制方案。群体层负责分析交叉口群 Agent 目前的交通状态,决定是否有必要向其他 Agent 发送消息,并处理 Agent 之间的协调问题。规范层根据接收到的信息判断是否有符合条件的规则,如果有,则执行该规则,使协调过程向着期望的方向发展。认知子系统主要解决 Agent 的推理决策功能。

行为子系统则根据认知系统对信息模型的更改,执行相应的行为:切换相位、发送信息给相邻的 Agent 等。该子系统完成了通信功能中对自身产生的信息的发送功能。

在认知子系统中,需要对交通信号控制 Agent 的信息模型进行更新。所谓信息模型,是指交通信号控制 Agent 关于自身所处环境的所有动态信息的集合。对于信息模型,可以根据不同的标准进行分类,图 5-7 中将其分为:问题求解信息模型、群体信息模型两种。问题求解信息模型主要包括用于交通信号控制 Agent 的个体求解的信息,而群体信息模型则主要包括与协调有关的信息。

图 5-7 对于交通信号控制 Agent 的描述属于较高抽象层次,图 5-8 所示为开发交通信号控制 Agent 时所采取的具体结构图。

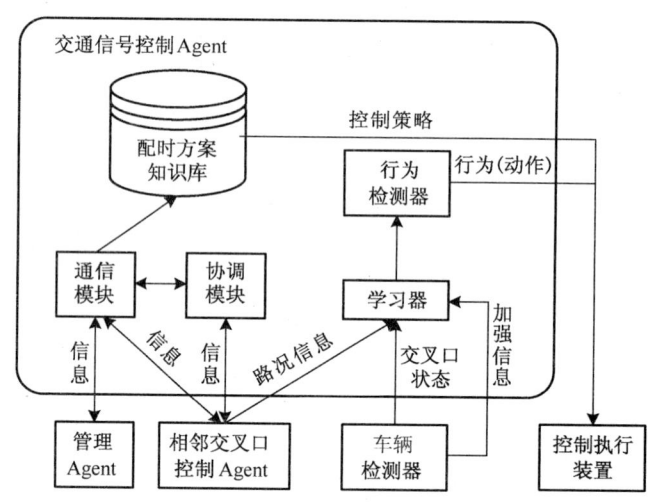

图 5-8 交通信号控制 Agent 组织结构

5.4.2 Agent 工作过程

应用交叉口群交通信号控制 Agent 实现分布式协调控制的过程可以概要描述为:车辆检测器将检测到的交叉口交通参数信息发送给交叉口执行层 Agent 的学习器,同时相邻的执行层 Agent 也为学习器提供相关的路况信息。学习器工具接收的相关信息以及相关的经验知识或是学习得到的定量信息,不断地与经验库与知识库进行交互,并根据每个交叉口实际的情况进行学习调整,为行为决策提供决策依据。行为决策器根据学习器提供的依据选择行为,并由控制执行装置执行控制行为。当控制行为作用于交叉口后,将改变交叉口的交通状态,经过一定的时间间隔,车辆检测器再次将检测到的交叉口状态传送给执行层 Agent,并计算得到反馈信号方案给学习器,最后形成控制策略实现交叉口群信号协调控制。其基本工作原理如图 5-9 所示。

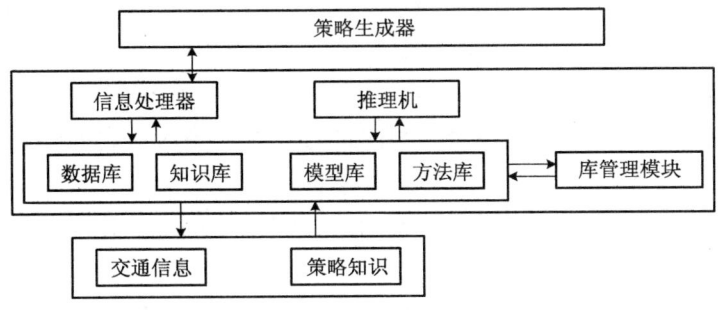

图 5-9　交通信号控制 Agent 工作原理示意图

利用单个交叉口执行层 Agent 对单点交叉口交通信号进行控制,通过 Agent 之间的协商、协作,实现交叉口群交通动态协调控制。上层 Agent 可以作为其所属下层 Agent 的协同单元,就它们之间的协同控制确定协同对策和协同参数;而下层 Agent 则需要对应上层 Agent 传输关于其局部系统环境和系统控制性能的反馈信息,以作为上级 Agent 的决策依据。相近的 Agent 间可以相互协同,在协同不了时再进行区域协同,这样,每个 Agent 都有一定的自主性,但又不完全独立,在接到其他 Agent 的协同请求时,就进入协同工作状态,并通过上一级 Agent 的决策达到交叉口群协调最优或路网全局最优。

5.5　动态协调控制系统实施关键模块

交叉口群动态协调控制系统以具有智能性和适应性的 Agent 为协同实施系统的基本组成,在垂直空间按照 Agent 的功能把实施分解到不同的层次上,并将其分为区域协调层、交叉口群协调层和交叉口执行层。在水平空间通过 Agent 进行智能集散将实施分解到不同交叉口群和交叉口中。这种体系的建立,从整体出发,在对问题层次化、模块化分剖解析的基础上,根据交叉口群动态交通信号协调,对子问题进行从局域到全域、从同层次到跨层次并行不断地分解、重构和整合,形成了一种既有分析又有综合的多元整合求解机制,从而发挥出综合协调的能力。具体而言,通过6个关键功能模块的运用实现交叉口间的协调控制,这些模块执行和整合了前面所述的不同策略部分,图5-10 显示了这些模块的组织架构。

1. 数据处理模块

这一模块接收在检测时间区间 T_s 内通过线圈检测器或视频检测器采集所得的车辆数或占有率的检测数据。检查检测结果的可用性并进行适当的处理,包括对缺失数据进行合理插值,确保控制系统的平稳过渡,通过预测模型和交通流模拟模型,得出 T_p 区间内交叉口各进口道的车辆数平均值以及 T_c 区间内各车道车辆的到达情况和排队情况。生成的数据在相应的控制区段内提交至范围界定、路径识别、基准设计方案生成、相位差优化及绿信比优化模块。

2. 范围界定模块

此模块在长度等于 T_p 的控制区间内进行计算。输入从数据模块所获得的路网流量数据后,本模块对交叉口群范围进行划分,并应用到下一个控制区间 T_p 的路网控制中。最终的划分方案提交至路径识别模块作进一步处理。

3. 路径识别模块

该模块储存控制区间 T_s 内路网的所有物理连通路径和逻辑连通路径相关信息,从数据处理模块和范围界定模块接收相关信息后,在控制区间 T_p 内计算各路径的关联度值,进行排序后确定主路径走向,将决策结果提交至基准设计方案生成模块。

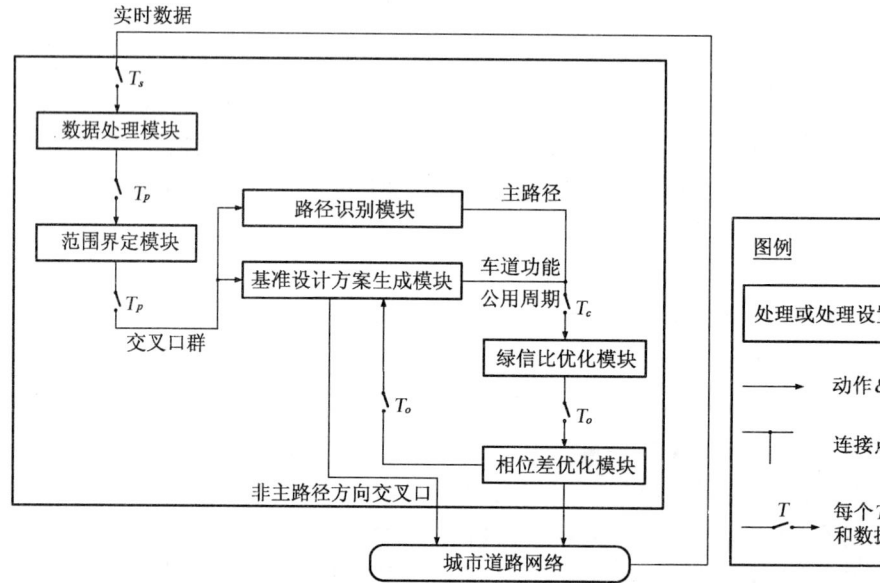

图 5-10 系统实施模块组织架构

4. 基准设计方案生成模块

该模块在 T_p 区间内接收所有交叉口的相关数据,对交叉口群网络进行防阻塞运行控制,对从属于交叉口群主路径的交叉口以及其他类别的交叉口采用不同的约束条件和优化目标求解进口道车道功能划分方案和周期时长、绿信比基准方案。

5. 绿信比优化模块

该模块在执行交叉口时空资源基准设计方式的基础上,在控制区间 T_c 内依据交叉口主路径方向的车辆排队情况和非主路径方向的车辆到达情况实时确定绿灯延长时间,以满足主路径车流优先通行的要求。

6. 相位差优化模块

此模块在长度等于 T_o 的控制区间内进行计算。从绿信比优化模块中统计绿信比的调整情况,结合路段长度与运行车速计算相位差优化值,将优化结果反馈至基准设计方案生成模块以应用于下一个控制区间 T_p 的路网控制之中。

5.6 本章小结

本章讨论了由控制范围动态识别、时空资源同步优化、主路径车流通行优先、数据实时处理共同组成的交叉口群动态协调控制策略集合,指出该策略集合适用于交叉口群高负荷近饱和状态。围绕策略的具体实施,构建了基于 Multi-Agent 技术的分布式交叉口群信号控制递阶集散协同实施模式,对动态协调控制系统的 Agent 组织结构和工作过程进行了探讨,并通过数据处理模块、范围界定模块、路径识别模块、基准设计方案生成模块、绿信比优化模块以及相位差优化模块执行和整合不同的策略功能。后续章节的研究将主要围绕模块功能的具体实现而开展。

第 6 章
交叉口群信号协调控制范围动态界定

交叉口群信号协调控制范围的界定在某种程度上有别于传统控制子区的划分,其目的在于对交通网络中亟需进行交通改善的问题区域,寻找其影响范围,将由多个交叉口组成的交叉口群作为网络优化的研究对象和输入条件。本章借鉴了区域交通协调控制系统中控制子区的动态划分方法,提出了交叉口群信号协调控制范围的动态界定方法。

6.1 区域信号协调控制中的子区动态划分

6.1.1 区域交通信号协调控制

人们对区域交通信号控制的概念分狭义和广义两种理解。狭义上的区域信号控制,是将关联性较强的若干个交叉口统一起来,进行相互协调的信号控制方式,即所谓的区域信号协调控制;广义上的区域信号控制,是指在一个指挥控制中心的管理下,监控区域内的全部交叉口,是对单个孤立交叉口、干道多个交叉口和关联性较强的交叉口群进行综合性的信号控制。

在城市交通指挥控制中心,设计者必须从区域信号控制的广义概念出发,构建整个区域信号控制系统。建立这样的区域信号控制系统,首先,能有效实现区域的整体监视和控制,能将任何地点发生的交通问题和设备故障在较短的时间内检测出来,并从整个路网上实时收集所需的各种交通状态数据;其次,可根据区域内各交叉口的实际情况,因地制宜地为它们选取最合适的控制方式;再次,能方便实现交叉口所采用的信号控制方式的转变,能有效适应城市信号控制未来发展的需要。

区域交通信号协调控制的应用须考虑以下条件:

(1) 控制性能的可拓展性:尽量使控制机能引入新的研究成果,而不致改变原来的及其构成,即尽量使用老的信号机。

(2) 控制范围扩大的可能性:随着城市的发展,城市规模的扩大,必须有可能扩大控制范围,以扩大中央控制室的作用。

(3) 高度的可靠性:系统中的任一信号机发生故障,系统中其他信号机不会出现异常,整个系统仍能照常工作,且能早期发现而予以修复。

(4) 使用方便:随着交通状况的变化,对机器控制的内容及机器动作的监视和变更应比较容易,如出现暂时性异常时,应能及时处理。

(5) 在我国现实交通条件下,还需考虑自行车交通的合理处理问题。

城市交通网络由众多道路纵横交织而成,是一个包括上千条路段的大规模网络,极其庞大复杂。同时由于交通系统的随机性、动态性等,在计算机容量、速度和性能方面等的限制下,对整个网络进行统一的动态协调控制显然并不现实。为此,研究人员提出了分区的概念,其基本思想是将整个交通网络分为不同的交通子区,然后以每个子区为单位进行交通协调控制。将一个较大范围的交通网络划分为若干个相对独立的部分,使每一个部分都能依据自身的交通特征执行相应的控制方案,有利于执行灵活的控制策略,获得最优的控制效果,是实现交通区域协调控制的前提。

在传统的交通控制系统中,交通信号控制子区的划分是为保证交通控制系统运行的安全性与可靠性,即使某一个控制子区系统发生故障不能运行,也只是其所辖范围内的交叉口受到影响,不能联网协调控制,而对其他控制子区所辖范围的交叉口协调控制效果影响不大。控制子区的动态划分以静态交通分区为基础,交叉口依据实时的交通流状况自行组合或分解,控制范围根据交通流的变化进行适当的动态调整。在某些时刻让一些交叉口合并,而在另外一些时刻,这些交叉口与另外一些交叉口合并或独立开展工作。

6.1.2 交通控制子区划分原则

在对一个路网实行自适应信号协调控制时,为了使整个控制系统取得最佳的交通效益,在受控路网区域控制中心各个控制子区实时交通状况的基础上,根据某种确定的判断原则,在某一时间段内,根据不同的交通需求、管制需求或区域协调需求组合形成一个协调控制区域,对其采取特定的控制方案。而在另一时间段内,这些控制子区则可分解成若干个相对独立的部分,每一部分有自己独特的控制方案,各自实行适合本子区交通特性的控制方案;或再与另外一些控制子区合并,在更大的范围内采用统一的控制方案。控制子区这种根据实时交通状况自动合并或分解的过程就称为交通控制子区自动划分过程。

在 5.1.1 节已指出了交叉口群范围识别与交通控制子区划分的差异之处,即信号控制子区的划分是把整个网络划分为若干个子网,而交叉口群范围界定则是从整个网络中提取一个或几个子网,但交通控制子区动态划分的思路可借鉴于交叉口群控制范围的识别。

交通控制子区的划分一般遵循以下三个划分原则[78]：

(1) 周期相近原则：由于参与协调控制的所有路口必须共用一个信号周期或半周期，所以一个子区内路口单点控制时的最佳周期长度应相近，否则协调控制时可能引起路口的局部拥堵。

(2) 流量相关原则：划分在一个子区的路口的流量应具有较大的相关性，这样协调效果才更明显。

(3) 距离适当原则：划分在一个子区的路口之间的距离不要太远，一般在200~1 000 m为最佳。因为路口相距太远，车队的离散程度比较随机，车队到达下一个路口后不能保持车辆的连续性，协调的效果会有所减弱。

6.1.3 交通控制子区动态划分方法

1. 基于周期相近原则的划分方法

按信号控制周期长度来划分交通子区，被目前许多成功的交通控制系统所采用。周期划分原则的实质是：相邻交叉口信号最佳长度相近（周期差小于 t 秒），表明其交通状况相似。此时，交叉口合并实行信号协同控制，可使得合并后的各交叉口总延误小于合并前的总延误。t 值应根据当地实际情况，考察周期时长与交通状况的相关性，经实地观测调查后确定。

在每一个信号控制周期及信息发布周期内，都要进行"合并指数"的判断计算。"合并指数"的判断计算是根据车辆检测器检测到的交叉口实时交通流量，结合历史流量数据，由区域交通控制中心经动态交通模型计算各交叉口最佳周期时长，判断相邻交叉口周期差。若干相邻交叉口各自所要求的信号周期长度相差不超过 t 秒，则"合并指数"累积值为（+1），反之为（-1）。若"合并指数"的累积值达到临界值"s"，则可认为相邻交叉口已经达到合并为一个子区的"标准"。合并后的子区，在必要时还可以自动重新分解，只要"合并指数"累积值降至"0"。一旦"合并指数"累计至临界值"s"或"0"，即使达到累计标准，"合并指数"也不再累加，周期原则下的交通控制子区动态划分过程见图6-1。

2. 基于流量相关原则的划分方法

相邻交叉口流量若处于下列情况之一，应划为同一子区：

(1) 若相邻各交叉口流量都大于某个值（Q_z），说明交叉口交通拥挤程度比较严重，甚至已处于交通阻塞状态。为了迅速分流，缓解这种局部交通拥挤，应把这些交叉口划入同一个交通控制子区。

(2) 若相邻交叉口流量差大于某个值（Q_z），虽然交通特性差异大，但为了确保流量大的交叉口车流到达流量小的交叉口不至于遇到红灯，产生大量的停车延误，应考虑把他们划入同一个交通控制子区。

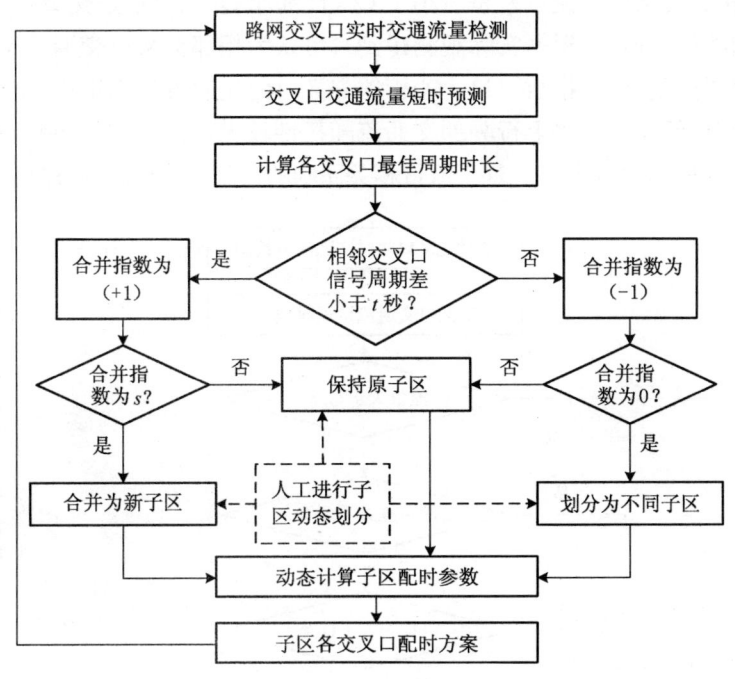

图 6-1 基于周期相近原则的控制子区划分过程

(3) 若相邻交叉口流量差小于某个值(Q_h),说明交叉口交通流特性非常相似,也应考虑把这些交叉口划入同一个控制子区并进行协同控制。

Q_x、Q_z、Q_h 可根据当地实际情况,结合流量历史统计数据,经实地观测调查后确定。

根据相邻交叉口交通流量情况来划分控制子区,其动态划分过程与基于周期原则的子区自动划分过程基本相似。但"合并指数"定义为一个流量差,同时"合并指数"的计算要经过三个判断过程:首先,在每个信号控制周期,车辆检测器都能检测到一组交叉口实时交通流量数据,而经过交通流量信息的短时预测,各个相关交叉口因此能得到一组预测性数据。区域控制中心根据这两组交通流进行交叉口流量大小的判断,若相邻交叉口的流量都大于 Q_x,说明该区域交通拥挤程度高,甚至已处于交通阻塞状态,为了缓解路网上的这种局部交通拥挤或阻塞,必须从一个较大的范围(超过几个控制子区的范围)进行交通协调控制以解决拥堵问题。此时,必须要抛弃按"合并指数"累积值来决定控制子区合并的常规做法,而是让区域控制中心立即强制多个控制子区(或交叉口)合并。

若第一步判断得出控制区域内各个交叉口处于正常交通状态,则进入第二个判断过程:判断相邻交叉口流量差是否大于 Q_z。若为了避免交通流量大的交叉口停车次数的剧增,应对这两个交叉口进行协同控制(合并指数+1);否则,进入第三个判断过程:判断相邻交叉口的流量差是否小于 Q_h,且都比 Q_l 大(Q_l 是交叉口实施信号联网协同控制的最小值,应根据实际观测得到),可认为相邻交叉口交通流情况一致,应进行信号协同控制(合并指数+1)。若相邻交叉口的交通流量都很小,也会出现流量差很小的情况,但此时道路上行驶的交通流随机性较大,进行协同控制所获得的交通效益不如单点控制的效果好。基于流量相关原则的控制子区动态划分过程见图 6-2。

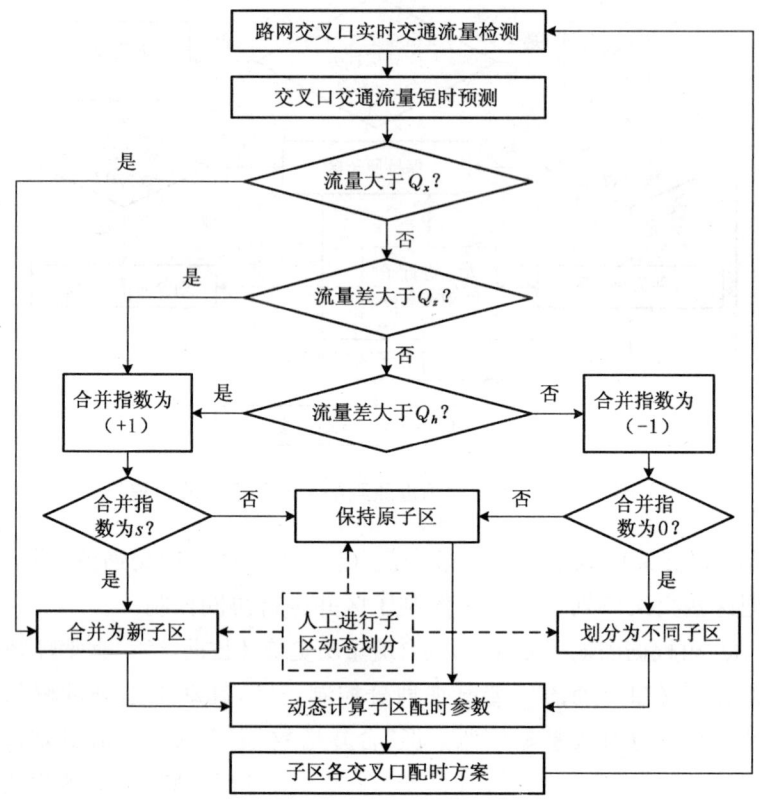

图 6-2 基于流量相关原则的控制子区划分过程

3. 基于距离适当原则的划分方法

设相邻交叉口的距离为 L,合并距离为 L_h,分离距离为 L_f。为了避免车辆排队长度阻塞上游交叉口,当 $L \leqslant L_h$ 时,将这两个交叉口划入同一个交通子区进行协同控制。从上游交叉口进口道驶入的车流驶出交叉口后,受车队离散因素的影响会随着行驶距离的增大逐渐离散开来。当 $L \geqslant L_f$ 时,到达下游交叉口停车线的车流已经显示出随机状态,此时实行信号协调控制反而会降低系统整体交通效益。因此可将这两个交叉口分开,划入到不同的交通子区。合并距离 L_h 和分离距离 L_f 值可根据当地情况,经现场观测调查后确定。

由于交叉口间距是固定的,在实际操作过程中可采用先固定、后自动的方法对交通子区进行划分。即先对受控路网各交叉口间距 L、合并距离 L_h 和分离距离 L_f 进行调查。若 $L \leqslant L_h$,由于交叉口间距较小,不仅它们之间的相位差可选择的范围很小,而且排队长度限制严格,因此周期和绿信比两项配时参数也被局限在较小范围内。在这种情况下应将它们组合成一个整体,参与同其他交叉口的配时优化或子区划分,进行协同控制。若 $L \geqslant L_f$,由于交叉口间距较大,从上游交叉口停车线驶出到达下游交叉口停车线的车流离散性较高,进行信号协同控制后的效益费用比很小,或者进行信号协同控制比较困难,此时,可把这两个交叉口划入不同的区域控制中心,采用不同的控制策略。

4. 基于耦合指数的划分方法

基于耦合指数的交通控制子区划分方法是通过研究邻近交叉口间的交通关联性进行控制子区的划分。交通信号控制系统是由彼此关联的信号控制交叉口组成的系统,每个信号控制交叉口都有自己的状态变量和控制变量,而整个系统的状态变量和控制变量就是各信号控制交叉口状态变量和控制变量的组合,同时这些变量之间彼此联系、相互影响。由于相邻交叉口之间的交通流之间具有相似性、耦合性、关联性等潜在关系,因此可将交通信号控制区域根据交通流及路网特性的相似性划分成不同的交通子区,然后以每个子区为单位进行研究,以提高网络模型和算法的实用性、可靠性和实时性。随着时间的推移和空间的过渡,相邻交叉口之间的关联关系会不断发生变化,路网功能也有可能发生改变,需要根据交叉口交通流的变化对控制子区进行动态划分和合并,使每个子区能够采用适合本子区路网交通流整体特性的控制目标和控制策略。

采用耦合指数法划分交通控制子区的第一步是计算相邻交叉口之间的关联性度量指标。交通网络是复杂的系统,影响关联性的参数具有多样性,在本书的 3.1.1 节中已总结了可用于交通控制子区划分的交通关联性耦合指数计算模型,相关影响因素涉及流量、距离、车速、车队离散、周期时长、流量不均衡性、车道数、车辆排队等。在获得关联性指标之后选择合适的动态聚类方法,将耦合指数相近的元素归为一类,形成 m 个聚类,对每一类中对应的交叉口进行合并,形成初步划分结果。结合路网的拓扑结构对初步划分结果中存在的孤立点(孤立交叉口)设立优化准则,使其归于某一相近类别之中,形成最终交通控制子区划分方案。

6.2 交叉口群信号协调控制范围界定流程

6.2.1 范围界定问题描述

关联交叉口群具有主要的交通流通作用,信号协调控制范围动态划分可以使交叉口群在不同的时间吸收或放弃不同的交叉口单元以便聚集或疏散交通流，从而完成交通流的协调控制。这种形式组织灵活，有利于控制器之间的协同和合作，是一种比较理想的动态分区组织形式。因此，交叉口群信号控制范围的界定有两个显著特点：动态组合性与时变适应性。动态组合性是指随着交通流运行状况的变化，交叉口群范围的划分随着交通拥挤的出现而进行，交叉口群协调控制层将分布于不同地理位置的交叉口信号控制器协同组合在一起，一旦缓解交通拥挤的目标完成，交叉口群即告解散，交叉口信号控制器继续加入到其他的交叉口群范围之中。时变适应性是指控制器能够依据实时的交通流运行状况进行重组与调整，当交通流变化时，可避免固定的范围划分而使配时方案逐渐"老化"，从而使整个路网系统对时变的交通流响应能力提升。

在交叉口群范围划分时主要考虑以下两个原则[62]：①交叉口群范围内的交叉口关联性相对较强；②交叉口群边界的交叉口与群外相邻的交叉口关联性相对较弱。因此，在界定交叉口群范围时需要依次解决以下四个问题：①在路网中寻找亟需进行交通改善的问题区域；②确定交叉口群分析范围的大小；③选取判断交叉口关联性的度量指标；④确定关联指标"强"与"弱"的临界值。

对于问题①，当某个交叉口某一进口道的车辆到达数小于车辆通过数时所产生的滞留排队有可能演化为网络阻塞，拟在待分析的交通网络中寻找一个交通负荷最高的目标交叉口，以此为基点向外寻找其影响范围。在考虑问题②即分析范围大小时，虽然交通网络中的交叉口往往会对相邻交叉口的交通运行产生影响，但其影响范围有限，分析的范围越大，需要搜集的交通资料和数据也越多，带来随机性的增加和可靠性的下降。以南京的NATS系统的HT2000A为例，单台信号机可同时控制2～4个路口[66]，而SCATS系统则一般以1～10个交叉口组成的子系统作为基本控制单元[178]，因此建议将交叉口群的规模选择在12个以内。问题③中关于路段关联度指标的选取将在6.3.1节中详细说明。对于问题④，关联度临界值的选择，选用聚类方法对目标交叉口所在网络的路段关联度指标分为较强与较弱两部分，采用二分法逐步缩小其搜索范围，断开关联度较弱的路段连接，在余下的连通网络中继续分类，直到目标交叉口所在的交叉口群满足分析范围的大小为止。

6.2.2 变量符号说明

将信号控制交叉口群范围动态界定过程中涉及的一些概念、名词与符号作简要说明：

（1）背景交通网络G：交叉口群范围界定的背景交通网络。网络拓扑结构定义为一个无向图$G=\{V,E\}$，顶点为交叉口的集合，用$V=\{v_1,v_2,\cdots\}$表示，顶点之间的连接路段称为边的集合,用 $E = \{e_1, e_2, \cdots\}$ 表示。

(2) 目标交叉口 v_c:交叉口群分析范围的核心,具有最大的交通负荷。

(3) 路段关联度值 I:任取 $e_k \in E(k = 1, 2, \cdots, K)$,$K$ 为交通网络 G 中的路段个数,各路段存在唯一的 $I(e_k)$ 值。

(4) 交叉口群分析范围内交叉口个数的上限值 M:取值范围建议在 12 以内。

(5) 协调控制属性判别值 C:$C(e_k)$ 为二进制属性数据,用 0 与 1 表示。对于任意路段 e_k,其初始值 $C(e_k)$ 均为 1,采用二分法对路段关联值 $I(e_k)$ 进行强、弱划分后,对于属于弱集合的路段,其 $C(e_k)$ 值被赋为 0。

(6) 完全截集 $C_c(V_1, V_2)$:将 G 的顶点分割为两个不交子集 V_1 和 V_2(其中,目标交叉口 $v_c \in V_1$),其一端在 V_1 中,另一端在 V_2 中的边的全体称为网络 G 的一个完全截集,即 $C_c(V_1, V_2) = \{a | v_i(a) \in V_1, v_j(a) \in V_2\}$。

(7) 交叉口群范围界定过程终止条件:任取 $e_k \in C_c(V_1, V_2), C(e_k) = 0$ 且 $m \leq M$(m 为 V_1 中交叉口个数)。

由此,对应划分原则①,"交叉口群范围内的交叉口关联性相对较强",对于连接顶点 $v_i, v_j \in V_1$ 的边 $[v_i, v_j]$,其判别值均为 1;对应划分原则②,"交叉口群边界的交叉口与群外相邻的交叉口关联性相对较弱",任取 $e_k \in C_c(V_1, V_2), C(e_k) = 0$。因此,瓶颈区域的识别、$I(e_k)$ 的计算及 $C(e_k)$ 的赋值是交叉口群信号协调控制范围划分需解决的关键问题。

6.2.3 界定流程

交叉口群信号协调控制范围动态界定的详细流程(如图 6-3)总结如下:

步骤 0:确定待识别交叉口群范围的背景交通网络 G、目标交叉口 v_c 和交叉口群分析范围内交叉口个数的上限值 M;

步骤 1:计算网络 G 中边集合 E 内所有元素的关联度值 I,并对各条边的协调控制属性判别值 C 赋初始值;

步骤 2:对边集合 E 中所有元素的 C 值进行检验,若 $C(e_k)$ 值为 0,则边集合 E 中去除元素

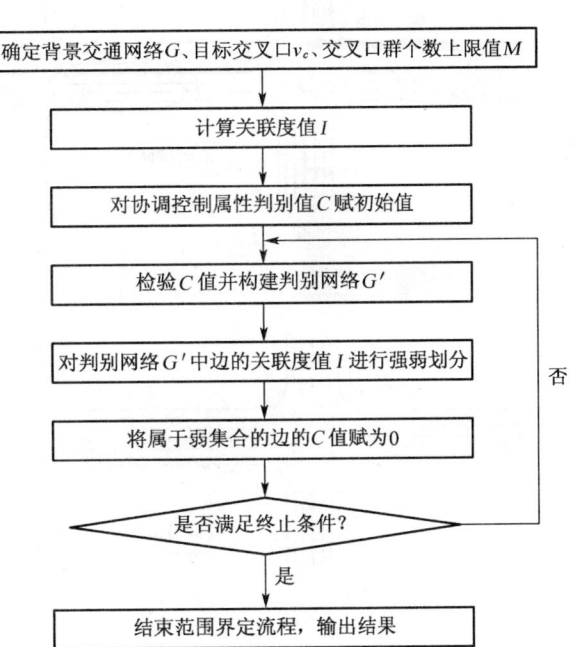

图 6-3 交叉口群信号协调控制范围界定流程

e_k,选择目标交叉口 v_c 所在的连通部分,构成判别网络 G';

步骤 3:对判别网络 G' 中所有边的关联度值 I 进行强弱划分,将属于弱集合的边的 C 值赋为 0;

步骤 4:检验是否满足范围界定流程终止条件,若满足,则结束流程输出范围界定结果,否则,转到步骤 2。

6.3 基于 SOM 的交叉口群范围界定方法

6.3.1 瓶颈区域识别

相邻交叉口高度关联是实施信号协调控制的先决条件,但假若流量过载或信号配时方案不合理易导致滞留排队、排队溢流等负面交通效应。排队溢流是指上游交叉口到下游交叉口间的道路空间被处于过载状态的下游交叉口产生的排队所占用,致使上游交叉口车辆无法在绿灯时间通过下游交叉口的情况;下游交叉口产生的排队滞留会妨碍上游交叉口交通流的正常运行并产生额外的延误,进而演化为排队溢流[133]。图 6-4 描绘了由某一交叉口进口道的滞留排队形成的瓶颈断面恶化为相邻交叉口连线阻塞的过程。

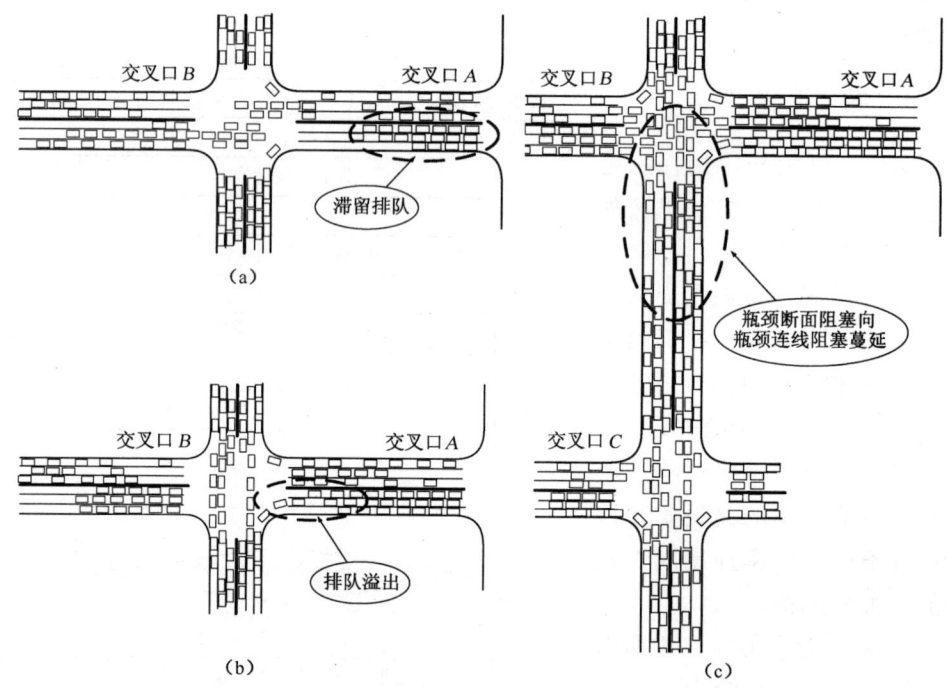

图 6-4 瓶颈断面阻塞向瓶颈连线阻塞的蔓延过程

在交叉口接近或处于过饱和状态情况时,交通流处于亚稳态,局部微小的外界变动会引起整个交通系统的剧烈变化,极易发生交通阻塞。在交叉口群瓶颈区域的识别中,选择交叉口通行能力利用率指标(Intersection Capacity Utilization,ICU)作为衡量指标,当ICU值大于或等于1时,交叉口处于过载状态,是潜在的交通瓶颈区域。选择背景交通网络内潜在瓶颈区域具有最大ICU值的交叉口作为目标交叉口v_c,以此为基点对外寻找其影响范围。交叉口通行能力利用率ICU计算公式如下[160]:

$$ICU = \mathrm{sum}(\max(tMin,(v/s)_i)\times CL + tL_i)/CL \tag{6-1}$$

式中:CL——交叉口周期时长(s);

$(v/s)_i$——第i个相位的交通流量与饱和流率比值;

tL_i——第i个相位的绿灯损失时间(s);

$tMin$——相位最短绿灯持续时间(s)。

6.3.2 关联指标选取

本书 3.1.1 节详细介绍了常用的相邻交叉口关联度计算模型,其研究主要用于解决信号控制子区划分或线性协调控制的分段问题,如耦合指数模型[71,159]、引力模型[159]、协调系数[160]、互连指数[72,73,76]等。上述模型考虑了相邻交叉口间距、交通流量、平均速度、车道数、车队离散、车辆排队、周期长度、主次流向流量分布的不均衡性 8 项主要因素。在交通信号协调及配时优化软件 Synchro 中应用协调系数(Coordinatability Factor,CF)确定相邻交叉口是否需要进行信号协调控制,CF 指标考虑了影响相邻交叉口关联程度的前七项主要因素,研究新增流量分布不均衡系数(Imbalance Index,IB),共同作为相邻交叉口关联度的衡量指标,即关联度指标 $I(e_k) = [CF(e_k), IB(e_k)]$。

1. 协调系数

协调系数 CF 由行程时间协调系数 $CF1$、流量密度协调系数 $CF2$、车队离散调整系数 Ap、流量调整系数 Av 和信号周期调整系数 Ac 共同组成[179],构成关系如式(6-2)所示:

$$CF = \max(CF1,CF2) + Ap + Av + Ac \tag{6-2}$$

其中,行程时间协调系数 $CF1$ 将属于静态关联度影响因素的交叉口间距结合平均速度转换为行程时间之后,变为动态的关联度影响因素,若行程时间较长,则下游交叉口的排队车辆难以影响到上游交叉口的放行车辆,无需采用信号协调控制。流量密度协调系数 $CF2$ 用于检验一个信号控制周期内相邻交叉口连接路段的存储空间能否满足到达车辆数的需要,以避免排队溢流的发生。车队离散调整系数 Ap 反映了车队驶离上游交叉口停车线后到达下游交叉口的集聚状态,若从上游交叉口驶离的车队能在绿灯时间以集聚状态通过下游交叉口,采用信号协调控制易取得良好的效果。流量调整系数 Av 计算了相邻交叉口之间路段的双向交通小时流量值 $v2$(vph), $v2$ 值越大则更适宜于采用信号协调控制。信号周期调整系数 Ac 用于研究各交叉口为延长至公用周期时长所需要增加的周期时间,周期时长越相近,则信号协调控制效果越好。各项系数的具体计算方法介绍如下。

(1) 行程时间协调系数 $CF1$

在式(6-2)中,为计算行程时间协调系数 $CF1$,Synchro 认为相邻两交叉口之间的行程时间一旦大于 80 s,由于距离过远不适宜采用协调控制, $CF1$ 值设为 0;而两交叉口之间的行程时间小于 4 s 的话,间距过短易产生溢流,将 $CF1$ 值设为 100。对行程时间在 4 至 80 s 之间的相邻两交叉口, $CF1$ 值的计算公式如式(6-3)所示:

$$CF1 = 100 - (\text{time} - 4) \times 100/76 \qquad (6-3)$$

式中:time——行程时间(s)。

(2) 流量密度协调系数 $CF2$

流量密度协调系数 $CF2$ 是为了检验一个信号控制周期内路段的存储空间能否满足到达车辆数的需要。分别对双向路段不同流向车道组进行流量密度协调系数的计算,选择其最大值作为 $CF2$ 值。

$$CF2 = 100 \times \frac{Q \times C/3\,600}{n \times (D - 45)/VL} \qquad (6-4)$$

式中:Q——车道组小时交通流量(vph);
  D——路段长度(m);
  n——该流向车道组车道数;
  C——周期时长(s);
  VL——平均车辆长度(m)。

(3) 车队离散调整系数 Ap

车队离散调整系数 Ap 用于反映车队驶离上游交叉口停车线后到达下游交叉口的集聚状态。选择最忙碌的信号控制周期,计算其累积到达流量值,获得加权系数 PF:

$$PF = (v30 + v60)/(2Q \times C/3\,600) \times 100 \qquad (6-5)$$

式中:$v30$——最忙碌周期 30% 时段内到达的累积车辆数(veh);
  $v60$——最忙碌周期 60% 时段内到达的累积车辆数(veh)。

当 PF 值为 45 时,表示车辆到达规律服从均匀分布,无采用信号协调控制的必要;当 PF 值为 100 时,车辆集聚在周期的 30% 至 60% 时段内到达,采用信号协调控制易取得较好的效果。

$$Ap = 10 - (100 - PF) \times 30/55 \qquad (6-6)$$

当 $PF = 45$ 时会使 CF 值降低 20；当 $PF = 100$ 时，CF 值增加 10。

(4) 流量调整系数 Av

对于大流量的干道更适宜于采用信号协调控制。计算两交叉口之间路段的双向交通小时流量值 $v2$(vph)，流量调整系数 Av 的计算公式如下：

$$Av = \begin{cases} (v2-700)/50 & \text{当 } v2 < 1\,200 \\ (v2-200)/100 & \text{当 } 1\,200 \leqslant v2 < 2\,200 \\ 20 & \text{当 } v2 \geqslant 2\,200 \end{cases} \quad (6-7)$$

(5) 信号周期调整系数 Ac

周期相近对多交叉口信号协调控制的效果也至关重要。周期调整系数 Ac 用于研究各交叉口为延长至公用周期时长所需要增加的周期时间 IC。当采用全周期时长控制时，IC 为公用周期时长与自身周期时长的差值，但采用半周期时长控制时，IC 为自身周期时长与公用周期时长一半的差值。

$$Ac = -\left(\sum IC\right)/2 - 30 \leqslant Ac \leqslant 0 \quad (6-8)$$

2. 不均衡系数

一个交叉口通过多条路段与多个交叉口相连接，为反映该交叉口与不同路段联系强度的差异性，将相邻两交叉口及其相连的路段视为一个整体，设外部对该整体输入的小时交通流量为 Q_{out}(vph)，不均衡系数 IB 计算方式如下：

$$IB = v2/Q_{out} \times 100 \quad (6-9)$$

IB 值越小，表示较多车辆通过各自交叉口驶入其他路段，两交叉口联系强度较弱；IB 值越大，说明该路段对两交叉口的联系有重要作用。

6.3.3 关联度强弱划分

采用聚类技术对关联度的强弱进行划分。常用的聚类分类技术一般可分为三种：一种是列举出不同的分区，根据不同分区的标准对类别进行划分，如 K-means 算法；一种是对给定数据对象集合进行层次的分解，如 BIRCH 方法；一种是为每个簇假定模型，寻找数据对给定模型的最佳拟合。在对交叉口群信号协调控制范围进行界定过程中，需要多次对路段关联度的强弱进行比较，以使控制范围满足控制规模约束为止。在每次强弱比较过程中分类标准均不一致，可将关联度的"强"与"弱"视为两个不同的簇，在每次强弱比较中根据输入数据对簇的特征进行拟合，以此达到对数据分类的目的。自组织映射神经网络（Self-Organizing Maps，SOM）是一种应用较广的神经网络聚类方法。该方法以若干个神经元共同反映分类结果，通过神经元之间的自组织寻找各类别之间固有的、内在的特征，即对每个类簇假设一个模型，并寻找模型之间的最佳合适程度[180]，因此能满足相邻交叉口关联度强弱界定的要求,属于第三种聚类技术。

1. 神经网络结构

SOM 神经网络的提出者 Kohonen(1987)认为,神经网络在接受外界输入时,将会分成不同的区域,不同的区域对不同的模式具有不同的响应特征,即不同的神经元以最佳方式响应不同性质的信号激励,从而形成一种拓扑意义上的有序图[180]。SOM 的特点在于它是一种无导师学习(Unsupervised Learning)的神经元网络模型,将高维空间中输入向量映射到低维(通常是一维或二维)空间中,同时保持数据原有的拓扑逻辑结构。

SOM 神经网络由竞争层(Kohonen 层)与输入层组成,如图 6-5 所示。在竞争层中,神经元被排列成为矩形或蜂窝形,每个神经元都有一个坐标值(x,y)。输入层中的每个神经元通过 N 维权重矢量与竞争层中的每个神经元相联系,权重矢量定义为 $\boldsymbol{W}_{xy}=(w_{xy1},w_{xy2},\cdots,w_{xym},\cdots,w_{xyN})$,其中,$N$ 为输入矢量 $\boldsymbol{A}=(a_1,a_2,\cdots,a_n,\cdots,a_N)$ 中分量个数。将背景交通网络中任意两个相邻交叉口的连接路段 e_k 视为 SOM 神经网络输入层的独立神经元,输入矢量为路段的关联度指标,每个输入矢量包括两个分量,即协调系数 CF 与不均衡系数 IB。由于仅需要划分关联度指标值的"强"与"弱",所以在竞争层也仅需要 2 个神经元,构建 2×1 的矩形网络拓扑结构,两个神经元分别代表强集合与弱集合。

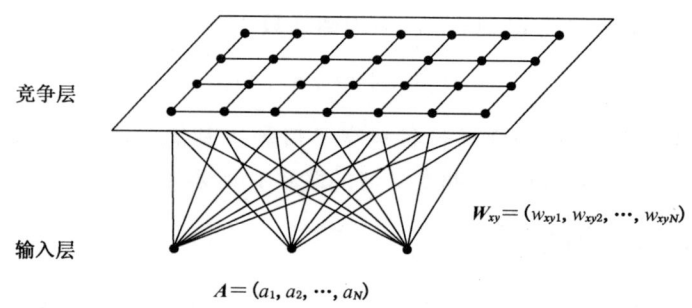

图 6-5 自组织映射神经网络结构图(以矩形网络结构为例)

2. 权重矢量更新

SOM 神经网络的聚类方法就是为每个输入层的神经元寻找对应的竞争层的神经元,通过寻找输入矢量与权重矢量的最佳匹配确定唯一的获胜神经元。一般最优匹配方式选择两者之间具有最近的欧式距离,对于每个输入的神经元,对应映射网络各单元的匹配属性值 b_{xy} 记为:

$$b_{xy}=1 \quad 如果 \ \|\boldsymbol{A}-\boldsymbol{W}_{xy}\|=\min_{\forall i,j}\{\|\boldsymbol{A}-\boldsymbol{W}_{ij}\|\}=0 \quad (6\text{-}10)$$

其中,$\|\ \|$ 表示欧式距离计算。若 $b_{xy}=1$,则在该坐标的竞争层神经元为获胜神经元。

在对神经网络的训练过程中,为了使靠近获胜神经元的邻近单元的权值向获胜单元靠近,而使远离获胜单元的神经元的权值进一步远离,需要通过竞争学习(Competitive Learning)依据输入的分布对权重矢量集合$\boldsymbol{W}_{XY}$进行不断调整。对于每个权重矢量,第t步的迭代方式如式(6-11)所示:

$$\boldsymbol{W}_{xy}^{\mathrm{T}}(t+1) = \boldsymbol{W}_{xy}^{\mathrm{T}}(t) + h_{xy,XY}(t) \parallel \boldsymbol{A}^{\mathrm{T}} - \boldsymbol{W}_{xy}^{\mathrm{T}}(t) \parallel \quad (6-11)$$

式中,$h_{xy,XY}(t)$为关于学习率的邻域函数。神经元(x,y)与获胜单元(X,Y)的距离$d_{xy,XY}$越大,则$h_{xy,XY}(t)$值越小;同时,为保证迭代运算的收敛,当$t \to \infty$时,$h_{xy,XY}(t) \to 0$,关于邻域函数的详细内容参见文献[181]。

定义竞争层强集合与弱集合神经元的权重矢量分别为$\boldsymbol{W}_1 = (w_{1CF}, w_{1IB})$和$\boldsymbol{W}_2 = (w_{2CF}, w_{2IB})$,$\boldsymbol{W}_1$表示强集合的权重矢量,$\boldsymbol{W}_2$表示弱集合的权重矢量,$\sqrt{w_{1CF}^2 + w_{1IB}^2} > \sqrt{w_{2CF}^2 + w_{2IB}^2}$。每次关联度强弱划分的权重矢量都会有所不同,随着划分次数的增加,强、弱集合的权重矢量也会愈加相似。

6.4 算例分析

6.4.1 路网描述

采用信号配时仿真软件Synchro 7中定时协调控制的示例路网作为背景路网进行分析,如图6-6所示,示例路网中共有8个交叉口,圆圈中数字为交叉口编号。

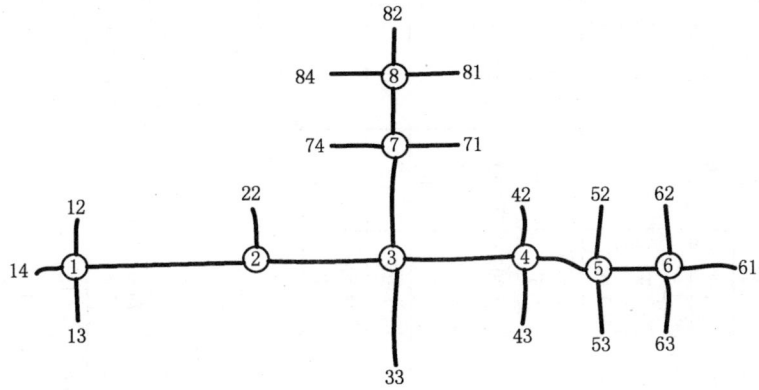

图6-6 示例路网

将交叉口群分析范围内交叉口个数的上限值M定为6,设置两套流量方案进行交叉口群范围界定。第一套方案的路段尺寸、渠化方式、速度、信号配时参数等数据均取自于Synchro 7,转向流量数据如表6-1所示。第二套方案的转向流量数据如表6-2所示,依据该流量方案对交叉口渠化方式进行调整,并采用Synchro软件对各交叉口进行信号配时优化。

表 6-1 示例路网各交叉口转向流量（方案一）

	进口道流向	L	T	R	L	T	R	L	T	R	L	T	R
			14-①			12-①			②-①			13-①	
交叉口①	流量(vph)	300	1000	100	100	200	400	200	700	100	100	400	100
			①-②			22-②			③-②				
交叉口②	流量(vph)	200	1000	—	500	—	100	—	900	200			200
			②-③			⑦-③			④-③			33-③	
交叉口③	流量(vph)	350	1000	150	100	600	250	100	700	200	150	2000	250
			③-④			42-④			⑤-④			43-④	
交叉口④	流量(vph)	50	1300	50	100	300	100	300	800	300	100	100	200
			④-⑤			52-⑤			⑥-⑤			53-⑤	
交叉口⑤	流量(vph)	100	1400	100	100	100	400	200	900	200	100	100	100
			⑤-⑥			62-⑥			61-⑥			63-⑥	
交叉口⑥	流量(vph)	100	1400	100	400	200	100	400	1200	300	100	100	100
			74-⑦			⑧-⑦			71-⑦			③-⑦	
交叉口⑦	流量(vph)	100	10	50	150	1000	50	50	100	50	100	2300	150
			84-⑧			82-⑧			81-⑧			⑦-⑧	
交叉口⑧	流量(vph)	250	300	100	100	1050	250	50	100	25	400	2000	50

表 6-2 示例路网各交叉口转向流量（方案二）

交叉口		L	T (14-①)	R	L	T (12-①)	R	L	T (②-①)	R	L	T (13-①)	R
①	进口道	L	T	R	L	T	R	L	T	R	L	T	R
①	流量(vph)	300	1300	100	200	200	400	200	750	100	100	400	100
			(①-②)			(22-②)			(③-②)				
②	进口道	L	T	R	L	T	R	L	T	R			R
②	流量(vph)	200	1400	—	500	—	100	—	950	200			1000
			(②-③)			(⑦-③)			(④-③)			(33-③)	
③	进口道	L	T	R	L	T	R	L	T	R	L	T	R
③	流量(vph)	350	1350	200	100	600	250	100	750	200	150	800	1000
			(③-④)			(42-④)			(⑤-④)			(43-④)	
④	进口道	L	T	R	L	T	R	L	T	R	L	T	R
④	流量(vph)	50	2300	100	100	300	100	300	850	300	100	100	200
			(④-⑤)			(52-⑤)			(⑥-⑤)			(53-⑤)	
⑤	进口道	L	T	R	L	T	R	L	T	R	L	T	R
⑤	流量(vph)	100	2400	100	100	100	400	200	950	200	100	200	100
			(⑤-⑥)			(62-⑥)			(61-⑥)			(63-⑥)	
⑥	进口道	L	T	R	L	T	R	L	T	R	L	T	R
⑥	流量(vph)	100	2300	200	400	200	100	400	1150	300	100	100	100
			(74-⑦)			(⑧-⑦)			(71-⑦)			(③-⑦)	
⑦	进口道	L	T	R	L	T	R	L	T	R	L	T	R
⑦	流量(vph)	100	10	150	850	50	50	100	50	100	1100	150	100
			(84-⑧)			(82-⑧)			(81-⑧)			(⑦-⑧)	
⑧	进口道	L	T	R	L	T	R	L	T	R	L	T	R
⑧	流量(vph)	250	300	100	100	900	250	50	100	25	400	800	50

6.4.2 范围界定结果比较

1. 目标交叉口选择

首先依据不同流量方案计算示例路网中 8 个交叉口的 ICU 值,计算结果如表 6-3 所示。在方案一中,交叉口③和⑦的 ICU 指标均大于 1,将具有最高 ICU 指标值的交叉口③定为目标交叉口 v_c;在方案二中,将具有最大 ICU 值的交叉口④和⑥共同定为目标交叉口 v_c。

表 6-3 示例路网各交叉口通行能力利用率 ICU 计算值

交叉口编号	①	②	③	④	⑤	⑥	⑦	⑧
方案一	0.88	0.8	1.07	0.93	0.92	0.94	1.01	0.98
方案二	1.02	0.81	0.95	1.22	1.19	1.22	0.66	0.8

2. 关联度指标计算

对连接 8 个交叉口的 7 条路段分别计算 CF 值与 IB 值,以作为 SOM 神经网络的输入指标,计算结果如表 6-4 所示。在方案一中,路段⑦-⑧具有最大的 CF 值与 IB 值,路段③-④的两个关联度度量指标值均为最小;转向流量发生改变之后,在方案二中,路段④-⑤的关联度指标值最高,路段③-④的 CF 值虽然相对最低,但 IB 值却高于路段③-⑦。

表 6-4 示例路网路段关联度指标计算值

路段编号		①-②	②-③	③-④	④-⑤	⑤-⑥	③-⑦	⑦-⑧
方案一	CF	83	86	53	94	101	94	119
	IB	50	42	34	65	53	54	71
方案二	CF	77	85	76	103	97	99	102
	IB	55	50	49	71	61	36	53

3. 关联度指标划分及范围界定结果

(1) 方案一

对背景路网采用 SOM 神经网络进行关联度强弱划分,得强集合的权重矢量 W_1 为 $[0.654, 0.596]$,弱集合的权重矢量 W_2 为 $[0, 0]$。依据式(6-10)可知,除路段③-④外,其余 6 个路段均隶属于强集合,即在 SOM 神经网络的竞争层中,有 6 条路段的输入矢量与强集合的权重矢量距离更为接近,落入强集合中;1 条路段的输入矢量与弱集合更为接近,落入弱集合中(如图 6-7 所示)。

将落入弱集合的路段③-④的协调控制属性判别值赋为 0,在原有的边集合

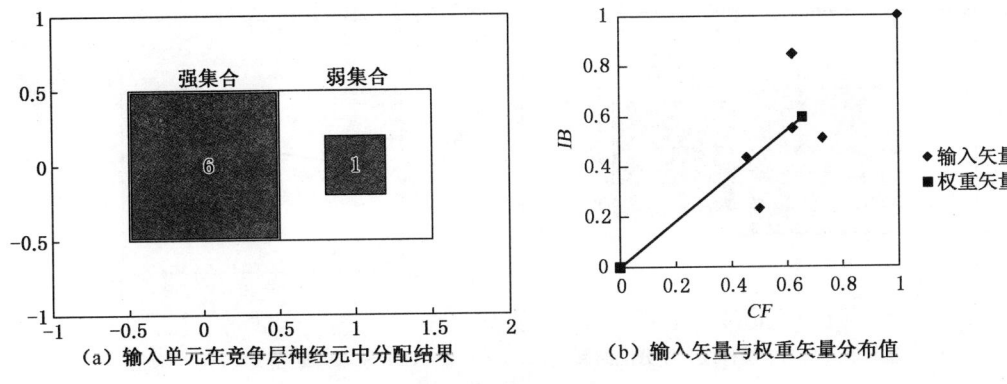

图 6-7 基于 SOM 的关联度强弱划分结果（方案一）

中去除该路段，目标交叉口③所在的连通部分构成判别网络 G'。此时，完全截集 $C_C(V_1,V_2)=\{(③,④)\}$，V_1 中交叉口个数 m 为 5，小于上限个数 6，满足交叉口群范围界定过程终止条件，故图 6-8 中虚线环绕的部分为划分所得的交叉口群范围。

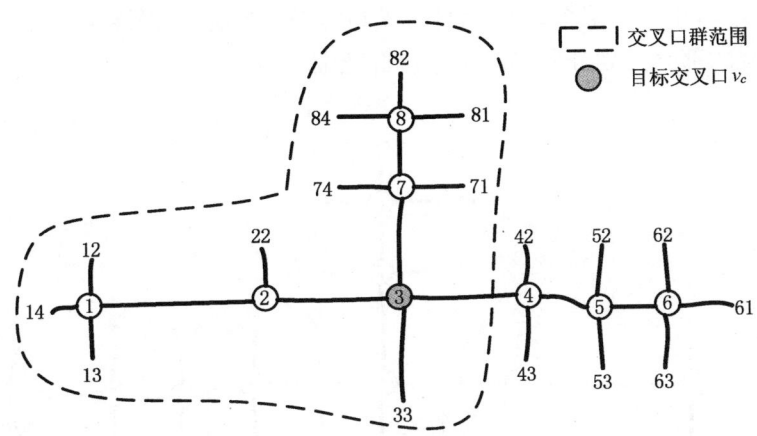

图 6-8 示例路网交叉口群范围划分结果（方案一）

（2）方案二

将背景路网的路段关联度值输入 SOM 神经网络，并对权重矢量进行迭代调整，得强集合的权重矢量 W_1 为 $[0.898,0.548]$，弱集合的权重矢量 W_2 为 $[0.123,0.422]$。计算输入矢量与权重矢量的欧式距离值，可知路段①-②、②-③、③-④的关联度值隶属于弱集合，路段④-⑤、⑤-⑥、③-⑦、⑦-⑧的关联度值隶属于强集合。输入单元在 SOM 神经网络竞争层的分配结果及输入矢量与权重矢量的分布情况如图 6-9 所示。

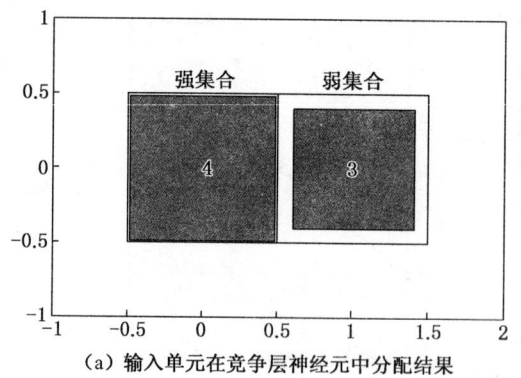
(a) 输入单元在竞争层神经元中分配结果

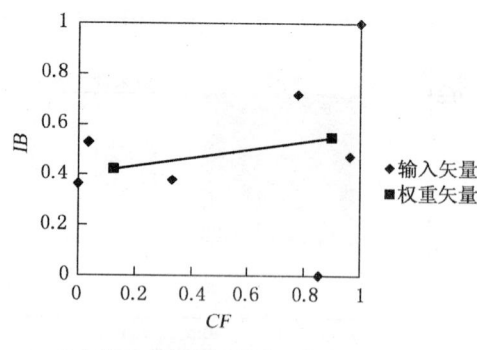
(b) 输入矢量与权重矢量分布值

图 6-9　基于 SOM 的关联度强弱划分结果（方案二）

将隶属于弱集合的路段①-②、②-③、③-④的协调控制属性判别值 C 赋为 0，对背景交通网络边集合 E 中所有元素的 C 值进行检验，去除 C 值为 0 的元素，得判别网络 $G' = \{V', E'\}$，其中 $V' = \{④, ⑤, ⑥\}$，$E' = \{(④-⑤), (⑤-⑥)\}$。完全截集 $C_c(V_1, V_2) = \{(③, ④)\}$，路段③-④的协调控制属性判别值为 0，$V_1$ 中交叉口个数 m 为 3，小于上限个数 6，满足交叉口群范围界定过程终止条件，故图 6-10 中虚线环绕的部分为划分所得的交叉口群范围。

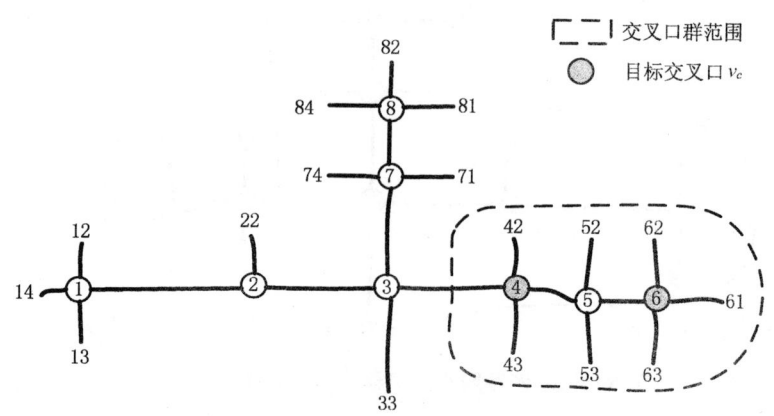

图 6-10　示例路网交叉口群范围划分结果（方案二）

6.4.3　运行效益指标比较

Synchro 7 软件使用说明中建议当 $CF > 80$ 时，交叉口需要进行协调控制以避免溢流现象的发生，当 $CF < 20$ 时可对单个交叉口采取独立控制[160]。针对方案一，在 Synchro 7 定时协调控制的原示例路网中对 8 个交叉口共同进行了信号协调

控制。在交叉口群信号协调控制范围划分以后,对交叉口群内部的交叉口统一进行信号协调控制,而对范围以外的交叉口采取独立信号控制。采用 Synchro 软件对不同协调控制方案下的背景路网交通运行效益指标进行评估,以车均延误、车均停车次数、车均停车延误为考核指标,仿真结果如图 6-11 和表 6-5 所示,路网整体交通运行效益得到明显改善。

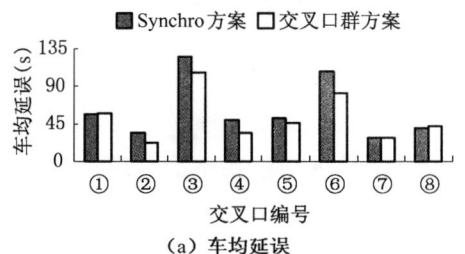
(a) 车均延误

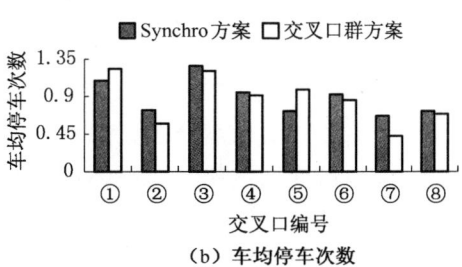
(b) 车均停车次数

图 6-11 交叉口交通运行效益指标比较(方案一)

表 6-5 背景路网交通运行效益指标比较(方案一)

	车均延误(s)	车均停车延误(s)	车均停车次数
Synchro 方案	168	139.2	2.27
交叉口群方案	145.2	118.3	2.21
降低百分比	13.6%	15.0%	2.6%

6.5 本章小结

本章讨论了交叉口群动态协调控制策略实施关键模块中范围界定模块功能实现的具体方法。借鉴区域信号协调控制中的控制子区动态划分思路,基于相邻交叉口路段之间的关联特征,选择待分析的道路网络中交通负荷最大的目标交叉口为基点,对外寻找其影响范围;以交叉口群协调控制层交叉口最大控制规模个数为约束,以协调系数(CF)与不均衡系数(IB)共同作为相邻交叉口路段关联度度量的指标值,采用自组织映射神经网络(SOM)作为路段关联度强弱划分工具,使用二分法逐步缩小其搜索范围,断开关联度较弱的路段连接,在余下的连通网络中继续分类,直到目标交叉口所在的交叉口群满足分析范围的大小为止。以某一示例路网为例,验证了在不同网络流量分布情况下交叉口群信号控制范围的动态划分过程。

第 7 章
基于阻塞流理论的交叉口群网络防阻塞运行控制

交叉口群交通网络具有整体性,如果系统结构、秩序与联系不能合理配置就不能实现其整体性,甚至可能出现整体小于部分之和的结果,协调交叉口群内部各交叉口与路段的容量匹配关系是实现系统整体性的必要条件。本章基于网络流量均衡理论与阻塞流理论,以计算机仿真实验为手段,模拟不同路径选择条件下车辆在网络中的随机流动现象,说明当网络未达到最大饱和流时阻塞流的形成原因,由此提出网络最小流与最大流的控制策略。

7.1 交通网络流量均衡理论概述

7.1.1 交通网络流问题

城市交通网络系统具有较高的开放性,使用该系统的任意一个用户在一般情况下都可以无需事先申请或约定而随时随地地进入系统,因此城市交通网络流量的分布具有随机性。交通需求的随机性反映在两个方面:一是进入系统的服务对象,其进入地点、时间、方式以及进入系统的持续时间都是随机的,无法事先预知;二是影响交通系统自身运行状况的某些外部因素,如天气、突发时间等,其介入也都是随机的。交叉口群中每个路段与交叉口的地位和作用(其路网容量和所应承担的交通量)都由整个交通系统决定。想要从根本上缓解交通拥堵,必须对整个交通系统进行分析,从系统中找到各部件所应承担的作用,设法使交通负荷的不均匀分布变成均衡分布,从而实现整个交通系统的畅通,从系统上解决交通拥堵[182]。

给定某种出行方式的分布矩阵,按照某种路径选择原则,将出行需求分配到交通网络中的各条道路上,得到路径流量、路段流量和交叉口转向流量,即为固定需求下的交通网络流问题。交通网络要素的流量及相关特性指标是交通规划、管理和控制的主要依据。固定需求下交通网络流问题的输入包括:①出行需求的分布矩阵;②交通网络的拓扑关系;③路段特性函数。而交通网络流问题的输出包括网络要素的流量和费用。

交通网络流包括交通流量分配和需求矩阵估计两个互补问题。图 7-1 直观地表明,只要把输入变量和输出变量相互置换,问题就转化成反向问题。其中,交通流量分配是交通网络流的正向问题,在已知交通需求空间分布量的前提下,按照网络用户的路径选择机理,寻找需求在交通网络上的最优配置;需求矩阵估计是交通网络流的逆向问题,在已知网络要素流量的前提下,按照网络用户的路径选择机理,寻找交通需求在区域空间上的分布。

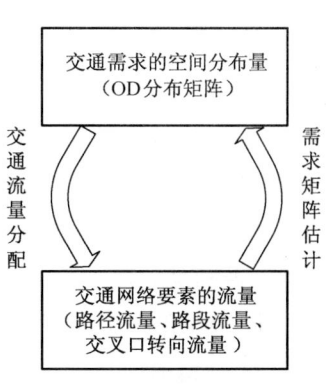

图 7-1 交通流量分配和需求估计

在交通网络流问题中,如果以交通网络的拓扑结构为输出变量,则这样的交通网络流问题就演化成交通网络设计问题;如果在已有的交通网络基础上,研究车道容量分配,则交通网络流问题就进一步演化成道路交通组织优化问题。在交叉口群交通动态协调控制问题中,两者均有涉及,本章关注交叉口群交通网络的设计问题,第 8 章、第 9 章更侧重于道路交通组织优化问题。

7.1.2 用户均衡与系统最优

交通网络流建模的核心是网络用户的路径选择机理。网络用户即为使用交通网络的出行者,可能是人、机动车、公交车等。当网络用户面临多个选择权时,有两个被广泛认可的选择原则,即 Wardrop 第一原则和第二原则。Wardrop 第一原则认为,所有出行者独立地做出令自己旅行时间最小的决策,结果形成这样的网络流状态:在相同 OD 对之间,所有使用路径的旅行时间相等并且最小,所有未被使用路径的旅行时间大于或等于使用路径的旅行时间。满足 Wardrop 第一原则的交通网络流状态,通常称为用户均衡(User Equilibrium,简称 UE)。在用户均衡状态下,没有用户能够通过单方面的路径变更行为来减少自己的旅行时间。Wardrop 第二原则认为所有出行者遵循"网络总旅行时间最小化"的目标来选择路径。就好像有一个中央调度中心协调所有出行者的路径选择行为,所有出行者服从中央调度中心的指挥,结果形成网络总旅行时间最小的网络流状态。满足 Wardrop 第二原则的交通网络流状态通常称为系统最优(System Optimal,简称 SO),在系统最优状态下,交通网络资源得到最优利用,交通网络效益得到最大限度发挥。

以下采用博弈均衡理论对 UE 和 SO 问题作进一步分析。博弈均衡理论是近五六十年来蓬勃发展的新理论。目前,该理论广泛应用于经济学、政治学、人类学、社会学甚至遗传学等各个领域。博弈的划分可以从两个角度进行。第一个角度是参与者行动的先后顺序。从这个角度博弈可以分为静态博弈和动态博弈。静态博弈指的是博弈中参与者同时选择行动或虽非同时但后行动者并不知道前行动者采取了什么具体行动；动态博弈论是指参与者的行动有先后顺序，而且后行动者能够观察到先行动者所选择的行动。另外一个角度的划分则是参与者对有关其他参与者（对手）的特征、战略空间及支付函数的了解程度。从这个角度，博弈可以划分为完全信息博弈和不完全信息博弈。完全信息博弈指的是每一个参与者对所有其他参与者（对手）的特征、战略空间及支付函数有准确的了解；否则就是不完全信息博弈。将上述两个角度的划分结合起来，就得到了四种不同类型的博弈：完全信息静态博弈、不完全信息静态博弈、完全信息动态博弈以及不完全信息动态博弈。

  人、车、路和环境构成了道路交通系统的四大组成元素，而人即出行者是交通系统中的主体。对于出行者来说，每个出行者都希望选择经济又快速的路径，而随着某一路段的流量逐渐增加，有经验的出行者就会重新搜索路径，选择当前既经济又快速的路径，而每个出行者都不知道其他出行者的具体行动，所以这种出行者之间的博弈属于不完全信息静态博弈。为了将问题简化，首先假定每个出行者总是期望从起点到讫点之间的阻抗最小（这个假定并不意味着所有的出行者都会选择同一条路径），且每个出行者都掌握了全部的信息，也就是说每个出行者掌握每一条可选路径的旅行时间，当所有出行者都不可能单方面通过改变路径来减少自己的阻抗时，便达到了一种稳态，这就是 UE 问题的特征，这样的博弈属于完全信息静态博弈。在用户均衡状态中，认为每个出行者的出行行为都是相互独立的，这样就保证了这种状态的稳定性，即不存在其他力量改变这种稳定状态。

  在用户均衡中每个出行者都只从自身利益出发去寻找使自己的阻抗最小的路径，出行者之间互不协商，经过不断的系统内部调整后达到一个均衡状态。接下来将从管理者的角度出发，分析管理者与出行者之间的博弈过程，并引出 SO 问题。在交通系统中，管理者的目标是使交通网络中所有车辆的总旅行时间最小，而交通网络中"流动"的是出行者，交通网络的总延误是由出行者的行为决定的，因此管理者需要预测出行者的路径选择策略；出行者在进行决策时需要预知各路段的阻抗，并能选择能够使系统总旅行时间最小的路径，这就是管理者与出行者之间的博弈。系统最优假设出行者能够完全接受管理者的统一调度，且两者的共同目的都是使系统的总旅行时间最小，同时假定管理者和出行者对自己及对方的策略空间等都有完全的了解，则由对博弈的分类规则可知，管理者和出行者之间的博弈属于完全信息静态博弈。

  总结而言，对于出行者之间的博弈，出行者的一个重要的行为特征就是选择阻抗最小的路径，若出行者能够估计所有路段的阻抗值，最终会达到一个稳定状态，也就是用户平衡（UE）状态；对于管理者与出行者之间的博弈，假设两者的共同目标都是为了使整个交通系统的总旅行时间最小,并且出行者服从管理者的统一调度,最终将达到一个系统最优(SO)状态。

7.2 阻塞流理论基础

现实网络中每条弧段与每个节点通常都有容量限制,需要获悉在一个有容量限制的网络中两个指定节点(源点与汇点)之间传输的最大流值。实现网络的最大流是交叉口群的最优运行状态,但网络的最大流事实上是网络中流动车辆的一个特殊的最优分布,每个流动车辆必须按指定路径行驶,否则就会达不到最大流值。但这种理想状况在实际生活中并不可能发生,车辆在交叉口群交通网络中流动的主要特点是每个流动单元都是流动的主体,车辆的流动方向具有随机性。出行者总是试图选择从起点到终点之间出行成本最低的线路,但由于多种不确定因素,出行者不能完全准确地估计其出行成本,由此出行者路径的选择行为具有随机性。假设车辆流动都具有行为的不可逆行性(车辆在路段中的运动只能前进,不能后退),当交叉口群网络的结构具有产生阻塞的条件时,阻塞现象就有可能发生,这时在网络中就产生了阻塞流动。

在现实生活中随着通信、交通、运输等网络中阻塞问题的日益严重,有关网络中流量阻塞问题的研究也日益得到关注,阻塞流理论即是以解决这些问题为目的而构建的。网络中由于个体的随机流动,造成网络的阻塞,或使得网络流通的可靠性降低,此类不确定性、多值性的网络流量特点是阻塞流理论重点研究的对象。定义可行流是指网络 $N=(V,A)$ 中满足下面条件的流动[183]:

(1) 对网络中的每条弧有 $f_{ij} \leqslant C_{ij}$,其中,f_{ij} 表示弧段流量,C_{ij} 表示弧段容量;

(2) 对网络始点 s 和终点 t 有:

$$\sum_i f_{ji} - \sum_i f_{ij} = F, v_j = v_s$$
$$\sum_i f_{ji} - \sum_i f_{ij} = -F, v_j = v_t$$
(7-1)

(3) 对网络中的每个中间顶点有

$$\sum_i f_{ji} - \sum_i f_{ij} = 0, v_j \neq v_s, v_j \neq v_t$$
(7-2)

正向增广路是一条从网络始点 s 到终点 t 的可以增加流量的路,路上的每条弧具有与流动一致的方向;当网络中不存在对于某可行流 ξ 的增广路时,则称可行流 ξ 为网络的饱和流;流出网络起点的弧的容量之和称为网络的入口流量;如果网络饱和流 ξ 的流量小于网络的入口流量,则称该网络的饱和流 ξ 为阻塞流[184]。

以图 7-2 中的 T 型交叉口 C3 为例，采用对偶图法对网络进行转换表达（转换方法见第 3 章）以后，在网络外增加两个虚结点，增设若干条虚边。两个虚结点分别作为车流输入的起点和车流输出的终点，虚边是作为虚结点和实际结点的连接线，弧旁的数字为流量/容量，由此形成一个带收发点的网络，在此网络上对阻塞流动进行分析。假设以 veh/min 为单位，当从 s 点进入网络的流量为 60 veh/min，并且三个进口道 6 条流向的流量均为 10 veh/min 时，达到了最大流（图 7-3(a)）。但在

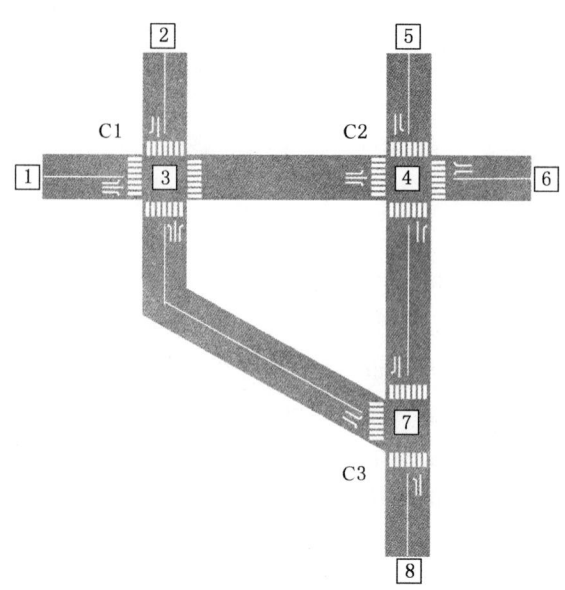

图 7-2　示例交叉口群

实际流动中，由于不同流向流量不一定相同，有可能发生如下情况：如图 7-3(b) 所示，进入结点 37 的车辆中有 15 veh 进入弧段(37,74)，如果来自该弧段的车流强行进入弧段(74,t)，那么弧段(s,87)和弧段(87,74)的流动就被阻塞了，这时通过网络的总流量只有 55 veh。在最坏的情况下进入结点 47 的车流全部强行进入弧段(73,t)，进入结点 37 的车流全部强行进入弧段(74,t)，通过网络的总流量只有 40 veh（图 7-3(c)）。后两种情况下的流量是该网络在一定情况下（阻塞情况下）的极值流，即在不加任何干涉条件下该网络中的流动达到了饱和，不可能再增加流量。定义其为网络的极值流或阻塞流，具有最大流值的阻塞流即是网络的最大流，与经典网络流理论中的最大流是相同的概念，而具有最小流值的阻塞流（即最严重阻塞情况下的极值流）则定义为网络的最小流，在经典网络流理论中无法表达。

在实际的交叉口群交通网络中，人是运动的主体。假设他们在网络中的流动方向是随机的,这意味着流通网络中的任一流动单元在任一具有多个流通线路的交叉口路口方向选择是随机的。由于流动单元流动的随机性和网络结构中阻塞点的存在，网络中会出现多种饱和状态。网络中流量为最大饱和流时，网络中没有阻塞或者阻塞最小，反映了起讫点对之间的最大通行能力；而网络中流量为最小饱和流时，网络阻塞最严重，反映了起讫点对之间的最小通行能力。需要基于随机流动网络中随机流动的特点，利用随机流动仿真实验或者长期实地观测数据得出不同饱和流情况下网络中各弧段及相应的概率分布值，从而对交叉口群交通网络进行

改造和优化。下节将采用计算机仿真实验,通过流通性能指标对不同路径选择条件下网络的随机流动现象进行分析。

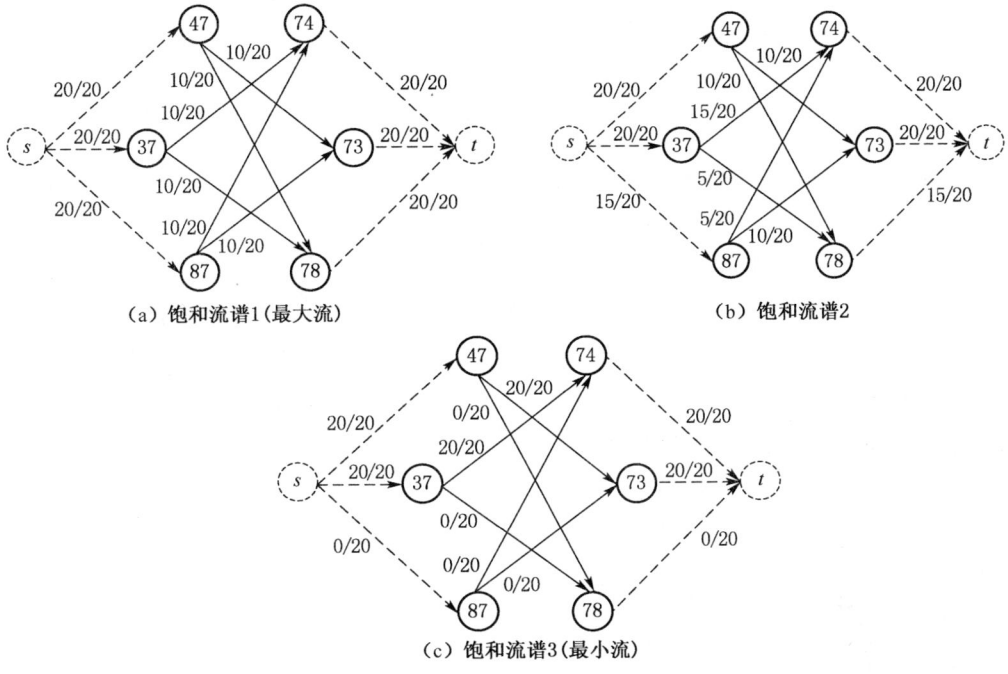

图 7-3　交叉口网络中的阻塞流动现象

7.3　不同路径选择情形下的网络随机流动仿真实验

7.3.1　仿真方案设计

1. 仿真方案

图 7-4(a)为一个包含 6 个结点的交通网络,设每个弧上的数字为(f_{ij}/C_{ij},b_{ij}),b_{ij}代表通过该弧所需要的时间。用 Ford-Fulkerson[168]标号法计算出该网络

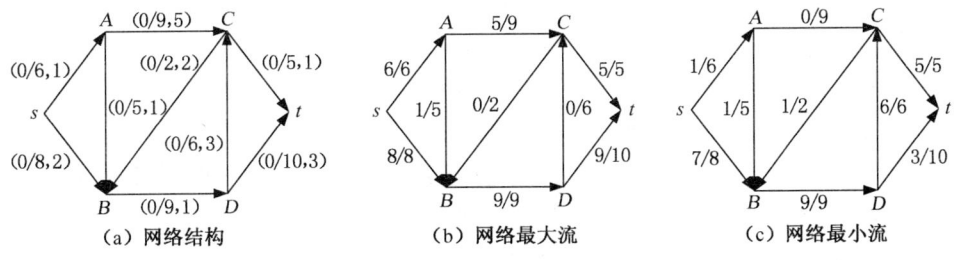

图 7-4　6 结点网络

的最大流为14(图7-4(b)),用双向增流法[185]计算出该网络的最小流为8,最小流的流谱如图7-4(c)所示。

依据网络路径寻迹法,从网络始点 s 至终点 t 共存在6条路径,分别为:

(1) $l_1: s \to A \to B \to D \to t$;

(2) $l_2: s \to A \to B \to D \to C \to t$;

(3) $l_3: s \to A \to C \to t$;

(4) $l_4: s \to A \to C \to B \to D \to t$;

(5) $l_5: s \to B \to D \to t$;

(6) $l_6: s \to B \to D \to C \to t$。

用户在选择自己的行驶路线时受起讫点、路况、出行习惯等诸多因素的影响,对不同路径的选择概率会影响网络的饱和流值及其概率分布。设置五种情景对网络中个体单元的随机流动现象进行仿真,记录给定仿真次数内饱和流值及各值出现的次数,求出网络中相对应的各饱和流的概率分布并进行对比分析。

(1) 情景1:等概率选择路径

用户在网络的起点选择任意一条路径到达网络的终点,不同路径的选择概率相等。

(2) 情景2:路径选择受通过结点数影响

用户偏好于选择通过结点数(交叉口个数)最少的路径,即路径的被选择概率由自身所包含的结点数决定,各条路径通过的结点数如表7-1所示。

表7-1 不同路径通过结点数

路径编号	l_1	l_2	l_3	l_4	l_5	l_6
通过结点数	3	4	2	4	2	3

(3) 情景3:路径选择受行程时间影响

用户偏好于选择总行程时间最短的路径通过该交通网络,路径的总行程时间越长,路径被选择的概率越低,各条路径的行程时间如表7-2所示。

表7-2 不同路径的行程时间

路径编号	l_1	l_2	l_3	l_4	l_5	l_6
行程时间	6	5	7	12	6	5

(4) 情景4:路径选择受瓶颈弧段的影响

一条路径中容量最低的弧段决定了整条路径的通过能力,瓶颈路段流量值的高低影响用户路径的选择,路径整体通过能力越高,被选择的可能性越大,表7-3列出了各条路径的瓶颈弧段及其容量值。

表 7-3　不同路径的瓶颈弧段及其容量值

路径编号	l_1	l_2	l_3	l_4	l_5	l_6
瓶颈弧段编号	$A{\to}B$	$A{\to}B$、$C{\to}t$	$C{\to}t$	$C{\to}B$	$s{\to}B$	$C{\to}t$
瓶颈容量	5	5	5	2	8	5

(5) 情景 5:路径选择受出行目的地影响

定义用户出行的起点为与网络始点 s 最邻近的结点,用户出行的终点为与网络终点 t 最邻近的结点,不同起讫点对的流量分布也会影响网络的饱和流量。根据用户需求假设选择不同路径的比例已知,如表 7-4 所示,其中,以结点 C 为目的地的用户占网络中用户总量的 70%,其余 30% 选择结点 D 作为目的地。

表 7-4　不同路径的选择比例

路径编号	l_1	l_2	l_3	l_4	l_5	l_6
目的地	D	C	C	D	D	C
比例	10%	15%	15%	10%	10%	40%

对上述 5 种情景中与选择概率相关的参数进行标准化处理,计算不同路径的选择概率值如表 7-5 所示。

表 7-5　不同路径的选择概率

路径编号		l_1	l_2	l_3	l_4	l_5	l_6
选择概率	情景 1	0.167	0.167	0.167	0.167	0.167	0.167
	情景 2	0.167	0.033	0.300	0.033	0.300	0.167
	情景 3	0.190	0.217	0.162	0.024	0.190	0.217
	情景 4	0.167	0.167	0.167	0.033	0.300	0.167
	情景 5	0.100	0.150	0.150	0.100	0.100	0.400

2. 仿真流程

基于不同的路径选择方式,利用蒙特卡罗(Monte-Carlo)方法应用随机数进行模拟实验,通过对样本的统计观测分析交通网络在不同情景下的流量分布。选用 Matlab 语言编制仿真程序,程序流程图如图 7-5 所示。

步骤 0:对给定的交通网络模型进行流量初始化(即令网络中每条弧中的流量为 0)。

步骤 1:依据路径的被选择概率随机生成一条从网络始点 s 到终点 t 的路径。

步骤 2:判断沿此路径是否存在一条正向增广路。若存在,转向步骤 3;若不存在,则选择与该路径起讫点相一致的备选路径,选择概率较大者再次执行步骤 2,若不存在备选路径,返回步骤 1。

步骤3：在这条正向增广路上增加一个单位的流量，形成新的可行流，判断是否达到网络的饱和流。若达到，执行步骤4；若未达到，返回步骤1。

步骤4：判断是否达到预定的仿真次数。若达到，结束仿真过程；若未达到，返回步骤0。

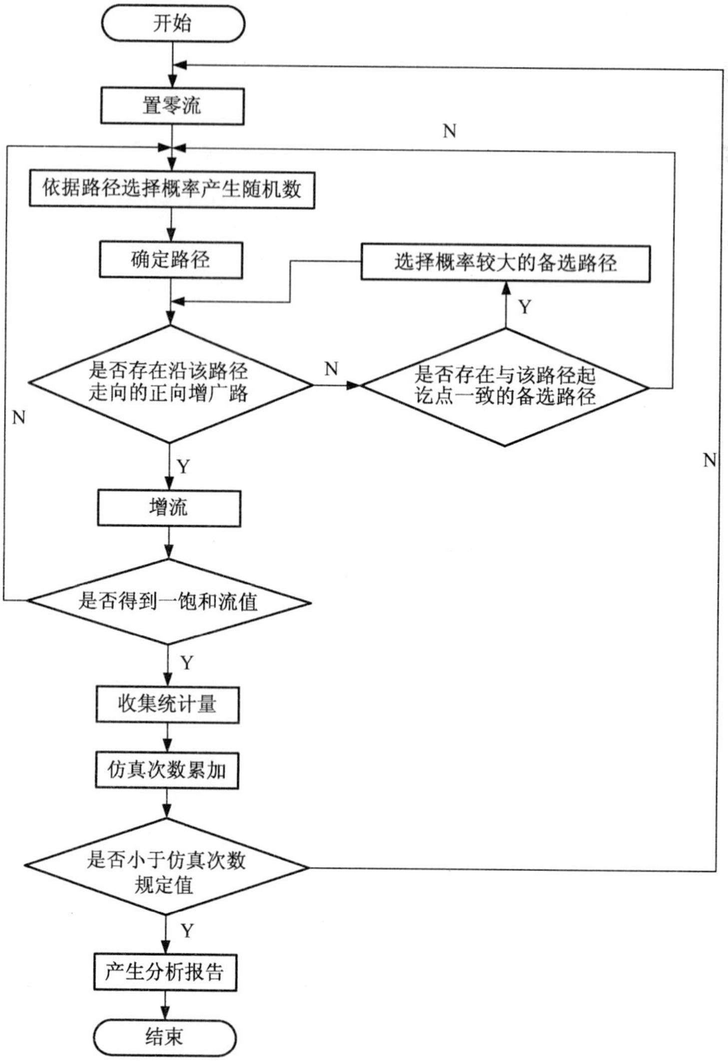

图 7-5　仿真流程图

3. 随机数生成

采用蒙特卡罗方法进行模拟一方面要设计一个逻辑框图，反映系统各部分运行时的逻辑关系，另一方面要研究随机现象的模拟，即研究具有各种概率分布的模拟随机数的产生方法。为了依据路径的选择概率产生具有一定分布的随机数，采用如图 7-6 所示的程序。首先选择一个等概率密度随机数发生器，Matlab 程序有自带的随机数生成函数，产生 0~1 之间等概率密度分布的随机数，使用时直接调用即可；将此 0~1 间的随机数进行一定的数字转换即可获得所要求的随机数。

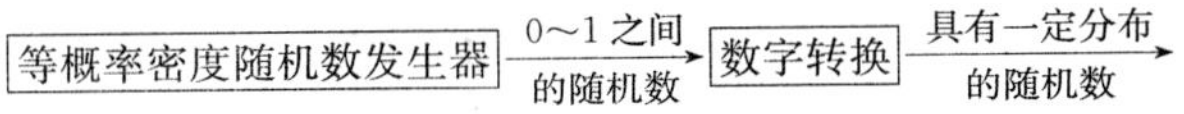

等概率密度随机数发生器 →(0~1 之间的随机数)→ 数字转换 →(具有一定分布的随机数)

图 7-6 随机数的产生[186]

研究采用逆转换法进行数字转换，该方法通过求概率的逆函数从而产生随机数。因累积概率分布函数 $F(x)$ 为定义在 $[0,1]$ 区间的单调递增函数，设 R 为区间 $[0,1]$ 的均匀随机变量，令 $F(x)=R$，只要求出逆函数 $x=F^{-1}(R)$，x 即为具有累积概率分布函数 $F(x)$ 的随机数。为生成表示路径选择的离散分布随机数，以情景 5 的路径选择概率为例，如图 7-7 所示，若等概率密度发生器产生了某一数 $R=0.55$，在图 7-7 的纵轴上找到 0.55，根据累积概率分布曲线即可找到随机生成的路径为 l_5。

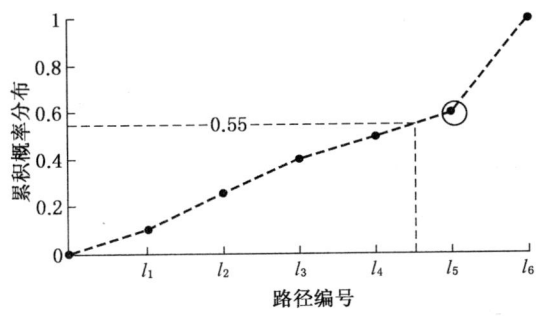

图 7-7 情景 5 随机数生成示例

7.3.2 流通性能指标

1. 网络期望饱和流值

网络期望流通能力反映网络的概率平均流通能力的大小，定义网络期望饱和流值为：

$$E(f) = \sum_{i=0}^{n} f(i) p(i) \tag{7-3}$$

式中：$E(f)$——网络期望饱和流值；

$f(i)$——不同饱和流值；

$p(i)$——不同饱和流值出现的概率;

n——随机饱和流的状态数(即不同饱和流值的数目)。

2. 网络流通性能指数

网络期望流通能力与网络最大流之比称为网络流通性能指数。设流通性能指数用 $F.I$ 表示,最大流用 $f(0)$ 表示,则

$$F.I = E(f)/f(0) \qquad (7-4)$$

$F.I$ 的值越大,网络的流通性能越好,网络出现阻塞的可能性较小或阻塞程度较轻。$F.I = 1$ 是最好的情况,$F.I = 1$ 的网络称为理想网络,没有阻塞发生。

3. 随机饱和流的偏方差

在分析网络的流通能力时,不仅要考虑其期望值,还要考虑饱和流值与期望值的偏离程度,尤其要考虑小于期望值的饱和流值与期望值的偏离程度。定义随机饱和流的偏方差是指小于期望值的饱和流值与其数学期望的偏离程度,即

$$D^-(f) = \sum_{i=1}^{n_1} \{[f(i) - E(f)]^2 p(i)\}, \qquad f(i) < E(f) \qquad (7-5)$$

式中:n_1——比期望值小的饱和流值的数目。

该偏离程度越小,表示网络的稳定性越好,反之,稳定性越差,偏离程度为零的饱和流分布稳定性最强。

7.3.3 仿真结果分析

对图 7-3 所示的网络在五种情景下进行的仿真实验(各 1 000 次)结果如表 7-6、表 7-7、表 7-8 和图 7-8、图 7-9 所示。

1. 网络饱和流仿真结果分析

(1) 在五种情景下进行流量仿真,网络的最大流 14 或最小流饱和流值 8 出现的次数并不多,因此在对交通网络进行设计与优化时,不应片面地仅从增加最大流和最小饱和流的角度改造网络,而应考虑到饱和流随机变量的多值分布现象。

(2) 五种情景下饱和流流值大小分布保持连续,即在最大流与最小流之间的各个整数的流量均存在,只是各流值的概率分布不同,以流量值为 10 和 11 的情况分布最多,与网络期望饱和流值计算结果相一致。饱和流的期望流通值是反映饱和流统计规律的一个基本数字特征,基于期望流通值的网络改造更为符合实际。

表 7-6　6 结点网络饱和流仿真结果

	i	0	1	2	3	4	5	6
	$f(i)$	14	13	12	11	10	9	8
$p(i)$	情景 1	0.1%	1.8%	11.1%	31.2%	41.4%	14.4%	0.0%
	情景 2	2.5%	22.2%	39.1%	27.5%	8.0%	0.7%	0.0%
	情景 3	0.0%	1.4%	9.5%	29.4%	43.5%	16.2%	0.0%
	情景 4	0.4%	4.0%	17.7%	38.1%	30.7%	9.1%	0.0%
	情景 5	0.0%	0.1%	2.9%	22.4%	43.9%	29.9%	0.8%

(3) 五种情景下三项评估指标的数值大小关系如下：

① 网络期望饱和流值的大小关系为 $E_2(f) > E_4(f) > E_1(f) > E_3(f) > E_5(f)$；

② 网络流通性能指数的大小关系与期望饱和流值的排序相一致；

③ 饱和流的偏方差值的大小关系满足 $D_5^-(f) < D_3^-(f) < D_1^-(f) < D_4^-(f) < D_2^-(f)$。

虽然情景 2 的网络期望流通值最大，但网络稳定性最差。

表 7-7　网络流通性能指标比较

	情景 1	情景 2	情景 3	情景 4	情景 5
$E(f)$	10.448	11.816	10.364	10.780	9.970
$F.I$	0.746	0.844	0.740	0.770	0.712
$D^-(f)$	0.385	0.502	0.359	0.475	0.312

(4) 五种情景下仿真结果的流量分布并不一致。情景 1 与情景 3 的饱和流量概率分布图较为相似，以饱和流值为 10 所占比例最多，11 所占比例次之，表现出中间饱和流出现的概率偏大，两边的饱和流出现的概率偏小；在情景 2 中，饱和流值集中分布在 11~13 较大的饱和流值范围内，占总比例的 88.8%；在情景 4 中，饱和流值 10 和 11 的概率分布值最大，而太大或太小的饱和流出现次数较少；在情景 5 中，9~11 较小的饱和流值范围内出现的次数最多，占总比例的 96.2%。

2. 弧段饱和度仿真结果分析

(1) 在五种情景下，弧段 $s \to A$、$B \to D$ 和 $C \to t$ 的流通性能指数都很高，即流动单元很容易往这些弧段流动，一旦这些弧段被切断，将大大影响网络的流通能力。而其他弧段则因为仿真的情景设置不同，流通性能指数也会有所波动，以弧段 $C \to B$ 最为明显，在情景 1 中，由于路径被等概率选择，1/6 的车辆会选择包含弧段 $C \to B$ 的路径 l_4，但对于情景 2，l_4 所途经的中途结点数较多，在情景 3 中路径的总行程

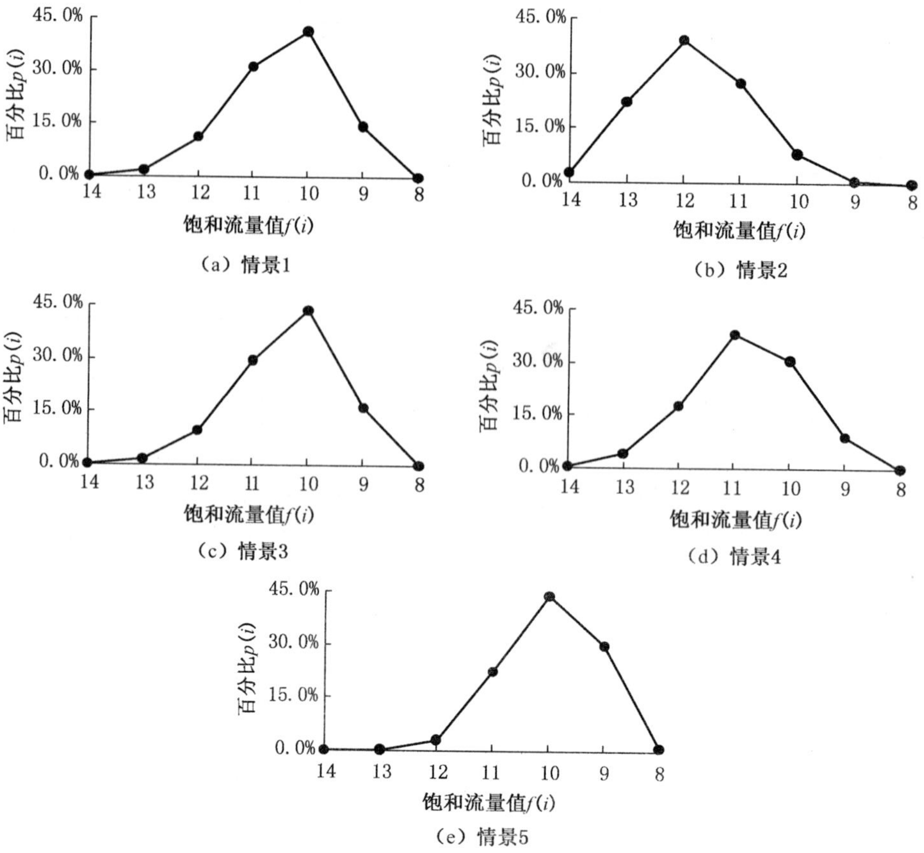

(a) 情景1

(b) 情景2

(c) 情景3

(d) 情景4

(e) 情景5

图 7-8 流量分布图

时间过长,且瓶颈弧段通行能力仅为 2,影响了路径 l_4 被选择的概率;在情景 5 中,由于大量车辆汇入结点 C,而弧段 $C \rightarrow t$ 无法消化所有车辆,所以部分车辆被迫转入 $C \rightarrow B$,提高了其流通能力。

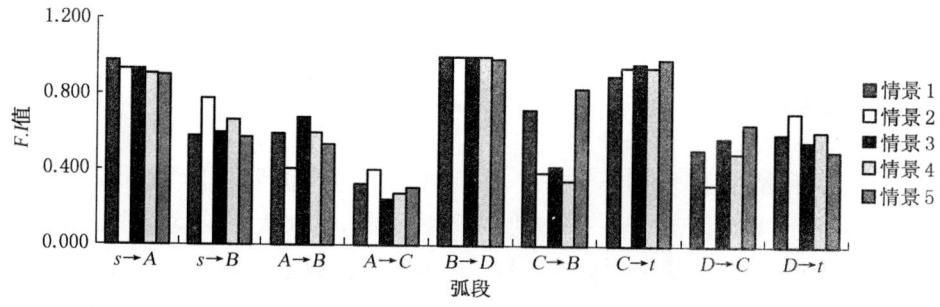

图 7-9 弧段流通性能指数比较

表 7-8　弧段流通性能指数比较

	弧段	$s \to A$	$s \to B$	$A \to B$	$A \to C$	$B \to D$	$C \to B$	$C \to t$	$D \to C$	$D \to t$	平均
F.I	情景 1	0.974	0.576	0.591	0.321	1.000	0.720	0.899	0.508	0.595	0.687
	情景 2	0.935	0.776	0.404	0.399	1.000	0.388	0.948	0.321	0.708	0.653
	情景 3	0.932	0.596	0.677	0.246	0.999	0.418	0.964	0.574	0.554	0.662
	情景 4	0.910	0.665	0.599	0.274	1.000	0.344	0.943	0.489	0.606	0.648
	情景 5	0.902	0.570	0.537	0.303	0.991	0.835	0.989	0.649	0.502	0.697
	平均	0.931	0.636	0.561	0.309	0.998	0.541	0.949	0.508	0.593	—

（2）在情景 1 中，由于路径被等概率选择，弧段在 6 条路径中的被使用次数、弧段容量决定了弧段的流通性能指数。5 条路段需要经过弧段 $B \to D$，其流通性能指数最高；1 条路径需要经过弧段 $C \to B$，但因为其容量值为 2，很容易就达到饱和状态。

（3）在情景 2 中，路径 l_3 和路径 l_5 途经的中途结点数最少，所以未被上述两条路径使用的弧段 $A \to B$、$D \to C$ 和 $C \to B$ 流通性能指数较低。若所有用户选择路径 l_3 或路径 l_5 通过网络，则网络的最大流与最小流均为 13。在情景 2 中，受少量选择其他路径的车辆干扰，网络期望饱和流值略有折减，但在五种情景下期望饱和流值仍居于首位。

（4）在情景 3 中，弧段 $A \to C$ 行程时间最长，流通性能指数也最低。若仅保留行程时间最短的路径 l_2 和 l_6，关闭弧段 $A \to C$ 和 $C \to B$，网络流量由弧段 $B \to D$ 决定，数值为 9，在情景 3 中有少量车辆选择其他路径，所以网络期望饱和流值在 10 左右。

（5）对于情景 4，路径 l_4 中弧段 $C \to B$ 的瓶颈影响最大，若关闭弧段 $C \to B$，网络的最小流为 9，最大流保持不变为 14。在情景 4 的仿真运行过程中，选择路径 l_4 的概率最小，仅为 0.033，网络的最小流值得到提高，与情景 1 相比，网络期望饱和流值得到提高。

（6）情景 5 的弧段平均流通性能指数最大，但如表 7-7 所示，其网络流通性能指数却最小，大量车流从来路径 l_2、l_3 和 l_6 汇入结点 C，使弧段 $A \to B$ 和 $D \to C$ 的负荷提高，但受弧段 $C \to T$ 容量制约，在其饱和之后试图汇入结点 C 的车辆只能被拒绝，致使网络期望饱和流值降低。

通过交通网络随机流仿真实验可得出如下结论：①对于一个具体的交通网络，其网络的最大流值与最小流值由网络固有属性所决定，且有不同的分布流谱；②对于每个出行者而言，只关心由出行起讫点所决定的路径选择，个体最优的选择原则下网络流量常达不到最大值而产生阻塞；③不同的路径选择方法导致网络中的随机饱和流的分布、饱和流的稳定性不尽相同，进行网络改造或路径诱导时应尽可能提高网络的期望饱和流值;④网络中弧段的平均负荷越大,并不意味着网络流通性能越好。上述结论说明了在以用户平衡(UE)为目标的规划中,每位出行者只从自身的利益出发寻找最小阻抗的路径,相互之间互不协商,经过不断的系统内部调整后达到一个平衡状态,即 UE 状态,但这个状态并不一定是系统运行的最优状态。出行者没有考虑到自己的决定将对网络的总阻抗带来何种影响,致使达到平衡状态时网络总阻抗反而增加。在交叉口群控制中,决策者掌握着较为全面的信息,掌控着交通管控权,更有利于制定和实施以系统最优(SO)为目标的交通管控方案,缓解交通拥堵状况,避免 Braess 诡异现象的出现。

7.4 最小流控制策略

7.4.1 控制原理

在交叉口群交通网络设计中,一方面要满足交通流量的要求,另一方面要尽量减少阻塞的发生,因此网络最大流和网络最小流是设计交通网络时的两个重要参数。在过去的设计中往往只重视网络最大流而忽视最小流,因而设计好的交通网络在实际运行中往往达不到最大流量的要求。

网络运行中的最小流控制是在不改变每个弧段容量的情况下,通过改变网络的结构(如关闭某些弧段),防止或减少阻塞的发生,使网络的最小流尽可能地提高。根据网络结构改变方式的不同,将最小流控制分为两种:第一种最小流控制是在改变网络结构后,最终得到的新网络的最大流与最小流相当,称其为防阻塞控制,在这种模式控制下,对大部分网络而言,网络结构改变后,最大流可能会小于结构改变前的最大流;第二种最小流控制则是在改变网络结构时,不使新网络的最大流减少而尽可能提高网络的最小流。

1. 第一种最小流控制——防阻塞控制

实现防阻塞的最小流控制的具体做法是:首先用双向增流算法(或图单纯形法)[185]计算出网络的最小流,然后根据最小流得到最大阻塞截面,关闭相应最大阻塞截面上的所有反向弧,重新用双向增流法计算新网络的最小流,关闭最大阻塞截面上的所有反向弧……如此反复,这一过程一直进行到找不到阻塞截面,即网络的最大流可能小于或者等于原来网络的最大流,但最小流一定大于原来网络的最小流。

上述控制过程中的关键在于怎样根据最小流来得到相应的最大阻塞截面。根据阻塞截面的定义:对于饱和流 ξ,设 $\overline{V_s}$ 是与始点 s 有正向增广路相通的点集($s \in \overline{V_s}, t \in \overline{V_t}$),$\overline{V_t}$ 是与始点 s 没有正向增广路相通的点集。如果点集中除始点 s 之外不是空集,则称完全截集 $CC(\overline{V_s}, \overline{V_t})$ 为阻塞截面。$CC(\overline{V_s}, \overline{V_t}) = \{(i,j)\}$,其中,

$\{i \in \overline{V_s}, j \in \overline{V_t}\} \cup \{i \in \overline{V_s}, j \in \overline{V_t}\}$，于是寻找最小流上的阻塞截面问题就转化为怎样寻找正向增广路的问题。只要对网络上除源点和汇点外的每个点，寻找以该点为汇点、网络源点为源点的正向增广路，就能得到网络最小流上的最大阻塞截面。

当第一种最小流控制结束后，网络的最大流与最小流相等时，网络尽管不存在阻塞截面，也就是说从最大程度上消除了发生阻塞的可能，但并不是说，网络中一定就不会发生阻塞。因为结构改变后，网络中可能存在一些具有负容差的节点（所谓容差，是指所有以某一节点为始点的有向弧的容量总和与所有以该节点为终点的有向弧的容量总和之差）。在这些节点处，只要进入该点的流量总和大于该点所有出弧的容量之和，网络在该节点处就会发生局部的、暂时的阻塞。但是这种阻塞与因为流量经过了阻塞截面而造成的阻塞是不一样的。后者一旦发生，整个网络的流量尽管也能自行调整，但往往达不到最大流，网络的流通能力因而小于网络的实际最大通行能力。而前者发生后，阻塞往往只是局部的、暂时的，网络能够进行自行调整而重新达到最大通行能力。所以可以认为，对经过第一种最小流控制形成的新网络，只要流入网络源点的流量不大于网络的最大通过能力，无论流动单元在网络中怎样流动，网络都不可能发生阻塞。但是，新网络的最大流可能小于原有网络的最大流，原有网络的效率有可能降低。

2. 第二种最小流控制——改善阻塞控制

第二种最小流控制方法以改善阻塞为目标，其控制方法是：首先用双向增流算法[185]计算出网络的最小流，然后根据最小流得到最大阻塞截面，观察阻塞截面上有无这样的反向弧——该反向弧关闭后网络的最大流与关闭前网络的最大流相等。若没有这样的反向弧，最小流控制过程结束；若有，则关闭这些反向弧后重新计算网络的最小流与最大阻塞截面，关闭最大阻塞截面上满足条件的反向弧……如此反复，这一过程一直进行到最大阻塞截面上没有满足条件的反向弧为止。

对比上述两种最小流控制过程的分解可知，第二种最小流控制的基本过程与第一种最小流控制的基本过程大体一致，都包括：计算网络最大流与最小流的过程、计算最小流上最大阻塞截面的过程和关闭反向弧的过程，所不同的仅是反向弧的关闭条件及整个控制过程的结束条件。在第一种最小流控制中，只要存在最大阻塞截面，找到阻塞截面上的反向弧就关闭；而在第二种最小流控制中，反向弧的关闭必须满足该反向弧关闭后的网络最大流等于该反向弧关闭前的最大流。第一种最小流控制过程的停止条件是网络最小流与网络最大流相等；而第二种最小流控制过程的停止条件是存在阻塞截面，但却找不到这样的反向弧——该弧的关闭不影响网络的最大流，即关闭该反向弧后的网络最大流等于关闭该反向弧前的网络最大流。

进行第二种最小流控制时应当注意：当进行到某一步时，不能关闭最大阻塞截面上所有的反向弧，但能关闭其中的某些弧，这时就应当优先选择弧中关闭后使网络的最小流最大的弧。进行第二种最小流控制不影响网络的最大通过能力，却提高了网络的最小流，最大可能地从结构上防止了阻塞的发生，提高了网络的整体效率。

7.4.2 计算示例

1. 示例一

对图 7-4 所示的 6 结点网络进行最小流控制。该网络的最大流为 14，最小流为 8。首先采用防阻塞最小流控制方法进行计算。从图 7-4(c)中可看出，除网络的汇点 t 外，与网络的源点 s 有正向增广路相通的节点有 3 个：A,B,C。D 点与 s 点没有正向增广路相通，因此最小流流谱上的最大阻塞截面为 $S_1=(V_s,V_t)$，$V_s=(s,A,B,C),V_t=(D,t)$，反向弧为 (D,C)。

关闭弧 (D,C) 后得到新网络，计算出该网络的最大流为 14，最小流为 9，最小流流谱如图 7-10(a)所示。除网络的汇点 t 外，与网络的源点 s 有正向增广路相通的节点仅有 B 点，与点 s 没有正向增广路相通的节点有 3 个：A,C,D，所以最小流流谱上的最大阻塞截面中的反向弧为弧 (A,B) 及弧 (C,B)。关闭弧 (A,B) 及弧 (C,B) 后得到新网络如图 7-10(b)所示。计算该网络的最大流为 13，双向增流法计算出该网络的最小流为 13，因为网络的最大流与最小流相等，所以网络不存在任何阻塞截面，只要从源点 s 流出的流量不大于 13，网络中流量无论怎样流动，都能够自行调整，从而不会发生阻塞。

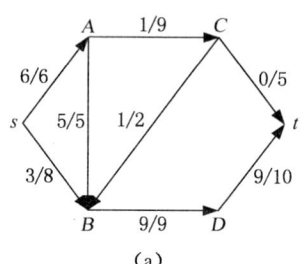
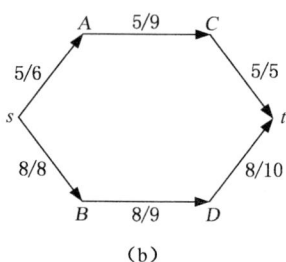

(a)　　　　　　　　　　　　(b)

图 7-10　防阻塞控制优化结果

采用同样的网络进行第二种最小流控制。从图 7-4(c)可看出，除网络的汇点 T 外，与网络的源点 s 有正向增广路相通的节点有 3 个：A,B,C。D 点与 s 点没有正向增广路相通，因此最小流流谱上的最大阻塞截面为反向弧为 (D,C)。关闭弧 (D,C) 后得到新网络，计算出该网络的最大流为 14，最小流为 9，最小流流谱如图 7-11(a)所示。除网络的汇点 t 外，与网络的源点 s 有正向增广路相通的节点仅

有 B 点，与点 s 没有正向增广路相通的节点有 3 个：A,C,D，所以最小流流谱上的最大阻塞截面中的反向弧为弧 (A,B) 及弧 (C,B)。关闭弧 (A,B) 及弧 (C,B) 后得到新网络如图 7-11(b) 所示。计算该网络的最大流为 13，因为该最大流小于原网络的最大流 14，所以不能同时关闭弧 (A,B) 及弧 (C,B)。

分别考虑关闭弧 (A,B) 及弧 (C,B)。关闭弧 (C,B) 后得到的新网络的最大流为 14，双向增流法计算出该网络的最小流为 10，最小流的流谱如图 7-11(a) 所示。关闭弧 (A,B) 后得到的新网络的最大流为 14，最小流为 13，最小流的流谱如图 7-11(b) 所示。因为关闭弧 (A,B) 后的最小流大于关闭弧 (C,B) 后的最小流，所以应当关闭弧 (C,B)。

关闭弧 (A,B) 后的最小流的流谱如图 7-11(b) 所示。图中，除网络的汇点 t 外，与网络的源点 s 有正向增广路相通的节点仅有 B 点，与点 s 没有正向增广路相通的节点有 3 个：A,C,D，所以最小流流谱上的最大阻塞截面中的反向弧为弧 (C,B)。若将该弧关闭，则形成的新网络的最大流为 13，小于原网络的最大流，所以弧 (C,B) 不能关闭，第二种最小流控制的过程结束。从计算结果可看出，关闭弧 (A,B) 和弧 (D,C) 后网络的最大通过能力没有受到影响，却提高了网络的最小流，最大可能地从结构上防止了阻塞的发生，提高了网络的整体效率。

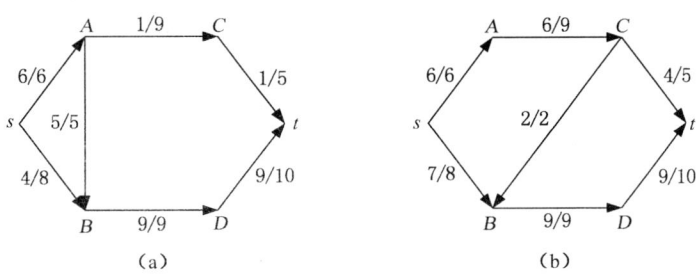

图 7-11 改善阻塞控制优化结果

2. 示例二

采用两种最小流控制方法再对图 7-3 中所示的交叉口网络进行优化，获得相同的优化结果，最大流和最小流均为 60，两种流谱如图 7-12 所示。在实际情况中可采用调整信号交叉口相位顺序的方法对车流进行最小流控制。如图 7-13(a) 所示，从北进口道起顺时针对各进口道不同流向进行标号，对该交叉口采用双环控制信号方法。在图 7-13(b) 中流向 1 和流向 4 同时运行、流向 2 和流向 5 同时运行、流向 3 和流向 6 同时运行，其抽象网络表示法如图 7-3 所示，如前文所述有可能发生阻塞现象。若采用图 7-13(c) 的控制方法，上半环的控制流谱如图 7-12(a) 所示，下半环的控制流谱如图 7-12(b) 所示，即对该 T 型交叉口采用单口轮放的信号控制方式可在进口流量小于进口容量的条件下避免阻塞现象的发生。

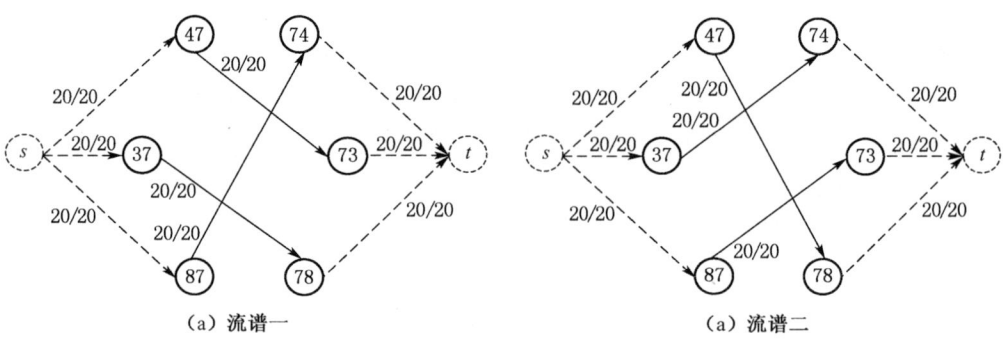

(a) 流谱一 　　　　　　　　　　(a) 流谱二

图 7-12　交叉口网络最小流控制

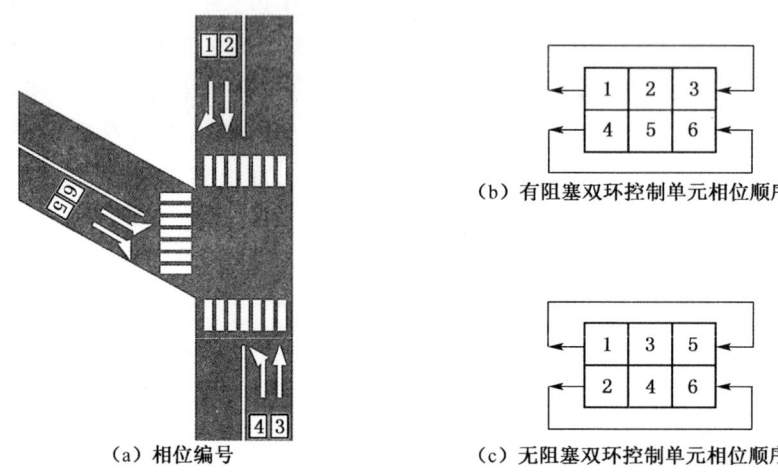

(a) 相位编号

(b) 有阻塞双环控制单元相位顺序图

(c) 无阻塞双环控制单元相位顺序图

图 7-13　交叉口防阻塞相位顺序优化结果

表 7-9　交叉口网络流向与弧段对应关系

流向	1	2	3	4	5	6
弧段	(47,73)	(47,78)	(87,74)	(87,73)	(37,78)	(37,74)

7.5　最大流控制策略

7.5.1　控制原理

在交叉口群交通网络的实际运行中，为了保证达到网络的最大流，必须按最大流的流量分布去控制网络流量，否则就会产生阻塞而达不到最大流。根据控制目标的不同，也可将最大流控制方法分为两种：第一种最大流控制方法是为了缓解网络的负荷，要求网络内的车辆必须在尽量短的时间内通过该网络，这时就有一个使通过网络的流量最大，又使整个停留时间最短的调度问题，这就是快速最大流问题；第二种最大流控制方法为最短路最大流控制，所谓最短路，是指在网络中，从源点经过若干个不重复的点到达汇点的正向增广路中所经过的点最少的那条正向增广路。在交叉口群交通网络中意味着第一种最大流控制方法以所有车辆行程时间总和最小为目标，第二种最大流控制方法以所有车辆通过的交叉口个数总和最少为目标。

求解网络最大流算法的基本思路是根据增广链上可以增加流量的特点。对于网络中的一个可行流 f_{ω} 来说，如果存在一条从始点 v_s 到终点 v_t 的增广链，那么根据增广链的定义，可以从 v_s 到 v_t 增加一定的流量，如此便得到了一个新的可行流，对新的可行流再找出增广链继续增加流量。重复以上步骤直到网络中不存在增广链为止，这时网络中的可行流就是最大流。快速最大流控制问题首先需要确定通过各弧段所需要的时间，可采用图论中最小费用最大流问题及其算法对最大流分布问题进行求解。按照该方法首先从行程时间最短的路线增加流量，调整流量后再从存在的所有增广路线上寻找最短的路线，直到达到最大流为止。对最短路最大流控制问题可采用 Dinic 算法进行求解。

7.5.2 计算示例

继续以图 7-3 中所示的交叉口网络为例，弧段旁边的数字为（流量/容量，时间），如图 7-14(a)所示。图 7-14(b)中的网络为快速最大流运行方案，此时网络达到饱和，最大流为 60，总需要时间为 180。由此可见在交叉口网络设计中，通过改善车辆通过弧段所需要的时间，并引导车辆按总行程时间最短的最大流流谱运行，可提高网络的整体运行效率，有效避免阻塞现象的发生。

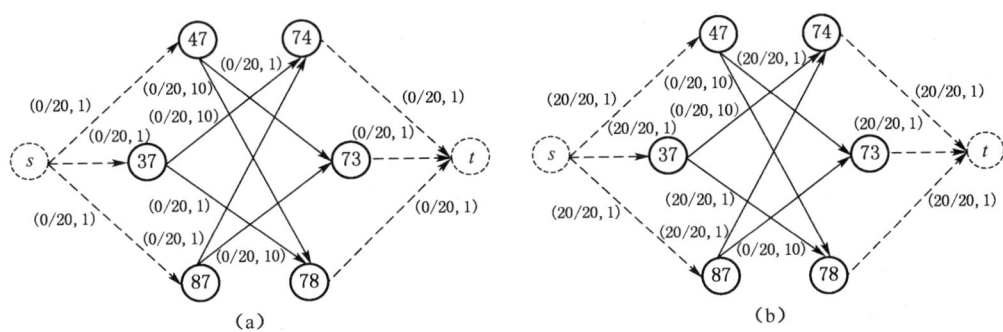

图 7-14 交叉口网络快速最大流控制算例

采用 Buscaker-Gowan 迭代算法[169]求解图 7-4 所示的网络最小费用最大流，最大流值为 14，最小行程时间总和为 89，流量分布如图 7-15 所示。

车辆在通过交叉口群交通网络时，为降低信号控制延误、缩短行程时间，一般会选择通过交叉口个数最少的路径，需要采用最短路最大流问题求解。在图 7-4 所示的例子中，如果按最短路增流法求网络的最大流，则增流的路线应该按下面的顺序进行：

(1) $s \to A \to C \to t$，增流 5；
(2) $s \to B \to D \to t$，增流 8；
(3) $s \to A \to B \to D \to t$，增流 1。

最大流为 14，流动分布图与图 7-15 一致。

在 7.3 节的仿真实验中第一种最大流控制方法和第二种最大流控制方法分别对应情景 3 和情景 2，虽然存在最优的控制流谱，理论上的最大流值为 14，但由于车辆的随机运动产生阻塞现象，导致最大流的控制效果往往无法实现。对于图 7-15 所示的 6 结点交通网络，在进行最大流控制时，可考虑将图中的零流弧 (C, B) 和弧 (D, C) 关闭，将网络最小流提高至 10，减少阻塞现象的发生概率，改善最大流的控制效果。

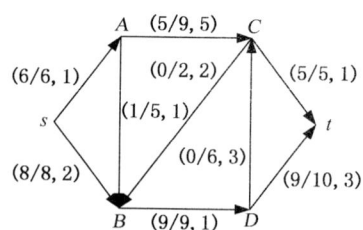

图 7-15 6 结点网络最大流控制

7.6 本章小结

本章对交通网络流量均衡理论和网络阻塞流理论的核心思想进行了概述；从出行者对出行路径的选择特性出发，采用计算机仿真实验模拟不同路径选择条件下车辆在网络中的随机流动现象，通过流通性能指标对网络的饱和状态进行评估。仿真结果表明，出行者由于没有考虑到自己的决定将对网络的总阻抗带来何种影响，在个体最优的选择原则下网络流量常达不到最大值而产生阻塞。为了既满足交叉口群网络中交通流量的通行需求，又尽可能减少阻塞的发生，针对网络最大流和网络最小流两个网络设计参数，提出了最小流控制策略与最大流控制策略，分别通过计算示例予以说明。

第8章
面向主路径协调控制的交叉口群时空资源综合优化

时空资源同步优化是交叉口群动态协调控制策略的重要组成部分。交叉口进口道车道功能划分与信号相位设置、绿灯时间分配的不协调易造成交叉口空间资源浪费、多相位功能丧失、车流运行轨迹不顺畅等现象,严重影响交叉口的通行效率。本章结合交叉口时空资源综合优化的思想,考虑交叉口空间资源有约束与无约束两种不同情形,建立面向主路径协调控制的交叉口群车道功能与信号配时优化模型,并验证车道功能划分及信号配时之间的协同作用。

8.1 交叉口空间布局与信号配时综合优化思路

渠化设计、相位设计、配时控制参数设计是信号控制交叉口交通设计的的三个重要组成部分。相位设计和配时控制参数设计可以对交叉口时间资源进行动态划分,但往往受到固定的空间资源划分的约束,当交通需求发生改变时,可能出现交通需求与渠化设计方案不匹配的情况,因此,三者应作为一个不可分割的整体进行考虑[138]。

考虑空间资源与时间资源的约束,在对新建交叉口或对交叉口进行改建或治理时,对交叉口空间布局与信号配时进行综合优化存在两种思路:一种思路是先对车道渠化方案、相位设计、配时参数等进行独立优化,再根据实际约束条件和服务水平要求进行校核,如不符合约束条件和服务水平要求,则需要对交叉口渠化、信号相位方案及配时参数进行相应优化调整,由此称之为"反馈调整法";另一种思路被称为"同步优化法",即先列出各项实际约束条件,再结合这些约束进行各项参数的寻优。

8.1.1 反馈调整法

在反馈调整法中,需要不断对交叉口时空资源设计方案进行论证,通过性能指标计算与实地交通调查,对信号控制方案进行修改和完善,设计流程如图 8-1 所

示,是一种循环、反复、逐步优化的过程,该过程主要分为五个阶段[138]:

(1) 分析时段划分阶段。依据交叉口一天内交通流量按时间段划分的变化规律,将全天划分为早高峰时段、午高峰时段、晚高峰时段、早低峰时段、午低峰时段、晚低峰时段等,作为交通流量调查和控制方案制定的时间基础。

(2) 车道渠化方案设计阶段。给不同类别,不同转向的车流、人流分配交通空

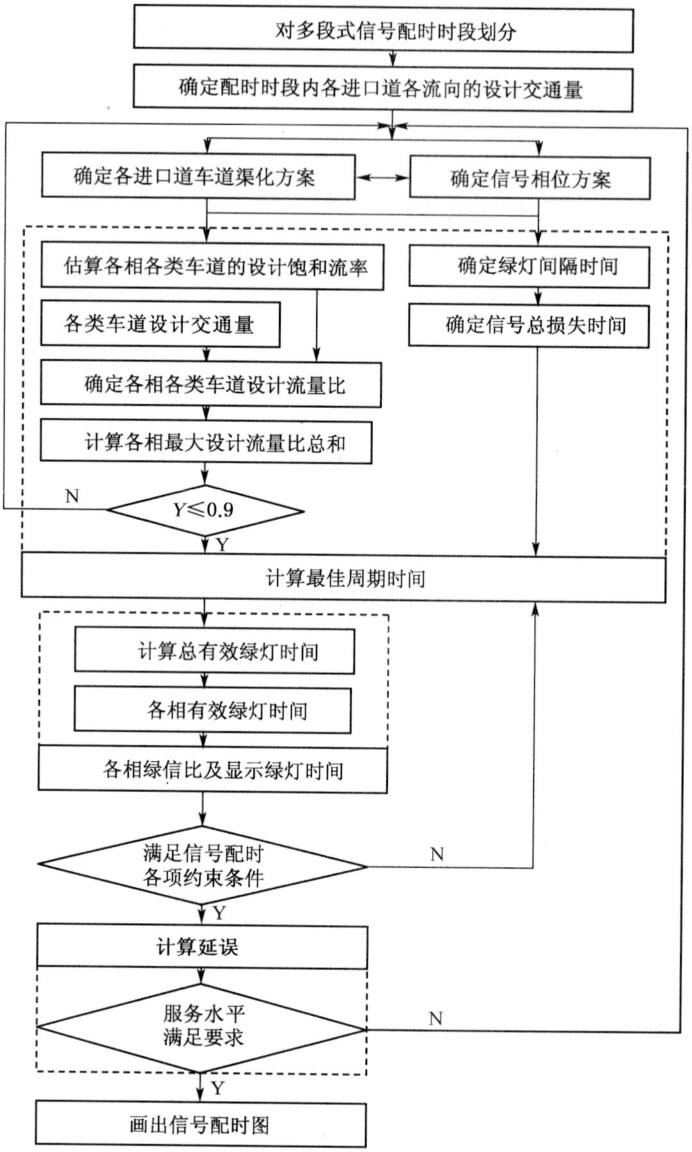

图 8-1 交叉口定时信号配时设计流程[172]

间,保证进口道与路段通行能力、出口道数目相匹配,同时考虑进口道宽度的约束。

(3) 交通流特征分析阶段。依据调查时段内交通流量的变化情况分析各进口道不同流向的设计交通流量,并根据车道渠化方案计算不同流向的饱和流量。

(4) 信号控制方案生成阶段。根据交通流状况以及道路资源利用情况生成交叉口信号控制灯色显示方案。

(5) 交通效益评估阶段。一般通过计算交叉口延误值判断是否满足服务水平的要求,通过反复的调整与评价,将最终产生的优化结果作为执行方案。

在上述各环节中,多个阶段存在互动关系。如"交通流特征分析阶段"中的设计交通流量决定了车道渠化方案,而车道渠化方案中的车道功能、车道宽度等又决定了各车道饱和流量,这些特征参数相互作用,以车道流量比的形式作用于"信号控制方案生成阶段"。在"信号控制方案生成阶段",信号相位初始方案需要与"车道渠化方案设计阶段"共同进行,并计算出绿灯间隔时间、信号总损失时间;依据车道流量比计算周期时长,检验是否满足最小周期时长与最大周期时长的约束;然后分配各相位的绿灯时间,并满足最小绿灯时间与最大绿灯时间的约束。在"交通效益评估阶段"评估指标的选择需要根据实际的交通状况与控制要求确定,"车道渠化方案设计阶段"及"信号控制方案生成阶段"根据效益评估指标不断调整,直至实现交通效益的最优。但在实际应用中,多个阶段存在反复的调整,当服务水平不能满足要求时,究竟是选择调整渠化设计、相位设计还是配时控制参数设计,需要进行不断的试算,选择怎样的调整方向才能使方案更接近最优方案,缺乏切实可行的指导方法,使得调整存在较大的盲目性。

8.1.2 同步优化法

反馈调整法所得的最终结果可能并非为最优解,但计算方法简便,在实际工作条件下是一种常用思路;同步优化法在求解最优方案时已考虑了各种约束,得出的结果更加科学,但运算过程也可能较为复杂,需要借助计算机软件完成。

1. 约束条件

Wong 等对交叉口车道功能与信号控制协调优化问题(Approach Function Split and Signal Timing,简称 AFSST)进行了研究,提出了一种基于车道的单点信号控制交叉口交通设计方法,从车道功能、流量分布、配时参数、饱和度等方面建立了 14 项约束条件[187]。

(1) 车道功能约束

约束 1-1:每条车道至少有 1 股转向或直行车流通过。

约束 1-2:同一相位中进口道的数目与出口道的数目应匹配。

约束 1-3:自机非分隔线至对向车流中央分隔线,依次布置右转、直行、左转车流,避免邻近车道转向冲突。

(2) 流量分布约束

约束 2-1:各进口道不同流向的通行能力应尽可能满足实际交通需求。

约束 2-2:车道功能被划分后,必须有该流向的车辆通过,车道不能被空置。

约束 2-3:同一进口道相同流向不同车道的流量保持均衡。

(3) 配时参数约束

约束 3-1:周期长度应满足最小周期时长与最大周期时长的约束。

约束 3-2:若同一车道允许两股或两股以上不同流向的车流通过,不同流向车流获得的绿灯起始时间与终止时间必须相同。

约束 3-3:由于配时方案具有周期性特征,需要对起始周期进行限定。

约束 3-4:各相位均应满足最短绿灯时长的约束。

约束 3-5:避免不同车流的冲突点,并尽可能减少合流点。

约束 3-6:相位切换时为清空交叉口内部车辆设置绿灯间隔时间。

约束 3-7:两组不同的相位其开始时刻与结束时刻的相对时差应保持一致。

(4) 饱和度约束条件

约束 4-1:保证各条车道的饱和度都在可接受的范围之内。

2. 优化目标

交叉口时空资源优化目标可以通过多种方式分类,例如加拿大交叉口通行能力指南(Canadian Capacity Guide for Signalized Intersection)中列出了 3 组共 17 种基本目标:①与通行能力相关的目标;②与排队相关的目标(平均总延误、停车次数、排队长度等);③运行与环境目标(燃料消耗、污染物排放,如:一氧化碳、二氧化碳、氮氧化物、碳氢化合物等)。通过针对某些目标的优化处理,以降低交通过程的负面效应(延误、停车次数、燃料消耗等),改善交通特性(如提高通行能力)。

希望所选择的时空资源优化方案能够优化所有的目标并不实际,因此一般采用针对一种或多种目标进行相应的方案优化,常用的方法如下:

(1) 时空资源优化问题被列为一个多目标优化问题。

(2) 针对不同的交通条件采用相应目标进行交叉口时空资源优化。在流量较小时,以总停车次数作为优化目标;在流量适中或较大的情况下,以总延误作为优化目标;而在接近饱和的状态下,则以某到达方向乃至整个路口的通行能力作为优化目标;在过饱和状态下,除延误以外,阻塞持续时间和排队长度亦可被用作优化目标。

(3) 由若干目标组成复合目标,如交叉口总延误与停车次数的加权和、总延误和排队长度的加权和等。

虽然对由多个目标组成的复合目标进行最小化式的优化可以对交通控制带来

质量上的改善,但却很少付诸实际,交叉口时空资源优化决策依然广泛采用单一目标优化手段。然而即便如此,某些目标的优化仍会产生多重效果,其中目标之一就是交叉口总延误,即所有到达车流排队的累积总和。针对这一目标进行最小化优化不仅可以减少延误,还可以减少污染排放、油耗和车辆损耗等。

某些情况下,需要确定一些信号方案元素的限定值,如周期时间、指定信号组绿灯时间、信号方案相位数等。如果优化目标与上述信号方案元素有关,这些问题亦被划入优化的范畴。在 Wong 的研究成果中,分别将通行能力最大化、周期最小化、延误最小化作为优化目标[187~189]。

8.2 模型构建

8.2.1 建模思路

采用同步优化的思路对交叉口群时空资源综合优化问题进行研究。但值得注意的是当交叉口空间资源一旦被确定以后,其空间布局形式难以随每日交通流量的变化而做出相应的调整。将面向主路径优先的交叉口群时空资源综合优化问题划分为两类:空间资源无约束情况与空间资源有约束情况。

1. 空间资源无约束情况

在空间资源无约束情况下实现交叉口群时空资源的同步优化。交叉口群范围内的交叉口可被划分为主路径方向交叉口与非主路径方向交叉口两类。对于非主路径方向的交叉口,根据实时的交通流变化状况,设定优化目标,采用 Wong 提出的 AFSST 问题求解方法[187]确定车道功能、相位设置及配时参数;对于主路径方向的交叉口,则需要经过周期试算、公用周期与相位差确定、通行能力优化三个步骤。

在步骤一周期试算阶段,在保证交叉口各流向交通需求均得到满足的前提下,根据车道功能约束、流量分布约束、配时参数约束和饱和度约束计算主路径途经的各交叉口周期时长,选其中最大者作为公用周期时长。

在步骤二中,在配时参数约束中新增约束 3-8"公用周期约束"和约束 3-9"相位差约束"。判断各交叉口周期时长是否接近于公用周期时长的一半,若接近,则确定该交叉口为双周期交叉口;若远大于公用周期时长的一半,则将公用周期作为该交叉口的周期时长。依据交叉口间距与车辆行驶速度确定主路径方向不同交叉口邻接相位的相位差。

在步骤三公用周期已知的前提下,重新确定优化目标,对于主路径途经的交叉口进口道各车道通行能力必须得到优先满足,而其他进口道车道的通行能力应尽可能最大。依据约束条件建立优化模型,求解得到各交叉口的车道功能和信号配时方案。该步骤的优化使得与主路径走向不一致的交通流向出现富余的绿灯时间,具有可压缩的空间,第9章绿信比优化功能模块的工作原理即以此为基础,根据每个周期车辆的到达情况在线调整主路径方向交叉口各进口道的绿灯时间。

2. 空间资源有约束情况

空间资源有约束情况下各交叉口进口道的车道功能已确定且难以变更,仅对交叉口群时间资源进行优化。对于主路径方向交叉口与非主路径方向交叉口,建立优化模型时仅考虑流量分布约束、配时参数约束和饱和度约束,车道功能划分方案作为已知条件,优化结果为信号配时方案。对主路径方向的交叉口,计算其相位设置与配时参数时,仍需通过周期试算、公用周期与相位差确定、通行能力优化三个步骤,方法与无空间资源约束情况相同。

8.2.2 变量说明

将优化建模过程中所涉及的变量进行归纳,如表 8-1 所示。

表 8-1　建模所涉及的变量及变量说明

变量符号	变量说明
N_T	交叉口的分支数,对于常见的十字交叉口,$N_T = 4$
L_i	进口道 i 的车道数,$i = 1, \cdots, N_T$
E_j	出口道 j 的车道数,$j = 1, \cdots, N_T$
$\delta_{i,j,k}$	车道功能决策变量,取值为 0 或 1。当 $\delta_{i,j,k} = 1$ 时,表示进口道 i 第 k 条车道允许车辆驶向出口道 j;当 $\delta_{i,j,k} = 0$ 时,表示进口道 i 第 k 条车道禁止车辆驶向出口道 j
μ	流量增量系数,反映设计或实际的交通需求与车道通过能力的相互关系
$Q_{i,j}$	从进口道 i 至出口道 j 设计或实际的交通需求流量(pcu/h)
$q_{i,j,k}$	从进口道 i 第 k 条车道驶入出口道 j 的通行能力(pcu/h/lane)
M	趋于无穷大的正数
$y_{i,k}$	进口道 i 第 k 条车道的交通流量比
$s_{i,k}$	进口道 i 第 k 条车道的饱和流率(pcu/h/lane)
$\overline{s}_{i,k}$	一条直行车道的基本饱和流率(pcu/h/lane)
$r_{i,j,k}$	转弯曲率半径(当车道为直行车道时,$r_{i,j,k} = \infty$)(m)
$f_{i,j,k}$	从进口道 i 第 k 条车道至出口道 j 的流量百分比
c	周期长度(s)
ζ	周期长度的倒数(s^{-1})
$c_{\min}$	最小周期时长(s)

续 表

变量符号	变量说明
$c_{\max}$	最大周期时长(s)
$\Theta_{i,k}$	进口道 i 第 k 条车道车流放行的绿灯起始时间与周期长度的比值
$\theta_{i,j}$	进口道 i 至出口道 j 车流放行的绿灯起始时间与周期长度的比值
$\Phi_{i,k}$	进口道 i 第 k 条车道车流放行的绿灯持续时间与周期长度的比值
$\varphi_{i,j}$	进口道 i 至出口道 j 车流放行的绿灯持续时间与周期长度的比值
$g_{i,j}$	从进口道 i 至出口道 j 的最短绿灯持续时间(s)
Ψ_s	所有冲突信号灯组构成的集合。如果从进口道 i 至出口道 j 的车流与从进口道 l 至出口道 m 的车流存在冲突点或合流点,则称信号灯组(i,j)与信号灯组(l,m)为冲突信号灯组
$\Omega_{i,j,l,m}$	相位续进函数,表示冲突信号灯组出现的先后次序,取值为 0 或 1。当 $\Omega_{i,j,l,m}=0$ 时,表示同一周期内信号灯组(l,m)在信号灯组(i,j)之后出现;当 $\Omega_{i,j,l,m}=1$ 时,表示相反次序
$\omega_{u,v}$	交叉口车辆清空时间,表示从上一个流向 u 绿灯时间结束到下一个流向 v 绿灯时间开始的间隔时间(s)
$z_{i,j,l,m}$	交叉口相位(i,j)与(l,m)绿灯开始与结束的相对时间差值(s)
$\rho_{i,k}$	进口道 i 第 k 条车道的饱和度
$p_{i,k}$	进口道 i 第 k 条车道的最大可接受饱和程度
e	绿灯显示时间与有效绿灯时间的差值,通常取 1 秒(s)
Π_{main}	构成主路径的所有交叉口流向的集合
N_X	主路径途经的交叉口个数
c_{main}	公用周期时长(s)
P_x	周期时长决策系数,取值为 0 或 1。当 $P_x=0$ 时,交叉口 x 的周期时长等于公用周期时长;当 $P_x=1$ 时,交叉口 x 的周期时长等于公用周期时长的一半
$o_{\bar{i},\bar{j},\bar{l}}$	若$(\bar{i},\bar{j})$与$(\bar{j},\bar{l})$为相邻交叉口主路径方向连续的两组流向,$o_{\bar{i},\bar{j},\bar{l}}$表示这两组流向的相位差(s)
$S_{x-1,x}$	交叉口 $x-1$ 与交叉口 x 主路径方向停车线之间的距离(m)
V	协调控制系统中车辆可连续通行的车速(m/s)

8.2.3 约束条件

采用代数符号对交叉口群时空资源优化要素的相关决策变量进行表达之后,将各约束条件转化为变量的线性函数,如下所示:

(1) 车道功能约束

约束 1-1:交叉口内每条进口道车道功能不能空置,至少保证有 1 股转向或直行车流通过。

$$\sum_{j=1}^{N_T-1} \delta_{i,j,k} \geqslant 1 \quad \forall k=1,\cdots,L_i; i=1,\cdots,N_T \quad (8\text{-}1)$$

约束 1-2：对于从进口道 i 至出口道 j 的流向，出口道 j 的车道数应大于或等于进口道 i 的车道数。从安全因素考虑，假定不同进口道的车流不能在同一相位汇入相同的出口道，该约束可表示为：

$$E_j \geqslant \sum_{j=1}^{N_T-1} \delta_{i,j,k} \quad \forall j=1,\cdots,N_T-1; i=1,\cdots,N_T \quad (8\text{-}2)$$

约束 1-3：对进口道进行编号时，自某个进口道起按顺时针方向，出口道相对编号由小至大；对每个进口道车道数进行编号时，自对向车流中央分隔线至机非分隔线，编号值依次增大。对于某一进口道的邻近两车道，若第 $k+1$ 条车道允许车流驶入出口道 j，则从安全角度出发为避免冲突，第 k 条车道应禁止车流驶入出口道 $j+1,\cdots,N_T-1$，约束如式(8-3)所示：

$$1-\delta_{i,j,k+1} \geqslant \delta_{i,m,k} \geqslant \delta_{i,j,k+1}-1$$

$$\forall m=j+1,\cdots N_T-1; j=1,\cdots,N_T-2; k=1,\cdots,L_i; i=1,\cdots,N_T$$

$$(8\text{-}3)$$

若 $\delta_{i,j,k+1}=1$，则对于 $m=j+1,\cdots N_T-1, \delta_{i,m,k}$ 必为 0；若 $\delta_{i,j,k+1}=0, \delta_{i,m,k}$ 可任意取值为 0 或 1。

(2) 流量分布约束

约束 2-1：在保证主路径途经的各交叉口进口道车道通行能力能满足交通需求的前提下，使非主路径途经的各进口道车道通行能力尽可能最大。

$$Q_{\bar{i},\bar{j}} = \sum_{k=1}^{L_{\bar{i}}} q_{\bar{i},\bar{j},k} \quad \forall (\bar{i},\bar{j}) \in \Pi_{main}$$

$$\mu Q_{i,j} = \sum_{k=1}^{L_i} q_{i,j,k} \quad \forall (i,j) \notin \Pi_{main} \quad (8\text{-}4)$$

μ 反映该流向通行能力能否满足交通需求。当 $\mu=1$ 时，通行能力刚好满足交通需求；当 $\mu<1$ 时，通行能力大于交通需求；当 $\mu>1$ 时，受通行能力的制约，交通需求无法得到完全满足。

约束 2-2：若进口道 i 第 k 条车道获得至出口道 j 的通行权，则必然存在相应流向的车流，该约束表示如式(8-5)所示：

$$M\delta_{i,j,k} \geqslant q_{i,j,k} \geqslant 0 \quad \forall k=1,\cdots,L_i; j=1,\cdots,N_T-1; i=1,\cdots,N_T$$

$$(8\text{-}5)$$

当 $\delta_{i,j,k}=0$，即进口道 i 的第 k 条车道禁止车流驶入出口道 j 时，则不能分配从进口道 i 至出口道 j 的车流；反之，在满足其他项约束的条件下，$q_{i,j,k}$ 可取任何正值。

约束 2-3：如果同一进口道邻近两条车道有一个或多个相同流向，以排队论为基础分配车道交通量时，两条车道的饱和度理论上应保持一致。根据约束 3-2，这对邻近车道的信号设置方案也相同。因此为保证两车道相同的饱和度，必须均衡这对邻近车道的交通流量比。

车道流量比为道路的实际流量与饱和流率之比。Wong 对车道饱和流率的计算采用 Kimber 等[190]提出的方法，如式(8-6)所示：

$$s_{i,k} = \frac{\overline{s}_{i,k}}{1 + 1.5 \sum_{j=1}^{N_T-1} f_{i,j,k}/r_{i,j,k}} \tag{8-6}$$

路侧车道的基本饱和流率建议取值为 1 965 pcu/h/lane，非路侧车道建议取值为 2 105 pcu/h/lane[190]；$f_{i,j,k}$ 计算公式如式(8-7)所示：

$$f_{i,j,k} = \frac{q_{i,j,k}}{\sum_{m=1,\cdots,N_T-1} q_{i,m,k}}$$

$$\forall j = 1,\cdots,N_T-1; k = 1,\cdots,L_i; i = 1,\cdots,N_T \tag{8-7}$$

车道流量比计算公式如式(8-8)所示：

$$y_{i,k} = \frac{\sum_{j=1,\cdots,N_T-1} q_{i,j,k}}{s_{i,k}} = \frac{1}{\overline{s}_{i,k}} \sum_{j=1,\cdots,N_T-1} (1+\frac{1.5}{r_{i,j,k}}) q_{i,j,k}$$

$$\forall k = 1,\cdots,L_i; i = 1,\cdots,N_T \tag{8-8}$$

因此均衡具有相同流向的邻近车道交通流量比的约束可表示为：

$$M(2-\delta_{i,j,k}-\delta_{i,j,k+1}) \geqslant \frac{1}{\overline{s}_{i,k}} \sum_{j=1,\cdots,N_T-1} (1+\frac{1.5}{r_{i,j,k}}) q_{i,j,k} - \frac{1}{\overline{s}_{i,k+1}} \sum_{j=1,\cdots,N_T-1} (1+\frac{1.5}{r_{i,j,k+1}}) q_{i,j,k+1}$$

$$\geqslant -M(2-\delta_{i,j,k}-\delta_{i,j,k+1})$$

$$\forall k = 1,\cdots,L_i-1; i = 1,\cdots,N_T \tag{8-9}$$

当且仅当 $\delta_{i,j,k} = \delta_{l,m,n} = 1$ 时该约束才生效。

（3）配时参数约束

约束 3-1：取周期的倒数 $\zeta = 1/c$ 作为周期时长的约束条件，保证周期长度位于区间 $[c_{\min}, c_{\max}]$ 之间：

$$\frac{1}{c_{\min}} \geqslant \zeta \geqslant \frac{1}{c_{\max}} \tag{8-10}$$

约束 3-2：从安全角度出发，如果进口道一条车道允许两股或两股以上不同流向的车流通过，则不同流向获得的绿灯起始与终止时间必须相同。对于进口道 i 的第 k 条车道，若允许车流驶入出口道 j，为满足上述要求，约束条件表示如下：

$$\begin{aligned} M(1-\delta_{i,j,k}) &\geqslant \Theta_{i,k} - \theta_{i,j} \geqslant -M(1-\delta_{i,j,k}) \\ M(1-\delta_{i,j,k}) &\geqslant \Phi_{i,k} - \varphi_{i,j} \geqslant -M(1-\delta_{i,j,k}) \\ \forall k &= 1,\cdots,L_i; j = 1,\cdots,N_T-1; i = 1,\cdots,N_T \end{aligned} \tag{8-11}$$

约束 3-3：由于信号控制交叉口的配时方案具有周期性特征，在满足其他约束条件下绿灯起始时间可能有多个值域。方便起见将从进口道 i 至出口道 j 车流放行的绿灯起始时间与周期时间之比 $\theta_{i,j}$ 设置在区间 $[0,1]$ 之间，如式(8-12)所示：

$$1 \geqslant \theta_{i,j} \geqslant 0 \quad \forall j = 1,\cdots,N_T-1; i = 1,\cdots,N_T \tag{8-12}$$

约束 3-4：每条车道绿灯持续时间受最短绿灯时间的约束，该约束条件表示为：

$$1 \geqslant \varphi_{i,j} \geqslant g_{i,j}\zeta \quad \forall j = 1,\cdots,N_T-1; i = 1,\cdots,N_T \tag{8-13}$$

约束 3-5：为避免冲突车流，设置如下约束条件：

$$\Omega_{i,j,l,m} + \Omega_{l,m,i,j} = 1 \quad \forall (i,j),(l,m) \in \Psi_s \tag{8-14}$$

约束 3-6：绿灯间隔时间的约束条件如式(8-15)所示：

$$\theta_{l,m} + \Omega_{i,j,l,m} + M(2-\delta_{i,j,k}-\delta_{l,m,n}) \geqslant \theta_{i,j} + \varphi_{i,j} + \omega_{u,v}\zeta \tag{8-15}$$

当且仅当 $\delta_{i,j,k} = \delta_{l,m,n} = 1$ 时该约束才生效。

约束 3-7：从实施的角度出发为保证两组不同的相位 (i,j) 与 (l,m) 绿灯开始与结束的时差相同，建立如下约束：

对于绿灯开始时间：

$$\theta_{i,j} + z_{i,j,l,m} = \theta_{l,m} \tag{8-16}$$

对于绿灯结束时间：

$$\theta_{i,j} + \varphi_{i,j} + z_{i,j,l,m} = \theta_{l,m} + \varphi_{l,m} \tag{8-17}$$

约束 3-8：主路径途经的各交叉口周期时长等于公用周期时长或公用周期时

长一半的约束为：

$$\zeta_x = c_{\text{main}}{}^{P_x-1}\left(\frac{c_{\text{main}}}{2}\right)^{-P_x} \quad \forall\, x = 1,\cdots,N_X \qquad (8\text{-}18)$$

$$c_{\text{main}} = \max(c_1, c_2, \cdots, c_x, \cdots) \quad x = 1,\cdots,N_X \qquad (8\text{-}19)$$

当 $P_x = 0$ 时，第 x 个交叉口的周期时长等于公用周期时长；当 $P_x = 1$ 时，第 x 个交叉口的周期时长等于公用周期时长的一半。

约束 3-9：主路径相邻交叉口连续流向的相位差约束如式(8-20)所示：

$$\theta_{\bar{i},\bar{j}} + o_{\bar{i},\bar{j},\bar{l}} = \theta_{\bar{j},\bar{l}} \qquad (8\text{-}20)$$

相位差的计算方法如式(8-21)所示：

$$o_{\bar{i},\bar{j},\bar{l}} = \mod\left(\frac{S_{x-1,x}}{V}, \frac{1}{\zeta_x}\right) \qquad (8\text{-}21)$$

(4) 饱和度约束

约束 4-1：车道饱和度计算公式如式(8-22)所示：

$$\rho_{i,k} = \frac{y_{i,k}}{\Phi_{i,k} + e\zeta} \quad \forall\, k = 1,\cdots,L_i; i = 1,\cdots,N_T \qquad (8\text{-}22)$$

根据式(8-8)和式(8-22)，保证车道饱和度在可接受范围内的约束如式(8-23)所示：

$$\Phi_{i,k} + e\zeta \geqslant \frac{1}{p_{i,k}\bar{s}_{i,k}} \sum_{j=1,\cdots,N_T-1}\left(1 + \frac{1.5}{r_{i,j,k}}\right) q_{i,j,k} \quad \forall\, k = 1,\cdots,L_i; i = 1,\cdots,N_T \qquad (8\text{-}23)$$

8.3 模型求解

8.3.1 优化目标

对于交叉口群非主路径方向交叉口，在空间资源无约束情况下，通行能力最大、周期最小、延误最小均可作为模型的优化目标，应根据交通流运行状态做相应选择。表 8-2 列出了非主路径方向交叉口时空资源综合优化模型的优化目标、约束条件、已知变量及求解对象。其中，变量 $\delta_{i,j,k}$ 决定了进口道各车道的转向功能，c 确定了交叉口信号控制周期，从 $\Theta_{i,j}, \theta_{i,j}, \Phi_{i,k}$ 及 $\varphi_{i,j}$ 可获知各车道、各相位的绿灯起始时刻及持续时间，即相位相序及绿时分配。

表 8-2　非主路径方向交叉口空间资源无约束情况下优化决策变量

优化目标:通行能力最大($\max \mu$)、周期最小($\min c$)或延误最小[①]	
约束条件	约束 1-1 至 1-3,约束 2-1 至 2-3,约束 3-1 至 3-7,约束 4-1
已知变量	$N_T, L_i, E_j, Q_{i,j}, \bar{s}_{i,k}, r_{i,j,k}, c_{\min}, c_{\max}, g_{i,j}, \omega_{u,v}, p_{i,k}, e, \Pi_{\text{main}}$
优化变量	$\delta_{i,j,k}, c, \Theta_{i,k}, \theta_{i,j}, \Phi_{i,k}, \varphi_{i,j}$

注①:延误最小的目标函数表达方式及求解算法可参见文献[188]。

根据建模思路,交叉口群主路径方向交叉口的时间资源优化分三个步骤进行:在步骤一,设定 $\mu=1$ 使各交叉口通行能力均能满足交通需求,得到各交叉口的周期时长 c_x;步骤二,在 c_x 中选择最大周期作为公用周期 c_{main},使得部分交叉口的通行能力会稍高于交通需求,有利于减少延误、停车、油耗等指标;步骤三,在相位差 $o_{\bar{i},\bar{j},\bar{l}}$ 和各交叉口周期 ζ_x 重新被确定之后对各交叉口车道功能、相位相序及绿灯持续时间重新进行调整。相关决策变量、约束条件如表 8-3 所示。

表 8-3　主路径方向交叉口空间资源无约束情况下优化决策变量

步骤一	
	优化目标:周期最小($\min c$)
约束条件	约束 1-1 至 1-3,约束 2-1 至 2-3,约束 3-1 至 3-7,约束 4-1
已知变量	$\mu=1, N_T, L_i, E_j, Q_{i,j}, \bar{s}_{i,k}, r_{i,j,k}, c_{\min}, c_{\max}, g_{i,j}, \omega_{u,v}, p_{i,k}, e, \Pi_{\text{main}}$
优化变量	c_x
步骤二	
约束条件	约束 3-8 至 3-9
已知变量	$c_x, \Pi_{\text{main}}, N_X, S_{x-1,x}, V$
优化变量	$c_{\text{main}}, o_{\bar{i},\bar{j},\bar{l}}, \zeta_x$
步骤三	优化目标:通行能力最大($\max \mu$)
约束条件	约束 1-1 至 1-3,约束 2-1 至 2-3,约束 3-2 至 3-7,约束 4-1
已知变量	$N_T, L_i, E_j, Q_{i,j}, \bar{s}_{i,k}, r_{i,j,k}, c_{\min}, c_{\max}, g_{i,j}, \omega_{u,v}, p_{i,k}, e, \Pi_{\text{main}}, c_{\text{main}}, o_{\bar{i},\bar{j},\bar{l}}, \zeta_x$
优化变量	$\delta_{i,j,k}, \Theta_{i,k}, \theta_{i,j}, \Phi_{i,k}, \varphi_{i,j}$

在交叉口群空间资源有约束情况下,变量 $\delta_{i,j,k}$ 为已知条件,表明交叉口各进口道的车道功能已被划分,在对决策变量进行优化时,采用相同的计算步骤,仅将约束 2-1 至 2-3、约束 3-1 至 3-9 及约束 4-1 作为模型的约束条件。

8.3.2　求解算法

以信号周期最短或通行能力最大为优化目标所构建的交叉口群时空资源优化模型是二进制混合整数线性规划(Binary Mix Integer Linear Programs,BMILP)模型,可采用分支界定法(Branch and Bound Method)进行求解。

分支界定法作为一种搜索算法,可用于求解纯整数规划和混合整数规划,其基本思想是:先求出其松弛问题的最优解,如果此最优解不能满足整数约束条件,则根据某个变量的整数要求抛弃松弛问题可行域中不含可行整数解的那些部分,缩小松弛问题的可行域,由此将原来的松弛问题分解成一系列子可行域的松弛问题,并依次在缩小后的子可行域对应的子松弛问题中寻求最优整数解[191]。

研究借助 LINGO 软件,将数学模型转译成计算机语言,采用软件的内置求解器对模型进行求解。LINGO 全称是 Linear INteractive and General Optimizer 的缩写,即交互式的线性和通用优化求解器,由美国 LINDO 系统公司(Lindo System Inc.)推出。它是一套设计用来帮助用户快速、方便和有效地构建和求解线性、非线性和整数最优化模型的功能全面的工具,包括功能强大的建模语言、建立和编辑问题的全功能环境、读取和写入 Excel 和数据库的功能和一系列完全内置的求解程序。

8.4　算例分析

8.4.1　方案设计

设置算例在不同流量分布情况下对主路径方向两个交叉口时间资源与空间资源同步优化,以说明车道功能与信号配时之间的协同作用。

算例选择一条道路上邻近的两个交叉口 A 和 B 进行分析。该道路为城市东西向主干道,在干道方向道路断面形式为双向 6 车道,与其相交的支路断面形式为双向 4 车道,对交叉口进口道及各车道编号如图 8-2 所示。

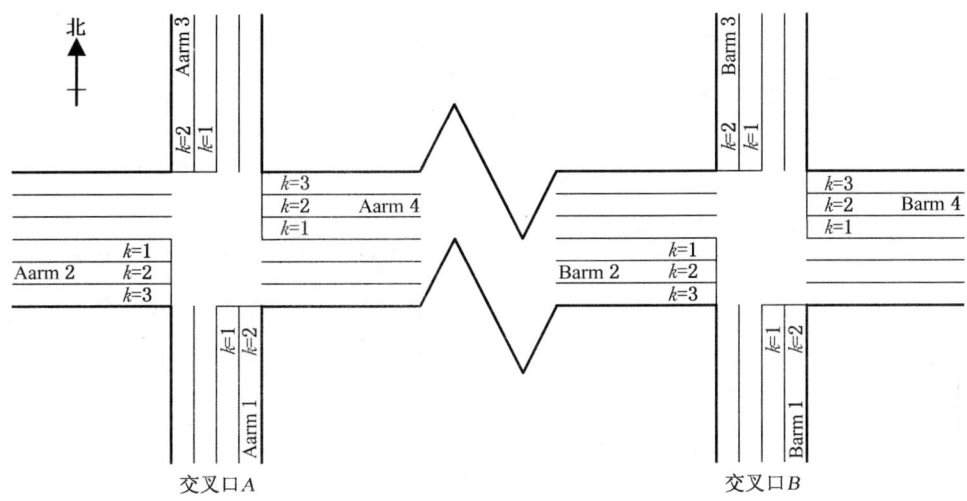

图 8-2　交叉口进口道及车道编号示意图

该组交叉口的高流量方案与低流量方案交叉口交通流转向分布情况如图 8-3 所示,在低方案中干、支路交通需求总量差异较小,两个交叉口的交通负荷相等;而高方案中东西向干道车流明显增多,交叉口 A 的交通负荷大于交叉口 B。干道方向相邻两交叉口的相位差 $o_{\bar{i},\bar{j},\bar{t}}$ 为 40 秒,绿灯间隔时间 $\omega_{u,v}$ 为 3 秒,转弯曲率半径 $r_{i,j,k}$ 取 12 m。

首先,对低流量方案采用反馈调整方法确定双交叉口的车道功能划分方案和信号配时参数,交通信号协调及配时优化过程借助 Synchro 软件完成,采用以均衡交叉口各关键车道的饱和度为原则的 HCM 算法[192],并计算延误及停车次数。然后,保持原有的车道功能划分方案,加载高流量方案,对交通运行效益指标进行分析。

采用所提出的 AFSST 方法分别依据低流量方案与高流量方案对交叉口 A 和交叉口 B 的车道功能划分和信号配时参数进行同步优化,通过仿真手段比较 AFSST 方法和 Synchro 方法的交通运行效益指标,由此分析车道功能及信号配时之间的协同关系。

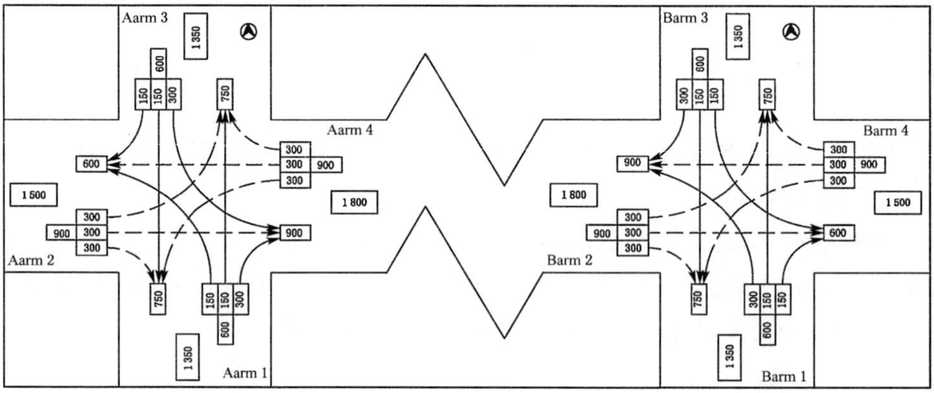

(a) 低流量方案(单位:pcu/h)

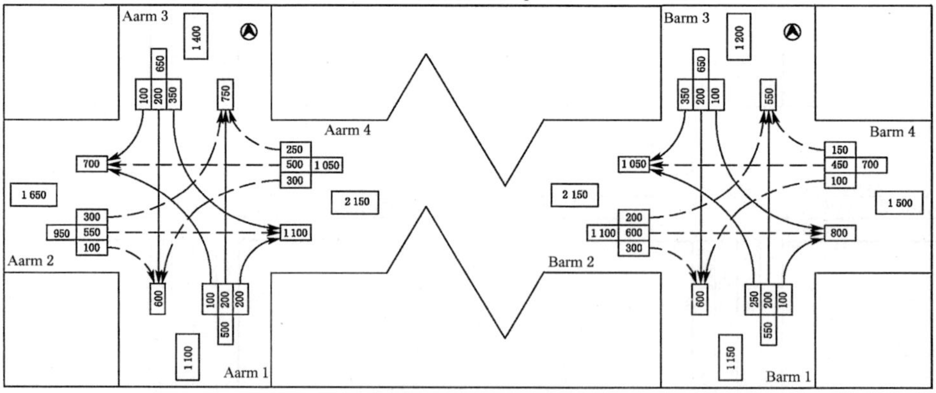

(b) 高流量方案(单位:pcu/h)

图 8-3　交叉口交通流量分布图

8.4.2 车道功能与信号配时优化结果

根据低流量方案中进口道各向车流的交通流量确定各流向的车道数如图 8-4(a)所示,采用反馈调整法和同步优化法(计算结果见表 8-6)得到相同的车道功能划分方案,各车道的交通流量均为 300 pcu/h。由于交叉口 A 和交叉口 B 的车道划分及流量方案相同,两个交叉口的相位、相序、周期长度也相同,采用四相位控制,如表 8-4 所示。交叉口 B 的第一相位开始时间滞后于交叉口 A 的第一相位开始时间 40 秒。采用 AFSST 方法计算信号配时参数时,以满足流量需求的周期值最小为优化目标,故流量增量系数 $\mu_A = \mu_B = 1$,而使用 Synchro 软件对配时参数进行优化时,并不是以周期最小为目标,故周期长度大于 AFSST 方法的计算值,各相位的绿灯时间也相应增加。

表 8-4 信号相位设计及配时参数(低流量方案)

	交叉口 A				交叉口 B				周期
	↕	↙↗	⟲	↰↱	↔	↙↗	⟲	↰↱	
AFSST 法	16 s	15 s	16 s	16 s	16 s	15 s	16 s	16 s	63 s
Synchro 法	20 s	22 s	20 s	18 s	20 s	22 s	18 s	20 s	80 s

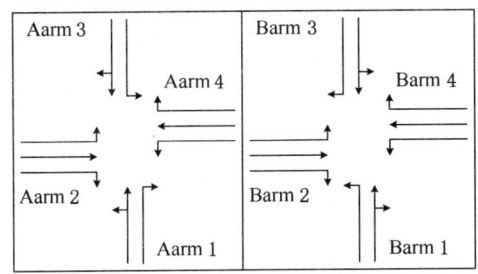
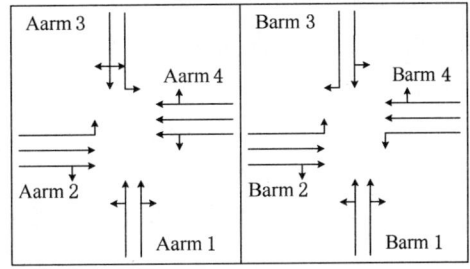

(a) 低流量方案　　　　　　　　(b) 高流量方案

图 8-4 车道功能划分方案

对于高流量方案,采用 AFSST 方法在周期试算过程中,分别以满足需求条件下的周期最小为目标计算交叉口 A 和交叉口 B 的车道功能划分方案(见图 8-4(b))和信号配时参数(见表 8-5)。由图 8-4(b)可知,随着东西向干道交通流量的增加,东西向主干道的右转车道均变为直右车道,在交叉口 A 东进口道方向,由于右转车道流量较高,为均衡各车道的交通流量,左转车道也变为直左车道。南北方向,在两个交叉口的南进口道方向随着直行车流量的增加,右转车道与左转车道分别变为直右车道与直左车道。在北进口道方向,交叉口 A 的左转交通流量虽然与交叉

口 B 的右转交通流量相等,但由于左转车道与右转车道的饱和流率的折减系数不等,导致车道功能划分方案也有所不同。信号配时参数如表8-5所示,交叉口 A 的周期长度为71.6s,交叉口 B 的周期长度为62.3s,将交叉口 A 的周期时长定为公用周期时长。

表8-5 信号相位设计及配时参数(高流量方案)

	交叉口 A				交叉口 B					周期
AFSST法	○	○	○	○	○	○	○	○	○	72 s
	18 s	19 s	19 s	16 s	18 s	5 s	6 s	6 s	19 s	18 s
Synchro法	○	○	○	○	○	○	○	○		90 s
	29 s	19 s	20 s	22 s	31 s	15 s	20 s	24 s		

在确定公用周期时长之后,AFSST方法需要在满足主路径流量需求的前提下以非关键流向通行能力最大为目标重新分配绿灯时间,计算结果如表8-7和表8-8所示。流量增量系数 $\mu_A = 1$, $\mu_B = 1.13$,表明经过协调控制优化后,交叉口 A 的通行能力刚好满足交通需求,交叉口 B 的通行能力略有富余。交叉口 A 的相位方案为四相位控制,采用单口轮放的控制形式;交叉口 B 的相位数增为6,其中前4个相位构成组合相位。主路径为从交叉口 A 西进口道方向至交叉口 B 东出口道方向,在交叉口 A 第一相位和交叉口 B 第四相位之间设置40秒的相位差。

在采用Synchro方法优化的对比方案中,高流量方案依旧采用图8-4(a)的车道功能划分方案,相位相序保持不变,信号配时参数依据流量变化进行调整,周期时长增加,各相位的绿灯时间也发生变化,东西向车流的绿信比显著提高。

8.4.3 运行效益分析

1. 交叉口整体交通运行效益比较

在信号协调控制中,交叉口信号控制的优化目标一般为顺畅交通流在网络范围取得最小的延误和停车次数。减少延误可以缩短车辆的行程时间,减少停车次数可以减少燃油消耗、减少车辆轮胎和机械磨损、减轻汽车尾气污染、降低驾驶人和乘客的不舒适程度,同时确保交叉口的行车安全。对于一辆车而言,其延误时间越小,则停车次数也越小;而对于一个交叉口而言,其总的延误时间越小,其总的停车次数未必越小[175]。研究采用延误及停车次数两个相对独立指标评价交通控制方案的优劣。

第8章 面向主路径协调控制的交叉口群时空资源综合优化

表 8-6　AFSST 法车道功能划分与信号配时计算结果（低流量方案）

进口道编号	车道编号	至出口道流量(pcu/h) 1	2	3	4	车道流量(pcu/h)	转向百分比	饱和流率(pcu/h)	交通流量比 y	绿灯开始时间(s)	有效绿灯时间(s)	饱和度
1	1		150	150		300	0.50	1 981	0.15	31.29	12.65	0.76
1	2				300	300	1.00	1 747	0.17	31.29	12.65	0.86
2	1			300		300	1.00	1 871	0.16	16.27	12.02	0.84
2	2	300				300	0.00	2 105	0.14	0.00	13.27	0.68
2	3				300	300	1.00	1 747	0.17	0.00	13.27	0.82
3	1	150	150			300	0.50	1 871	0.16	46.94	13.34	0.76
3	2				300	300	1.00	1 849	0.16	46.94	13.34	0.77
4	1	300				300	0.00	1 871	0.16	16.27	12.02	0.84
4	2		300			300	1.00	2 105	0.14	0.00	13.27	0.68
4	3			300		300	1.00	1 871	0.16	0.00	13.27	0.82
1	1		300		150	300	0.50	1 871	0.16	71.29	13.34	0.76
1	2			300		300	1.00	1 849	0.16	71.29	13.34	0.77
2	1				300	300	1.00	1 871	0.16	56.27	12.02	0.84
2	2	300				300	0.00	2 105	0.14	40.00	13.27	0.68
2	3				300	300	1.00	1 747	0.17	40.00	13.27	0.82
3	1	150		150		300	0.50	1 981	0.15	87.63	12.65	0.86
3	2		300			300	1.00	1 747	0.16	87.63	12.65	0.76
4	1	300				300	0.00	1 871	0.16	56.27	12.02	0.84
4	2		300			300	1.00	2 105	0.14	40.00	13.27	0.68
4	3			300		300	1.00	1 747	0.17	40.00	13.27	0.82

流量增量系数 $\mu_A = \mu_B = 1$；周期长度 $C_A = C_B = 63.3$ s；关键路径相位差为 40 s；绿灯间隔时间为 3 s；转弯曲率半径 $r_{i,j,k} = 12$ m。

表 8-7　AFSST 法车道功能划分与信号配时计算结果（高流量方案-周期试算阶段）

进口道编号	车道编号	至出口道流量(pcu/h)				车道流量(pcu/h)	转向百分比	饱和流率(pcu/h)	交通流量比 y	绿灯开始时间(s)	有效绿灯时间(s)	饱和度
		1	2	3	4							
1	1		100	165		265	0.38	2 010	0.13	56.12	12.51	0.75
1	2			35	200	235	0.85	1 776	0.13	56.12	12.51	0.76
2	1			300		300	1.00	1 871	0.16	0.00	14.89	0.77
2	2	100			341	341	0.00	2 105	0.16	0.00	14.89	0.78
2	3				209	309	0.32	1 889	0.16	0.00	14.89	0.79
3	1	200	100		325	325	1.00	1 871	0.17	17.89	15.81	0.79
3	2	300	44		25	325	0.38	1 875	0.17	17.89	15.81	0.79
4	1		381			344	0.87	1 898	0.18	36.70	16.42	0.79
4	2		75	250		381	0.00	2 105	0.18	36.70	16.42	0.79
4	3		250	26		325	0.77	1 793	0.18	36.70	16.42	0.79
1	1			174	100	276	0.91	1 891	0.15	0.00	12.11	0.75
1	2			200		274	0.36	1 879	0.15	0.00	12.11	0.75
2	1					200	1.00	1 871	0.11	30.64	9.40	0.71
2	2				485	485	0.00	2 105	0.23	15.11	17.96	0.80
2	3	300			115	415	0.72	1 802	0.23	15.11	17.96	0.80
3	1	200			100	300	0.33	2 021	0.15	47.06	12.28	0.75
3	2		350			350	1.00	1 747	0.20	43.47	15.88	0.79
4	1	100				100	100	1 871	0.05	36.06	8.00	0.42
4	2		320			320	0.00	2 105	0.15	15.11	12.53	0.76
4	3		130	150		280	0.54	1 842	0.15	15.11	12.53	0.76

流量增量系数 $\mu_A = \mu_B = 1$；周期长度 $c_A = 71.6\ \text{s}, c_B = 62.3\ \text{s}$；关键路径相位差为 40 s；绿灯间隔时间为 3 s；转弯曲率半径 $r_{i,j,k} = 12$ m。

第8章 面向主路径协调控制的交叉口群时空资源综合优化

表 8-8 AFSST 法车道功能划分与信号配时计算结果（高流量方案-同周期计算阶段）

进口道编号	车道编号	至出口道流量(pcu/h) 1	2	3	4	车道流量(pcu/h)	转向百分比	饱和流率(pcu/h)	交通流量比 y	绿灯开始时间(s)	有效绿灯时间(s)	饱和度
1	1		100	165		265	0.38	2010	0.13	56.12	12.51	0.75
1	2			35	200	235	0.85	1776	0.13	56.12	12.51	0.76
2	1			300		300	1.00	1871	0.16	0.00	14.89	0.77
2	2	100			341	341	0.00	2105	0.16	0.00	14.89	0.78
2	3				209	309	0.32	1889	0.16	17.89	14.89	0.79
3	1	200	100		25	325	1.00	1871	0.17	17.89	15.81	0.79
3	2	300				325	0.38	1875	0.17	36.70	15.81	0.79
4	1		44			344	0.87	1898	0.18	36.70	16.42	0.79
4	2		381			381	0.00	2105	0.18	36.70	16.42	0.79
4	3		75	250		325	0.77	1793	0.18	64.18	16.42	0.80
1	1		282	39		321	0.88	1897	0.17	64.18	15.11	0.78
1	2			197	113	310	0.36	1879	0.16	29.00	15.11	0.64
2	1			226		226	1.00	1871	0.12	40.00	13.52	0.81
2	2				507	507	0.00	2105	0.24	40.00	21.18	0.82
2	3	339			93	432	0.78	1789	0.24	10.66	21.18	0.78
3	1	226			113	339	0.33	2021	0.17	10.66	15.34	0.81
3	2		395			395	1.00	1747	0.23	29.00	20.00	0.54
4	1	113				113	1.00	1871	0.06	45.52	8.00	0.78
4	2		361			361	0.00	2105	0.17	45.52	15.66	0.78
4	3		147	169		316	0.53	1842	0.17	45.52	15.66	0.78

流量增量系数 $\mu_A=1, \mu_B=1.13$；周期长度 $c_A=c_B=71.6$ s；关键路径相位差为 3 s；转弯曲率半径 $r_{i,j,k}=12$ m。

对于低流量方案,采用 AFSST 方法优化后延误指标略低于 Synchro 软件的优化结果,而前者的停车次数指标略高于后者,这与周期长度有较为密切的关系:较短的周期易导致车辆在路口频繁停车、路口的利用率下降,而周期太长,会导致驾驶人等待时间过长,增加车辆的延误时间。但总体而言,在低流量方案下,采用 AFSST 方法及采用 Synchro 软件所得的优化方案交通运行效果相近。

在高流量方案中,AFSST 方法依据流量分布情况对车道功能及信号配时参数进行了同步调整,而 Synchro 方法仅仅是依据流量变化优化了配时参数,故前者的交通运行效益明显好于后者。交叉口 A 由于交通流量增加,运行状况相对于低流量时趋于恶化;交叉口 B 由于西进口方向采用信号协调控制,运行效益改善明显,交叉口整体延误值有所下降。

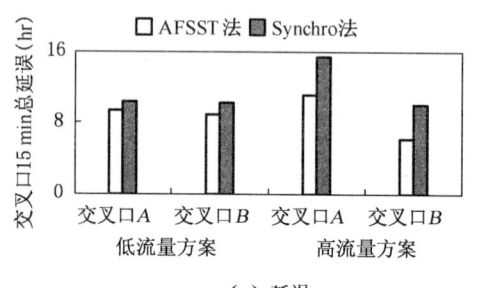
(a) 延误

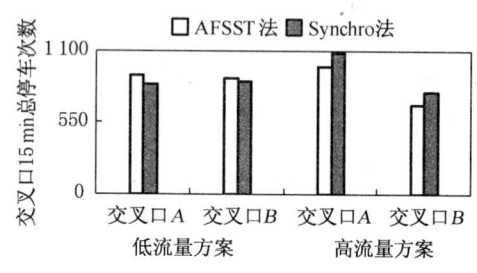
(b) 停车次数

图 8-5　交叉口整体交通运行效益比较

2. 分车道交通运行效益比较

以延误作为考察指标(见图 8-6),在低流量交叉口 A 车道(3,1)、车道(3,2)和交叉口 B 车道(1,1)、车道(1,2)采用不同方法进行优化时延误指标差异较大,究其原因,主要在于若周期时间较长,与干道相交的支路车流等待时间增加,左转车流受饱和流率折减的影响,车道延误显著提高。在高流量方案根据流量分布将车道功能进行相应调整后,在主路径方向,即交叉口 A 车道(2,2)、交叉口 B 车道(2,2)方向,延误指标明显低于仅调整信号配时参数的 Synchro 方法,但其他非关键流向,如交叉口 A 车道(1,2)、车道(3,2)和交叉口 B 车道(1,1)等,由于关键流向绿信比提高而导致非关键流向绿信比降低使得延误值增加。

比较考察总停车次数指标(见图 8-7),在低流量方案与延误指标相似,采用 AFSST 方法和 Synchro 方法的差异并不明显;而在高流量方案采用 AFSST 方法优化车道功能和信号配时参数之后主路径方向的车流(交叉口 A 车道(2,2)、交叉口 B 车道(2,2))停车次数显著降低。但对于交叉口 A 车道(2,3)、车道(4,3)和交叉口 B 车道(2,3)、车道(4,3),由于车道功能由右转车道变为直右车道,饱和流率有所折减,延误增加,停车次数也显著提高。

高、低流量方案下的交叉口群时空资源综合优化结果说明在空间资源无约束情况下同步优化法能实现车道功能、相位设置和配时参数的共同设计；在合理的车道功能设计方案下，调整并增加约束条件，可提高主路径车流的交通运行效益指标。

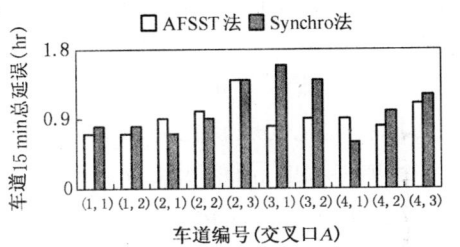
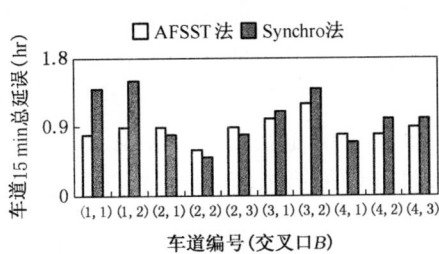

（a）低流量方案

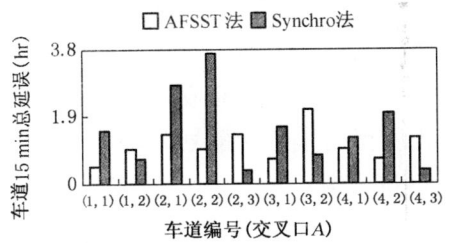
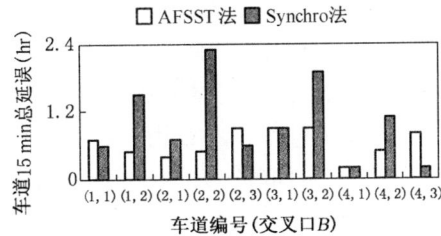

（b）高流量方案

图 8-6　分车道 15 min 总延误比较

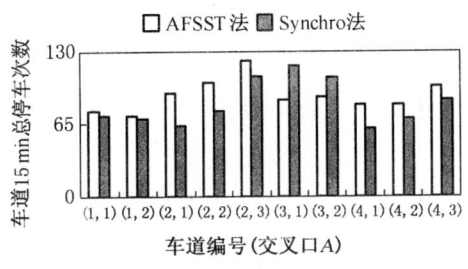
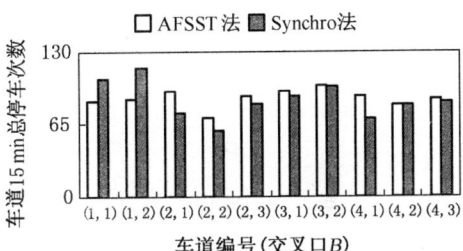

（a）低流量方案

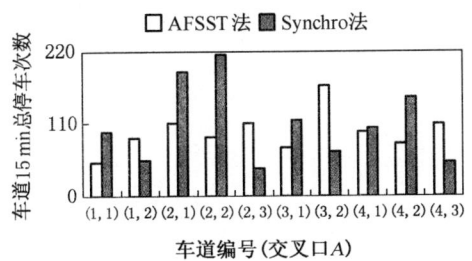
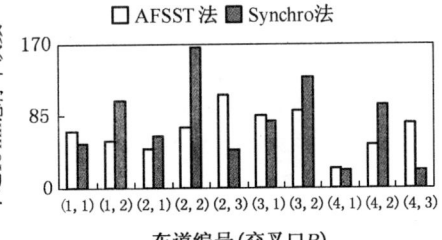

（b）高流量方案

图 8-7　分车道 15 min 总停车次数

8.5 本章小结

本章对交叉口群时空资源综合优化采取同步优化的策略，从数学建模的角度考虑交叉口车道功能与信号配时同步设计问题。在交叉口空间资源无约束情况下，对交叉口群非主路径方向的交叉口，从车道功能、流量分布、配时参数、饱和度约束四个方面建立约束条件集合，设定优化目标将优化问题转化为二进制混合整数线性规划模型求解，采用分支界定法完成对各项参数的寻优；对交叉口群主路径方向的交叉口，首先以各交叉口通行能力符合交通需求为优化目标，求解公用周期，其次增加公用周期约束与相位差约束，以主路径途经的交叉口进口道各车道通行能力得到优先满足为前提，将优化目标设置为使非主路径方向进口车道通行能力最大，进而对车道功能与信号控制协调优化问题进行求解。在交叉口空间资源有约束情况下，仅从流量分布、配时参数、饱和度三方面约束完成对相位相序及配时参数的寻优过程。本章由 AFSST 方法优化所得的车道功能划分与信号配时方案可作为交叉口群信号配时参数在线调整的基准方案。

第 9 章
交叉口群信号协调控制配时参数在线调整

绿信比优化模块与相位差优化模块是实现交叉口群动态协调控制的关键模块。绿信比优化模块的控制目标是使发生车队阻塞和过饱和状态的可能性尽可能最小,这一控制目标通过在给定的相位差和周期时长的前提下对绿灯时长进行合理的控制来实现。相位差优化是基于绿信比的调整通过反馈控制修改主路径方向相邻交叉口关键相位的相位差值,以尽可能延长绿波带宽。本章对多相位交叉口动态协调控制运行过程中的若干关键问题进行研究,提出基于模糊控制理论的绿信比调整方法与基于随机仿真优化的相位差调整方法。

9.1 多相位交叉口动态协调控制关键问题

相对于两相位控制的交叉口,当交通流量较大时,为保证交通安全,避免左转车流与对向的直行车流发生冲突,或考虑进口道内部及进口道之间流量的不均衡性,往往需要采用多相位信号控制。一般而言,相位数较多时,周期较长,配时不当可能造成较大的车辆延误,在多相位情况下常规定时控制很难获得良好的控制效果。以排队长度作为控制目标,在某一相位的放行过程中除了考虑尽可能消除当前通行相位的排队车长之外,还应观察下一个相位进口道的排队长度,综合考虑是否把通行权移交给下一个相位,以此来决定绿信比的分配方法更接近人的决策过程。按照这一思想提出多相位交叉口协调控制参数动态优化方法,重点对一个控制时间段内交叉口群各交叉口的绿信比及相邻交叉口之间的相位差进行调整。在实现多相位交叉口信号协调控制运行过程中,需要逐一解决控制时间段设定、基准方案设置、相位属性划分、相位切换方式选择、绿灯延长时间计算五个问题。

9.1.1 控制时间段设定

在对交叉口群内不同路径的车流进行协调控制时,控制方案的变换间隔不能太小,否则方案变换产生的消散波或集结波有可能造成交通紊流,引发交通阻塞。

由于路径上上一个交叉口相位的控制作用经过一段延时之后才作用到下一个交叉口,所以控制系统是一个纯迟延系统,其稳定性较差。因此,主路径协同控制系统中的信号周期和相位差不能频繁地剧烈变动,但在确定的周期和相位差的情况下,每一个交叉口的绿信比可相互独立地实时调整以应对交通流的瞬时变化。将 15 min 作为一个控制时间段,各控制时间段内的交叉口群交通流量分布由前一个控制时间段所检测到的交通流量信息预测获得。在不同控制时间段内,公用信号周期及相位差可做相应调整。

9.1.2 基准方案设置

依据对背景交通网络下一个控制时间段 15 min 交通流量分布情况预测,可获悉交叉口群协调控制范围与主路径走向;采用第 8 章提出的交叉口群时空资源综合优化方法,可确定公用周期、各交叉口相位/相序及绿信比方案;初始相位差由交叉口间距及两交叉口间车辆自由行驶车速确定,也可由 9.3 节提出的方法以一个控制时间段为周期进行优化调整。

9.1.3 相位属性划分

在多相位交叉口信号协调控制运行过程中,为及时响应交叉口交通量的变化情况,在某一相位的车辆放行过程中,除应考虑尽可能消除当前通行的排队车队长度之外,还应依靠在交叉口上游的检测设备测量车流量并估计排队长度,以此来决定是否延长或终止现行的信号相位。主路径方向的车流享有优先通过的权利。定义关键相位与非关键相位:对于主路径途经的某一交叉口,若某一流向与主路径走向相一致,则将决定该流向通行权的相位定义为关键相位,其他相位为非关键相位。

在周期固定的前提下,交叉口某一相位绿灯时间的早断或延长将影响到另一个相位的绿灯时间。在第 8 章对交叉口群时空资源综合优化问题进行建模时,在第三阶段,即已确定公用周期之后,确定优化目标为"主路径途经的交叉口进口道各车道通行能力必须得到优先满足,且其他进口道车道的通行能力应尽可能最大",因此,部分非关键相位的绿灯时间具有可压缩的空间,应对该部分相位的车流到达情况进行监测,若非关键相位的车辆到达数较少而关键相位的车辆排队长度较大时,应提前终止该相位的绿灯时间,将本周期的剩余时间分配给关键相位。

每个相位均受到"初始绿灯时间"(G_{min})与"绿灯极限延长时间"(G_{max})的约束。有些非关键相位由于初始绿灯时间较短,不适宜对其绿灯时间作进一步压缩,故不需要对其进行动态感应控制。设置初始绿灯时间时既应保证停在停车线和检测器之间的车辆全部驶出停车线所需的最短时间,也应保证行人安全过街所需时间。

当停止车辆间的平均车头时距为 6 m 时,推荐的随检测器位置而定的初始绿灯时间如表 9-1 所示。

表 9-1 随检测器位置而定的机动车初始绿灯时间[193]

检测器与停车线间距(m)	初始绿灯时间(s)
0~12	8
13~18	10
19~24	12
25~30	14
31~36	16

定义相位最短持续时间如下:

$$T_{\min} = \max(G_{\min} + Y, T_{sys} + Y) \tag{9-1}$$

式中:$T_{\min}$——相位最短持续时间(s);

Y——黄灯时间(s);

T_{sys}——信息检测、处理及控制器方案决策所需要的时间(s)。

相位最短持续时间应保证足够的时间把检测器与停车线间各方向上的车辆到达情况反映给控制器,并由控制器作出绿灯延长或早断的决定。若初始方案中某一非关键相位的持续时间小于相位最短持续时间 $T_{\min}$,则不将其作为感应相位。

9.1.4 相位切换方式选择

在感应信号控制中,有两种信号相位切换方式:定时相位切换(Fixed Force-off)和浮动相位切换(Floating Force-off)[194]。在定时相位切换方式下,如果一个非关键控制相位提前结束,其未使用的绿灯时间将移至下一个相位,直到下一个相位达到其预设的绿灯时间结束时刻为止;而在浮动相位切换方式下,该相位未使用的绿灯时间只能被移至关键相位。即定时相位切换模式中非关键相位的绿灯持续时间有可能超过初始方案的绿灯时长,而在浮动相位切换模式下非关键相位必须满足初始方案绿灯时长的约束。在图 9-1 中,相位 1 为关键相位,当相位 2 提前结束时,倘若相位 3 和相位 4 在该周期内到达的车辆数大于平均流量,在浮动相位切换方式下,相位 3 和相位 4 达到预设的最大绿灯时长后必须被切换,但在定时相位切换中,只有当相位 3 的结束时刻达到预定时刻时才切换为相位 4。为保证关键相位获得更长的绿灯通行时间,研究采用浮动相位切换方式。但浮动相位切换方式的不足在于不同信号控制周期内关键相位的起始时刻发生变化,在对多个交叉口进行协调控制时影响相位差的设置。

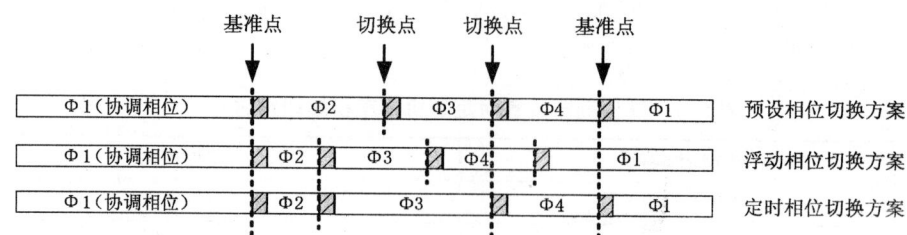

图 9-1 定时相位切换和浮动相位切换示意图

9.1.5 绿灯延长时间计算

在传统的感应控制中，对于某感应相位，信号控制器内预设一个"初始绿灯时间"（G_{min}），当初始绿灯时间结束后若在一个预置的时间间隔内该相位无后续车辆到达，则可切换至下一个相位；若检测器检测到有后续车辆到达，则每测得一辆车即延长一个预置的"单位绿灯延长时间"（G_0），直到延长至预置的"绿灯极限延长时间"（G_{max}）为止，若检测到后面仍有来车，不再延长绿灯时间，将通行权切换至下一个相位。为综合考量相位延长绿灯时间得到的交通效益和另一相位车流因红灯时间延长而导致的效益损失，本书设计了两级模糊协调控制算法；第一级模糊控制器采用观测数据估计不同绿灯延长时段内通行相位方向的车辆到达强度；第二级模糊控制器依据通行方向的车辆到达强度与红灯方向关键相位的累积排队强度确定绿灯延长时间。即绿灯延长时间不再是一个定值，而是在该相位结束前一段时间内（定义为预判检测时间 T_{detect}）不断对流量进行观测，依据非关键相位的车辆到达情况与关键相位的车辆排队情况实时确定。感应相位绿灯延长时间的基本工作原理如图 9-2 所示，基于模糊控制理论的绿灯延长时间计算方法将在下一节中详述。

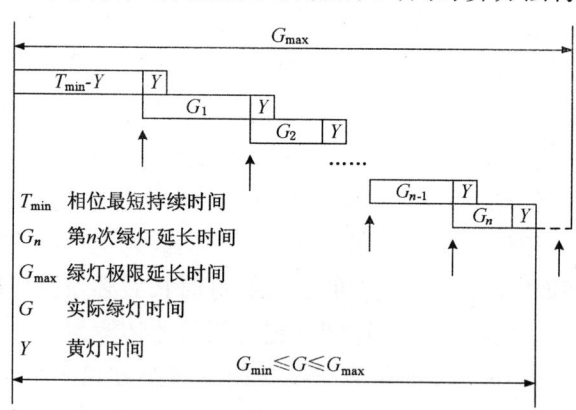

图 9-2 感应相位绿灯延长时间的基本工作原理

预判检测时间 T_{detect} 由检测器位置、控制器接收及处理信息效率等因素决定，与检测器、控制器运行时间 T_{sys} 的关系如下：

$$T_{sys} = T_{detect} + \gamma \quad (9\text{-}2)$$

式中：γ——控制器方案决策时间(s)。

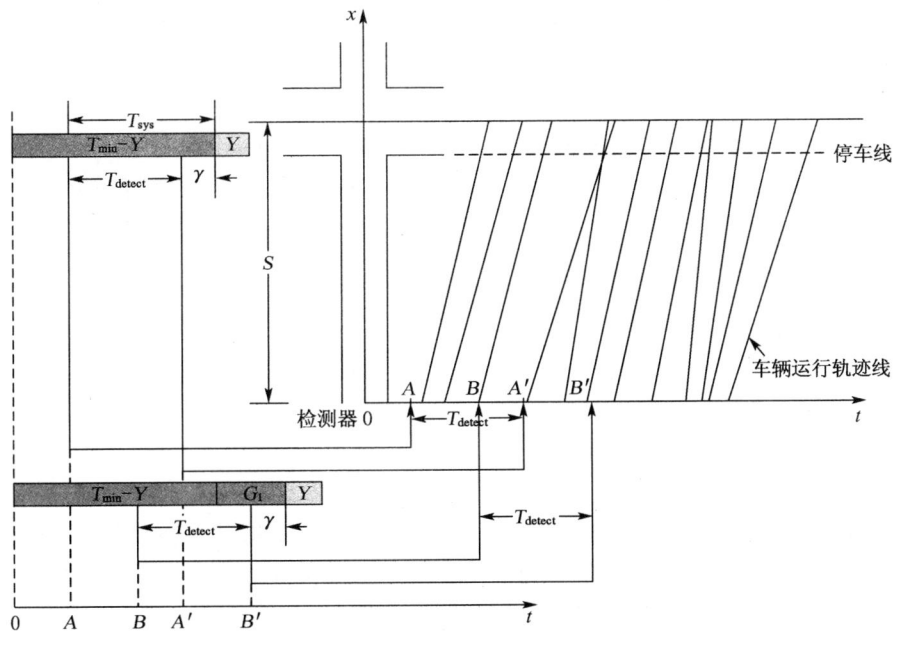

图 9-3 检测器工作示意图

当一个非关键感应相位的绿灯启亮之后，控制器需要在该相位黄灯启亮之前做出绿灯延时的决策。为了保证实时性，采用滑动时间窗的连续搜索及动态设计方法。

如图 9-3 所示，假设 G_{min} 大于 T_{sys}，为计算第 1 次绿灯延长时间 G_1，从时刻 A 到时刻 A'，布置在交叉口停车线上游的检测器开始工作，检测在该时段即预判检测时间 T_{detect} 期间内通行相位车辆的到达情况与静止相位车辆的排队情况，将相关信息传递给控制器，在决策时间 γ 内由控制器计算出 G_1。以此类推，第 2 次绿灯延长时间 G_2 的值则由检测器从时刻 B 到时刻 B' 的检测信息所决定，若 G_1 小于 T_{detect}，则时刻 B 会位于时刻 A 到时刻 A' 的区段之间。

9.2 基于模糊理论的交叉口群绿信比调整

交通控制系统的非线性、模糊性和不确定性使得传统的建模和控制方法难以奏效。在交通控制过程中借鉴人类求解问题的方法,通过知识的表达、推理和学习解决复杂的问题,将以往用纯数学来描述交通系统转变为用知识或知识与数学模型相结合来描述,通过逐步适应环境的学习能力,可以不断提高交通管理和控制效果。模糊控制理论在交通协调控制配时参数的优化计算中得到了广泛的研究与应用,如将采用模糊逻辑和模糊推理设计模糊控制器,制定多相位多级模糊控制方案[56,116,117,195~201];或在模糊系统获取知识的过程中,将神经网络与模糊逻辑相结合,通过从数据中学习知识,对规则库进行扩展,采用神经网络实现交通控制系统的模糊推理[202~205]等。

采用模糊控制理论对交叉口群主路径方向的交叉口进行绿信比在线调整时,周期时长、相位相序、相位属性、相位切换方式、初始绿灯时间与绿灯极限延长时间为已知条件,需要基于基准配时方案设计一种定周期多相位交叉口模糊控制器,以确定非关键感应相位的绿灯延长时间。

9.2.1 模糊控制器设计

在交叉口信号控制中,车辆的到达具有不确定性,若交叉口某一进口道方向车辆排队较长,则应增加绿灯时间。这是一种用语言"If(条件)…Then(作用)"形式描述的控制规则,由于状态条件和控制作用均具有模糊性,故此类语言控制被称为模糊控制。模糊控制技术具有以下几个显著特点:①模糊控制不依赖于被控对象的精确数学模型,克服了精确建模的复杂性;②建立在自然语言的基础上,对数据的精确性要求不高;③模仿人类推理过程,基于模糊规则的决策系统与人类对大量问题进行直观思考的方法相一致;④对复杂、动态和不确定性问题的处理能力较强,实时性控制效果较好[206]。

采用 Mamdani 极大极小推理法设计模糊控制器。首先采用模糊产生器将确定的输入量转化为模糊量供模糊推理机使用,模糊推理机根据模糊控制规则确定模糊关系,应用模糊逻辑推理算法得出控制器的模糊输出控制量,最后通过模糊消除器计算得到精确的控制值去控制被控对象。

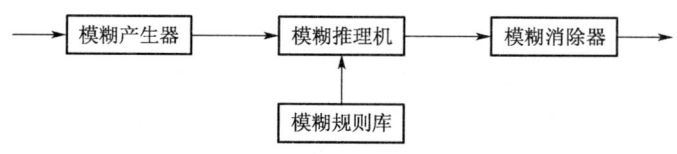

图 9-4 Mamdani 型模糊逻辑系统[206]

1. 变量的模糊化处理

本研究设计了一种两级模糊协调控制算法。定义 CP(Critical Phase)表示关键相位的集合，AP(Actuated Phase)表示进行感应控制的非关键相位集合；NP(Non-actuated Phase)表示不进行感应控制的非关键相位集合。模糊控制器的第一级由 AP 集合中的相位在绿灯放行期间的车辆到达情况决定，用绿灯车流到达强度(GA)描述；第二级模糊控制器决定延长现行的绿灯相位的时间长度，引入红灯时刻主路径车道排队强度指标(RP)。将预判检测时间 T_{detect} 定为 10 s。

(1) 第一级控制器模糊变量

若有 K 条车道在 AP 相位放行车辆，对任意一条车道 k，设在预定相位结束时的下一个 10 s 内，相继每个时间单元 1 s 越过停车线的车辆数 α_j 已由检测器获得，例如：

$$\begin{cases} j: & 1\ 2\ 3\ 4\ 5\ 6\ 7\ 8\ 9\ 10\ \text{s} \\ \alpha_j = (& 0\ 1\ 0\ 1\ 1\ 1\ 1\ 0\ 0\ 1) \end{cases} \tag{9-3}$$

则 10 秒内累计到达的车辆数为：

$$\begin{cases} j: & 1\ 2\ 3\ 4\ 5\ 6\ 7\ 8\ 9\ 10\ \text{s} \\ \beta_j = (& 0\ 1\ 1\ 2\ 3\ 4\ 5\ 5\ 5\ 6) \end{cases} \tag{9-4}$$

将 β_j 可作为模糊控制器的输入，引入表示"时间"的模糊输入变量 T、表示正在通行的车道上"累计即将到达车辆数"的模糊输入变量 A、表示"绿灯方向车流到达强度"的模糊输出变量 GA。

对 T 取 5 个语言值："很短"(T_1)，"短"(T_2)，"中等"(T_3)，"长"(T_4)，"很长"(T_5)；A 取 5 个语言值："很少"(A_1)，"少"(A_2)，"中等"(A_3)，"多"(A_4)，"很多"(A_5)；GA 取 4 个语言值："很小"(GA_1)，"小"(GA_2)，"中等"(GA_3)，"大"(GA_4)。各模糊变量的隶属度函数如图 9-5 所示。

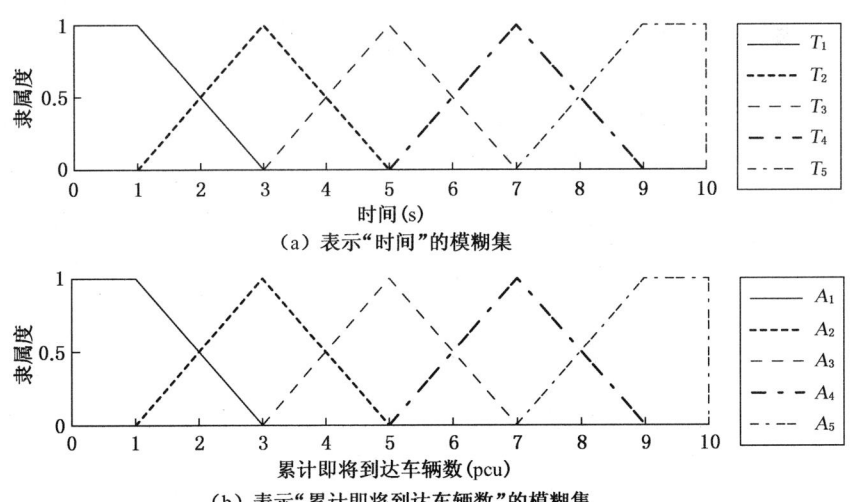

(a) 表示"时间"的模糊集

(b) 表示"累计即将到达车辆数"的模糊集

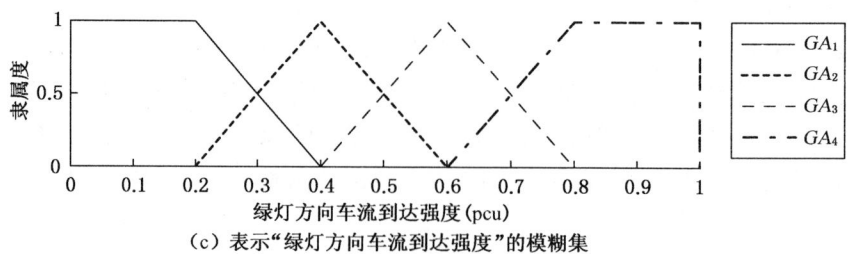

(c) 表示"绿灯方向车流到达强度"的模糊集

图 9-5 第一级控制器模糊变量模糊集

(2) 第二级控制器模糊变量

设主路径方向共有 K' 条进口车道,在 AP 相位预定相位持续时间终止后的下一个 10 s 内,检测每个单元时间 1 秒内 K' 条进口道各车道新增的排队车辆数,第 J 秒时关键相位排队强度 RP^J 的计算方法如式(9-5)所示:

$$RP^J = \left(\sum_{k'=1}^{K'} p_{k'} + \sum_{k'=1}^{K'}\sum_{j=1}^{J} \gamma_{k'j}\right) - \sum_{k'=1}^{K'} q_{k'} \times (t_R + J) \quad J = 1, 2, \cdots, 10$$

(9-5)

式中:RP^J——第 J 秒时关键相位车道排队强度(pcu);

$p_{k'}$——在预定相位结束时第 k' 条车道的累积排队长度(pcu);

$q_{k'}$——第 k' 条车道的平均车辆到达率(pcu/s);

$\gamma_{k'j}$——在第 j 个单元时间第 k' 条车道所检测到的新增排队车辆数(pcu);

t_R——在 AP 相位预定相位持续时间终止时刻,关键相位方向的红灯已持续时间(s)。

AP 相位的绿灯延长时间由 GA 与 RP 共同决定。引入表示"主路径车道排队强度"的模糊输入变量"RP",表示"延长时间"的模糊输出变量"E"。

对 RP 取 5 个语言值:"很小"(RP_1),"小"(RP_2),"正常"(RP_3),"大"(RP_4),"很大"(RP_5);E 取 4 个语言值:"零"(E_1),"小"(E_2),"中等"(E_3),"大"(E_4)。各模糊变量的隶属度函数如图 9-6 所示。

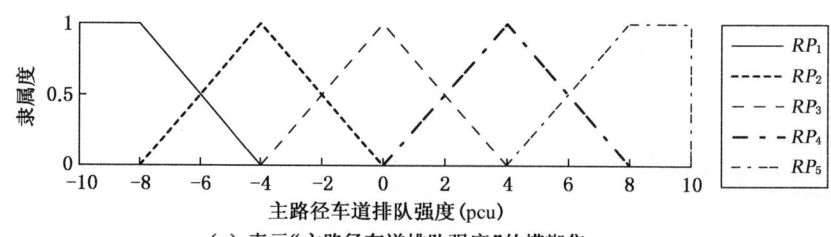

(a) 表示"主路径车道排队强度"的模糊集

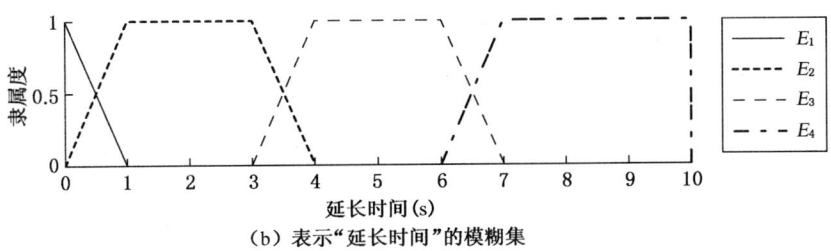

(b) 表示"延长时间"的模糊集

图 9-6　第二级控制器模糊变量模糊集

2. 模糊控制规则的语言描述

在第一级模糊控制器中，把 T 和 A 的语言描述作为输入，绿灯方向车流到达强度 GA 可由表 9-2 的模糊规则确定。例如：如果 T 为"中等"且 A 为"少"，则 GA 为"小"。在式(9-3)中，虽然在第 5 秒与第 10 秒的平均到达率相同，均为 0.5 pcu/s，但依据模糊规则进行模糊推理并去模糊化（具体计算方法见下文）后，所得的绿灯方向车流到达强度 GA 值并不相同，$GA^5 = 0.4, GA^{10} = 0.273$，表明在非关键路径的感应相位方向，在车辆到达率相等的情况下倾向于延长较短的绿灯时间。

表 9-2　绿灯方向车流到达强度的模糊规则

A	T				
	T_1(很短)	T_2(短)	T_3(中等)	T_4(长)	T_5(很长)
A_1(很少)	GA_2(小)	GA_2(小)	GA_1(很小)	GA_1(很小)	GA_1(很小)
A_2(少)	GA_3(中等)	GA_2(小)	GA_2(小)	GA_1(很小)	GA_1(很小)
A_3(中等)	GA_4(大)	GA_3(中等)	GA_2(小)	GA_2(小)	GA_1(很小)
A_4(多)	GA_4(大)	GA_4(大)	GA_3(中等)	GA_2(小)	GA_2(小)
A_5(很多)	GA_4(大)	GA_4(大)	GA_4(大)	GA_3(中等)	GA_2(小)

RP 和 GA 的语言描述共同作为第二级模糊控制器的输入，延长时间 E 可由表 9-3 的模糊规则确定。规则的确定可根据经验来确定。当绿灯方向的车流到达强度"很小"时，不需要延长绿灯时间；当关键路径车队排队强度"很大"，绿灯方向车流到达强度也"很大"时，为保证关键路径方向车辆优先通过，应延长较小绿灯时间。

表 9-3 延长时间的模糊规则

GA	RP				
	RP_1(很小)	RP_2(小)	RP_3(正常)	RP_4(大)	RP_5(很大)
GA_1(很小)	E_1(零)	E_1(零)	E_1(零)	E_1(零)	E_1(零)
GA_2(小)	E_2(小)	E_2(小)	E_2(小)	E_2(小)	E_1(零)
GA_3(中等)	E_3(中等)	E_3(中等)	E_3(中等)	E_2(小)	E_1(零)
GA_4(大)	E_4(大)	E_4(大)	E_4(大)	E_3(中等)	E_2(小)

3. 模糊推理及去模糊化

在第一级模糊控制器中,采用的是"如果 x 是 A_i 且 y 是 T_i,则 z 是 GA_i"的模糊关系;在第二级模糊控制器中,模糊控制关系为"如果 x 是 RP_i 且 y 是 GA_i,则 z 是 E_i"。Mamdani型模糊推理算法采用极小运算规则定义模糊蕴含表达的模糊关系,如果规则为"R:如果 x 是 A,则 y 是 B",那么表达的模糊关系 R_c 定义为:

$$R_c = A \times B = \int_{X \times Y} (\mu_A(x) \wedge \mu_B(y))/(x,y) \tag{9-6}$$

式中:R_c——模糊集 A 到 B 的模糊关系;

$\mu_A(x)$——个体 x 对模糊集 A 的隶属度;

$\mu_B(y)$——个体 y 对模糊集 B 的隶属度。

符号"×"表示直积运算;积分符号"$\int_{X \times Y}$"不代表普通的积分,也不意味着求和,而是表示无限多个元素与其相应隶属度对应关系的总括;符号"∧"表示取小运算,即取两个隶属度当中较小者为运算结果。

当 x 为 A',且模糊关系的合成运算采用"极大—极小"运算时,模糊推理的计算结果如下:

$$B' = A' \circ R_c = \int_Y \bigvee_{x \in X} (\mu_{A'}(x) \wedge (\mu_A(x) \wedge \mu_B(y)))/y \tag{9-7}$$

式中,符号"。"表示合成运算;符号"∨"表示取大运算,即取两个隶属度当中较大者为运算结果[206]。

面积中心法是去模糊化最常用的方法,该方法又称为重心法,即计算隶属度函数曲线包围区域的重心。对于连续论域的情形,设 U 是某一变量 u 在论域 U 上的模糊集合,则去模糊化的结果为:

$$u_c = \frac{\int_U U(u) u \, du}{\int_U U(u) \, du} \tag{9-8}$$

图 9-7 以图形的形式显示了两级模糊控制器模糊推理系统的输入与输出特性曲面,它反映了各级模糊控制器中两个输入与一个输出之间的依赖关系。

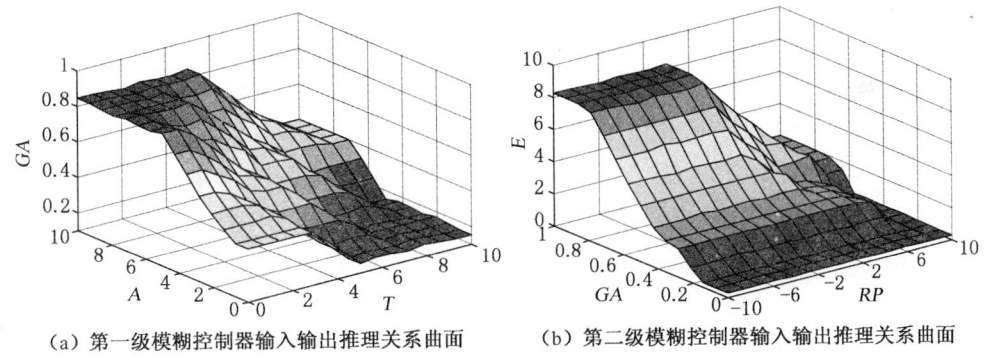

(a) 第一级模糊控制器输入输出推理关系曲面　　(b) 第二级模糊控制器输入输出推理关系曲面

图 9-7　模糊推理输入输出曲面图

在第一级模糊控制器中,对 K 条车道的绿灯车流到达强度进行去模糊化处理后,可得 K 个 GA_k 值。分别将各 GA_k 值作为第二级模糊控制器的输入变量之一,与各 RP^j 值进行模糊推理运算,经过去模糊化处理后,得到 $K \times J$ 个 E_{kj} 值,选择其中最大值作为最终去模糊化的结果。

9.2.2　两级模糊协调控制算法描述

两级模糊协调控制算法的运算流程描述如下(见图 9-8):

步骤 0:选择交叉口群内任一交叉口,获取其初始信号配时方案,包括相位个数 N、公用周期时长 C、各相位的绿灯时长 g_n 及黄灯时间 Y;确定关键相位集合 CP、进行感应控制的非关键相位集合 AP 以及不进行感应控制的非关键相位集合 NP 中的元素;置 15 min 内感应控制的周期个数为 $M = \text{ceil}(900/C)$,周期控制变量 $m = 1$;对于相位 $P_n \notin AP$,设绿灯时间为 $G_n = g_n$;对于相位 $P_n \in AP$,设初始绿灯时间为 $G_{\min}$,绿灯极限延长时间为 $G_{\max n} = g_n$。设定初始相位 $P_1 \in CP$。

步骤 1:对于相位 P_n,判断其隶属的相位集合,选择对应情形并执行相关语句。情形 11:若 $P_n \notin AP$ 且 $n < N$,进入下一个相位,继续执行步骤 1;情形 12:若 $P_n \in AP$,令 $i = 1, G_n^i = G_{\min}$,执行步骤 2;情形 13:若 $P_n \notin AP$ 且 $n = N$,执行步骤 4。

步骤 2:检测交叉口各进口道的车辆到达情况,计算 $G_n^i + Y$ 结束后的 10 s 内每个单元时间绿灯方向第 k 个进口道累计到达车辆数 A_k^i 和关键路径车队排队强度 RP^j,输入模糊控制器中求解绿灯延长时间 ΔG_n^i,选择对应情形并执行相关语句。情形 21:若 $\Delta G_n^i = 0$ 且 $n < N$,该相位在本周期的绿灯时长 G_n 为 G_n^i,转换至下一

个相位,执行步骤 1;情形 22:若 $\Delta G_n^i > 0, i = i+1, G_n^i = G_n^{i-1} + \Delta G_n^{i-1}$,执行步骤 3;情形 23:若 $\Delta G_n^i = 0$ 且 $n = N$,该相位在本周期的绿灯时长为 G_n^i,执行步骤 4。

步骤 3:依据 G_n^i 值选择对应情形并执行相关语句。情形 31:若 $G_n^i < G_{\max n}$,返回步骤 2;情形 32:若 $G_n^i > G_{\max n}$ 且 $n = N$,该相位在本周期的绿灯时长 G_n 为 G_n^{i-1},执行步骤 4;情形 33:若 $G_n^i > G_{\max n}$ 且 $n < N$,该相位在本周期的绿灯时长 G_n 为 G_n^{i-1},进入下一相位,返回步骤 2。

步骤 4:计算 $\Delta G_{CP} = C - (G_1 + G_2 + \cdots + G_n + nY)$,令 $m = m+1$,依据 m 值选择对应情形并执行相关语句。情形 41:若 $m < M, G_1 = g_1 + \Delta G_{CP}, n = 1$,返回步骤 1;情形 42:若 $m = M$,结束运算。

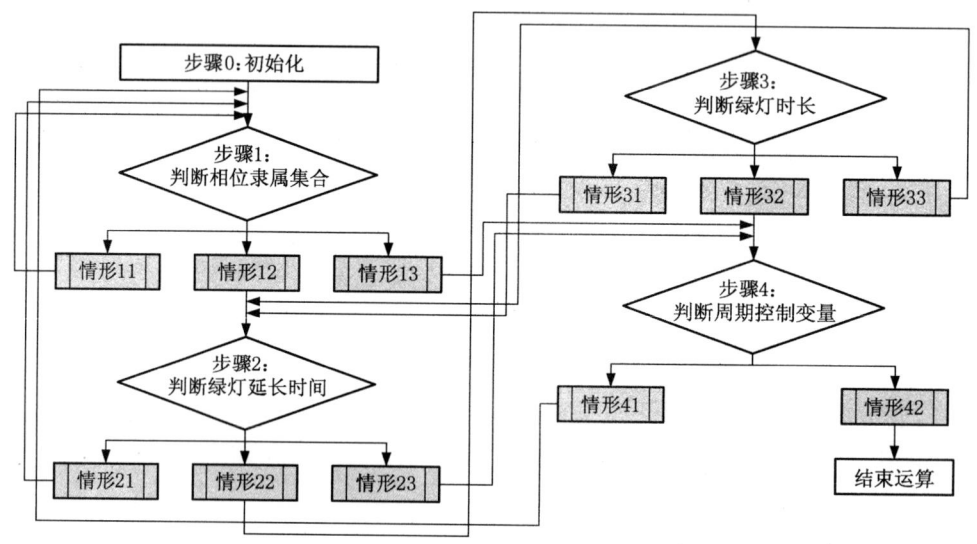

图 9-8 两级模糊协调控制算法运算流程

9.2.3 仿真示例

1. 仿真对象

研究以 8.3 节的双交叉口计算示例为仿真对象。采用高流量方案,确定从交叉口 A 西进口道方向至交叉口 B 东出口道方向为主路径方向。将相位最短持续时间 $T_{\min}$ 定为 13 s,其中 3 s 为黄灯时间。首先对相位属性进行划分,如图 9-9 所示。对于交叉口 A,相位 1 为关键相位,相位 2、3、4 为非关键相位,由于非关键相位持续时间均大于 13 s,故 4 个相位均应对车流进行实时检测;对于交叉口 B,相位 1 和相位 2 为关键相位,其余相位为非关键相位,由于相位 5 与相位 6 持续时间较短,不作为感应相位。

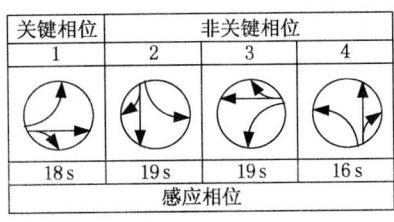

图 9-9 相位属性划分

在仿真环境中,假设交叉口 A 进口道 1、2、3 和交叉口 B 进口道 1、3、4 的车辆到达服从泊松分布(各车道车辆到达率如表 9-4 所示);相位差设为 40 s;相位、相序和周期每 12 个信号周期改变一次(即每个控制时间段内有 12 个信号周期);在理想情况下控制器方案决策时间 γ 取值 0;仿真时间为 100 个控制时间段,包括 1 200 个信号周期。

表 9-4 各车道车辆到达率(单位:pcu/s)

进口道编号	1	1	2	2	2	3	3	4	4	4
车道编号	1	2	1	2	3	1	2	1	2	3
交叉口 A	0.07	0.07	0.08	0.09	0.09	0.09	0.09	0.1	0.11	0.09
交叉口 B	0.09	0.09	0.06	0.14	0.12	0.09	0.11	0.03	0.1	0.09

2. 评价指标

为评价一个控制时间段内某一个信号配时方法的控制效果,采用平均排队长度作为评价指标。首先,计算某一个控制时间段内第 i 个信号周期结束时第 j 个车道车流的排队长度 $p_i^{(j)}$:

$$p_i^{(j)} = \max(p_{i-1}^{(j)} - s_i^{(j)} + d_i^{(j)}, 0) \tag{9-9}$$

式中:$p_{i-1}^{(j)}$——第 $i-1$ 个信号周期结束时第 j 个车道车流的排队长度(pcu);

$s_i^{(j)}$——第 i 个信号周期结束时第 j 个车道放行的车辆总数(pcu);

$d_i^{(j)}$——第 i 个信号周期结束时第 j 个车道到达的车辆总数(pcu)。

设 M 为一个控制时间段内信号周期的个数,则一个控制时间段内,各信号周期结束时第 j 个车道车流的排队长度平均值 $\overline{P}^{(j)}$ 为:

$$\overline{P}^{(j)} = \frac{\sum_{i=1}^{M} p_i^{(j)}}{M} \tag{9-10}$$

3. 仿真结果

采用 Matlab2009b 编写两级模糊协调控制的仿真程序,建立 Greenarrive.fis

和 Redqueue.fis 两个模糊推理系统,通过 Matlab 中模糊工具箱内的函数"readfis"和"evalfis"调用模糊推理系统,给定输入通过模糊推理即可得到相应输出。基于 Matlab 仿真平台模拟车流运行过程,计算平均排队长度值,将模糊感应控制的仿真结果与定时控制进行比较,结果如图 9-10 所示。

由图 9-10 可知,采用本节提出的两级模糊协调控制方法后,主路径方向交叉口 A 和交叉口 B 的车道(2,1)、车道(2,2)、车道(2,3)平均排队长度均有所降低,表明该方法能够更好地疏散主路径方向的交通流。运用双样本假设检验对控制效果作进一步分析,绘制各车道控制效果的正态概率图,图形均显示出较好的直线形态(图 9-11 以交叉口 B 东进口道方向第 2 条车道平均排队指标的正态概率图为例),初步判断评价指标呈正态分布,因此,采用 t 检验考查定时控制与模糊感应控制效益评价指标有无差异性。

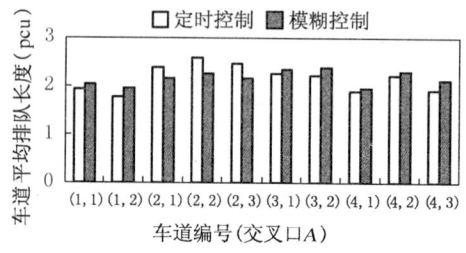 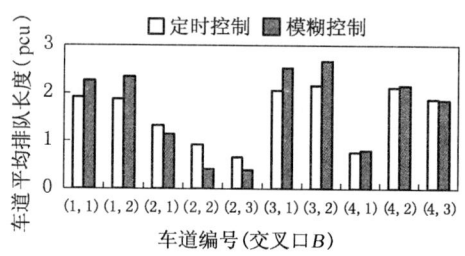

图 9-10 分车道 15 min 平均排队长度比较

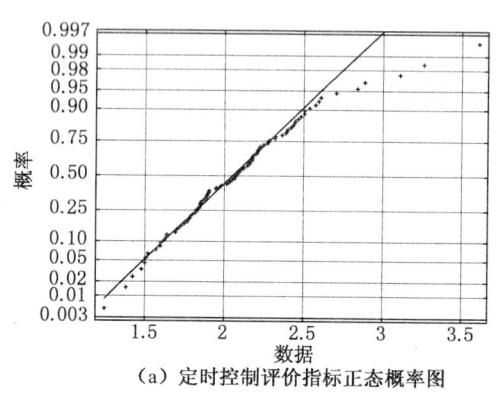 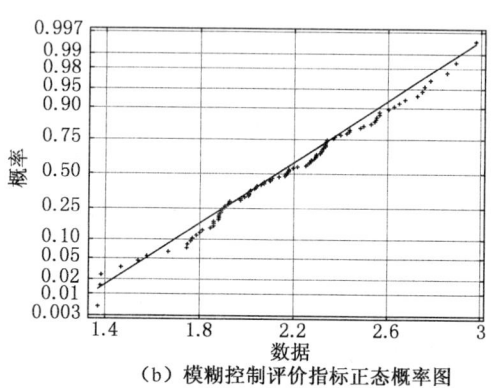

(a) 定时控制评价指标正态概率图　　　(b) 模糊控制评价指标正态概率图

图 9-11 车道运行效益评价指标正态概率图(车道编号:交叉口 $B(4,2)$)

注:由于篇幅所限,其他车道运行效益评价指标的正态概率图从略。

设采用定时控制各车道的平均排队长度期望为 μ_1,采用模糊控制各车道的平均排队长度期望为 μ_2,记

$$H_0: \mu_1 = \mu_2; H_1: \mu_1 > \mu_2$$

其中，H_0 为原假设，H_1 为备选假设。取显著性水平 $\alpha=0.05$，表 9-5 列出了拒绝原假设的所有样本信息，此类车道样本均位于主路径方向，表明采用模糊协调控制方法之后在主路径方向平均排队长度显著降低。

表 9-5 双样本均值显著性差异分析（$H_0:\mu_1=\mu_2;H_1:\mu_1>\mu_2$）

交叉口编号	进口道编号	车道编号	控制方式	均值(pcu)	标准差(pcu)	样本量	检验值 H	t 检验统计量	$P(T\leqslant t)$
A	2	1	定时	2.394	0.589	100	1	2.861	0.002
A	2	1	模糊	2.174	0.496	100			
A	2	2	定时	2.601	0.522	100	1	4.584	0.000
A	2	2	模糊	2.271	0.495	100			
A	2	3	定时	2.457	0.589	100	1	4.037	0.000
A	2	3	模糊	2.163	0.427	100			
B	2	1	定时	1.330	0.000	100	1	443.649	0.000
B	2	1	模糊	1.149	0.004	100			
B	2	2	定时	0.920	0.000	100	1	214.462	0.000
B	2	2	模糊	0.411	0.024	100			
B	2	3	定时	0.654	0.000	100	1	102.913	0.000
B	2	3	模糊	0.395	0.025	100			

分析改变控制方法后其他车道交通运行效益所受到的影响，设假设为：

$$H_0:\mu_1=\mu_2;H_1:\mu_1\neq\mu_2$$

从验证结果看（见表 9-6），有 5 条车道计算所得的 t 检验统计量的相伴概率大于显著性水平 $\alpha=0.05$，所以不能拒绝原假设，表明控制方案改变后交通运行效益未受到显著影响；而受绿信比调整的影响，其余车道的平均排队长度有所增加。

表 9-6 双样本均值显著性差异分析（$H_0:\mu_1=\mu_2;H_1:\mu_1\neq\mu_2$）

交叉口编号	进口道编号	车道编号	控制方式	均值(pcu)	标准差(pcu)	样本量	检验值 H	t 检验统计量	$P(T\leqslant t)$
A	3	1	定时	2.224	0.471	100	0	−1.784	0.076
A	3	1	模糊	2.344	0.487	100			
A	3	2	定时	2.317	0.487	100	0	−0.896	0.371
A	3	2	模糊	2.380	0.510	100			
B	4	1	定时	0.782	0.199	100	0	−0.577	0.565
B	4	1	模糊	0.798	0.206	100			

交叉口编号	进口道编号	车道编号	控制方式	均值(pcu)	标准差(pcu)	样本量	检验值 H	t 检验统计量	$P(T\leqslant t)$
B	4	2	定时	2.083	0.397	100	0	−1.439	0.152
			模糊	2.159	0.344	100			
B	4	3	定时	1.916	0.392	100	0	−1.132	0.259
			模糊	1.855	0.379	100			

上述结果表明，该方法能够更好地疏散主路径方向的交通流，对于主次干道流量悬殊的交叉口群控制，该方法更能显示出其优越性。将模糊控制理论引入交叉口群信号动态协调控制，可以有效地处理模糊信息，提升控制效果，但客观而言，仍有可进一步改进的空间：①由于模糊控制器产生的规则比较粗糙，交叉口群内各交叉口的设施条件及交通流运行状态迥异，采用统一的、固定不变的控制器对于复杂的大系统难以保证控制精度，有时甚至会降低系统的鲁棒性，而神经网络的非线性映射能力强，利用这一点来学习规则、建立模糊神经网络控制器，依据检测数据对神经网络不断进行训练与调整可以有效地提高控制精度；②研究提出的模糊信号控制器采用的是浮动相位切换方式，即关键相位的起始时刻受到绿信比分配结果的影响，进而也导致上、下游交叉口的相位差发生改变，对协调控制效果造成影响，下节将针对相位差的优化作进一步的研究。

9.3 绿信比调整影响下的主路径相位差优化

9.3.1 绿信比调整对相位差的影响

相位差是交叉口群交通控制系统中联动协调的一个重要参数，其优化的最终目的是为了改善各交叉口间车流行驶的连续性，以期获得最少的停车次数和延误。在交叉口群信号协调控制中，相位差优化是在主路径方向选定一个基准交叉口，规定该交叉口的相位差为 0，确定是否要把相邻交叉口关键相位的开始时间同时提前、滞后或者保持不变。

在模糊感应控制中，绿信比调整对相位差设置产生显著影响。以 9.2.3 节的计算示例为例，对模糊感应控制的各相位持续时间分布情况进行统计。在通过模糊推理对绿信比进行重新分配后，对于交叉口 A，如图 9-12 所示，主路径方向相位 1 的最大可能持续时间为 23 s，非关键相位即相位 2、相位 3、相位 4 的最短可能持续时间分别为 16 s、17 s 和 13 s；将非关键相位的绿灯节余时间转至相位 1 后，相位 1 的持续时间分布在 18～23 s 之间。交叉口 B 采用模糊感应控制方法之后绿信比的分配情况较为稳定,99.1%的信号控制周期内关键相位1的绿灯时间增加了4 s,而相位3与相位4的绿灯时间分别减少了2 s(见表9-7)。

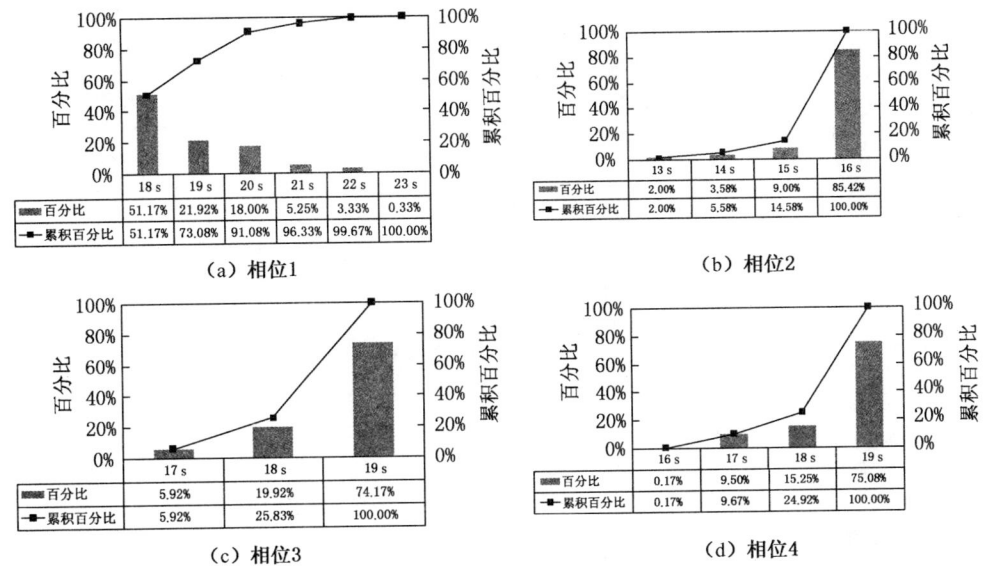

图9-12 交叉口 A 各相位持续时间分布图

表9-7 交叉口 B 各相位持续时间

相位属性	感应相位				非感应相位	
相位序号	1	2	3	4	5	6
定时控制相位持续时间	6 s	19 s	18 s	18 s	5 s	6 s
模糊控制相位持续时间	10 s	19 s	16 s	16 s	5 s	6 s

任取相位 $P_i \in AP$(设进行感应控制的非关键相位集合 AP 中有 n 个相位),设绿灯极限延长时间为 G_{maxi}(s),经模糊感应控制后实际绿灯时间为 G_i(s),则关键相位绿灯提前启亮时间 ΔG_{CP}(s)为:

$$\Delta G_{CP} = C - (\sum_{i}^{n} G_i + nY) = \sum_{i}^{n}(G_{maxi} - G_i) \quad (9-11)$$

对进行协调控制的相邻两个交叉口 A 和 B,分析关键相位均无绿灯提前启亮时间(情形(a))、$\Delta G_{CP}^{(A)} = \Delta G_{CP}^{(B)}$(情形(b))、$\Delta G_{CP}^{(A)} > \Delta G_{CP}^{(B)}$(情形(c))、$\Delta G_{CP}^{(A)} < \Delta G_{CP}^{(B)}$(情形(d))四种情形下连续车流的运行状况,如图9-13所示。

对于情形(a)和情形(b),上游交叉口驶离停车线的头车到达下游交叉口停车线,下游交叉口关键相位绿灯刚好启亮,此时是协调控制的最佳理想状态,称之为"有车有灯"或"无车无灯"。对于情形(c),交叉口 A 的关键相位绿灯提前启亮时间

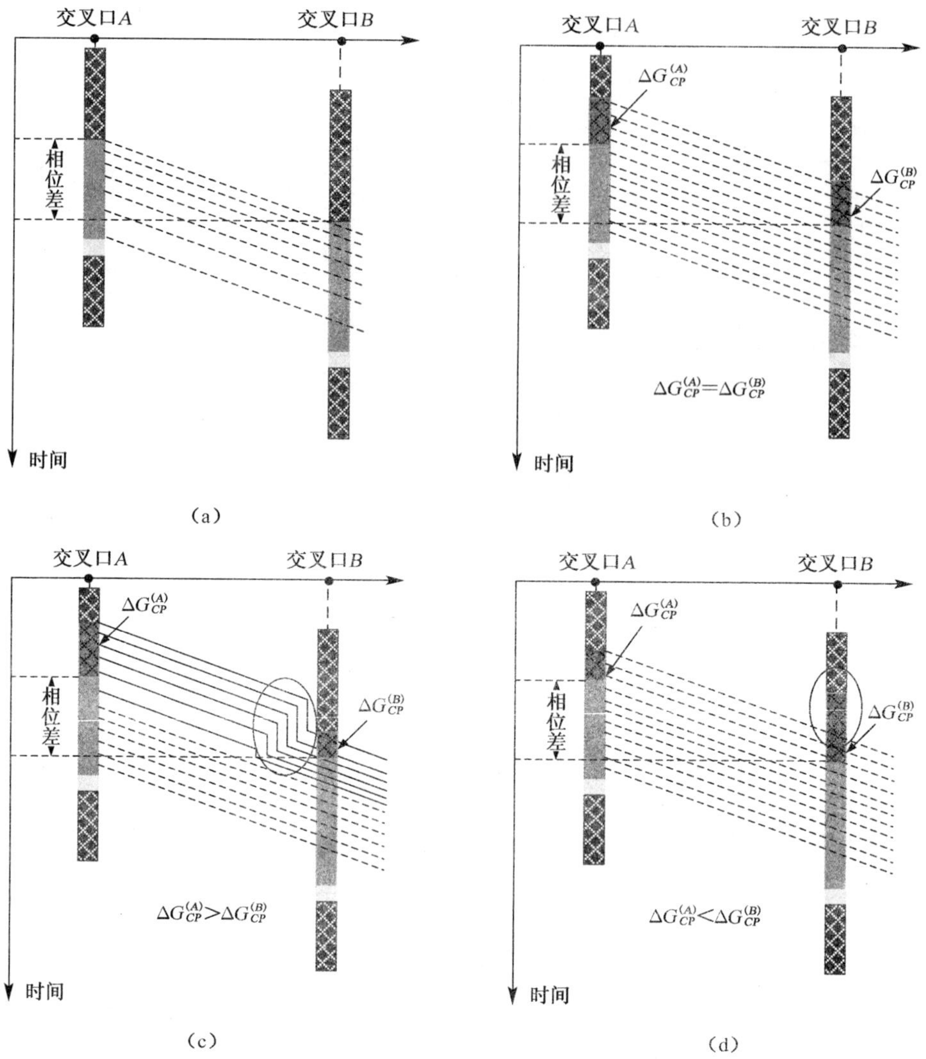

图 9-13 绿灯延时对连续车流运行状况的影响

大于交叉口 B，上游交叉口的驶出车辆到达下游交叉口时关键相位绿灯尚未启亮，车辆需要停车排队，虽然不存在下游关键相位绿灯时间的浪费，但会导致延误的增加，此种情况称之为"有车无灯"。在情形（d）中，上游交叉口驶出的头车到达下游交叉口停车线，而下游交叉口关键相位的绿灯时间已启亮一段时间，上游交叉口驶出的主路径方向的车队需要加速通行，以与下游交叉口驶离的车队保持跟车形式，以便在下游再次获得绿波，此种情况称之为"有灯无车"，由于两股车流行驶连续性衔接不充分而产生下游协调相位绿灯时间的浪费。

9.3.2 基于随机仿真的相位差优化

基于随机仿真的优化方法(Stochastic simulation-based optimization, SSO)是一种采用统计抽样理论求解实验模型的方法。该方法的核心是假定模型的输入是具有真实分布的随机变量,取参数分布上的每一个值进行一次仿真计算,所得的随机仿真生成响应面反映了输入参数在物理上具有特定分布时系统的真实响应,不需要确切的输入与输出之间的关系即可解决系统的优化问题[207]。

设相邻两交叉口的间距(即停车线到停车线的距离)为 L(m),交叉口间车辆自由行驶的设计车速为 V(m/s),车辆从上游停车线到达下游停车线的设计自由行程时间为 $T=L/V$ (s),优化相位差 O_o(s)如式(9-12)所示:

$$O_o = T + \Delta G_{CP}^{(A)} - \Delta G_{CP}^{(B)} \tag{9-12}$$

式中:$\Delta G_{CP}^{(A)}$——上游交叉口 A 关键相位绿灯提前启亮时间(s);

$\Delta G_{CP}^{(B)}$——下游交叉口 B 关键相位绿灯提前启亮时间(s)。

采用模糊感应控制后不同周期 $\Delta G_{CP}^{(A)}$ 与 $\Delta G_{CP}^{(B)}$ 均发生改变,可视为两组随机变量,因此 O_o 也可被认为是一组随机变量。若能获悉 O_o 的分布情况,即可寻找到具有最大发生概率的相位差值作为优化结果。

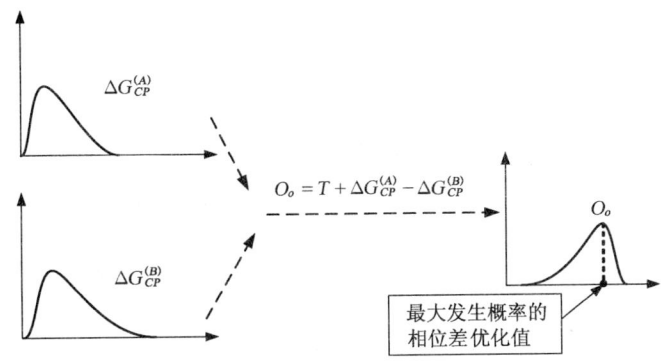

图 9-14 相位差的寻优过程

以美国联邦公路署在 NGSIM(Next Generation Simulation)项目中对位于美国加利福尼亚州洛杉矶市的主干道 Lankershim Boulevard 的感应信号控制数据为例,分析相邻 3 个交叉口 Int 88、Int 89、Int 90 协调相位方向绿灯提前启亮时间的分布情况,分别记为 Δg_1、Δg_2、Δg_3。选取 2005 年 6 月 17 日 10:00 至 15:00、19:00 至22:00 两个时段共计 285 个信号周期的绿信比方案,在该时段内各交叉口的信号周期、相位相序、相位差均保持一致,相关信息如图 9-15 所示。

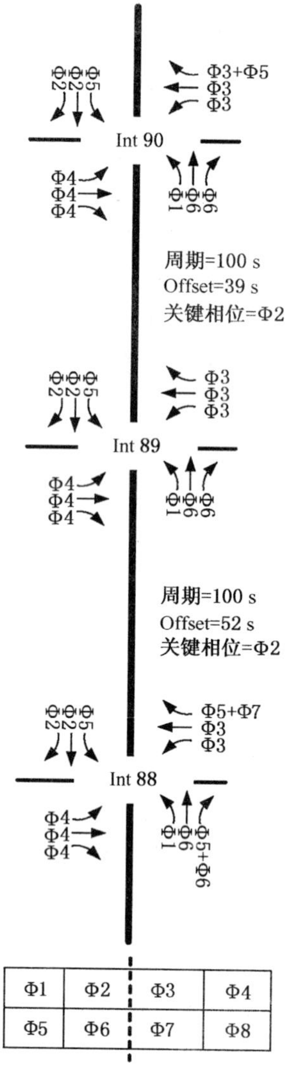

图 9-15　交叉口布局及信号配时方案

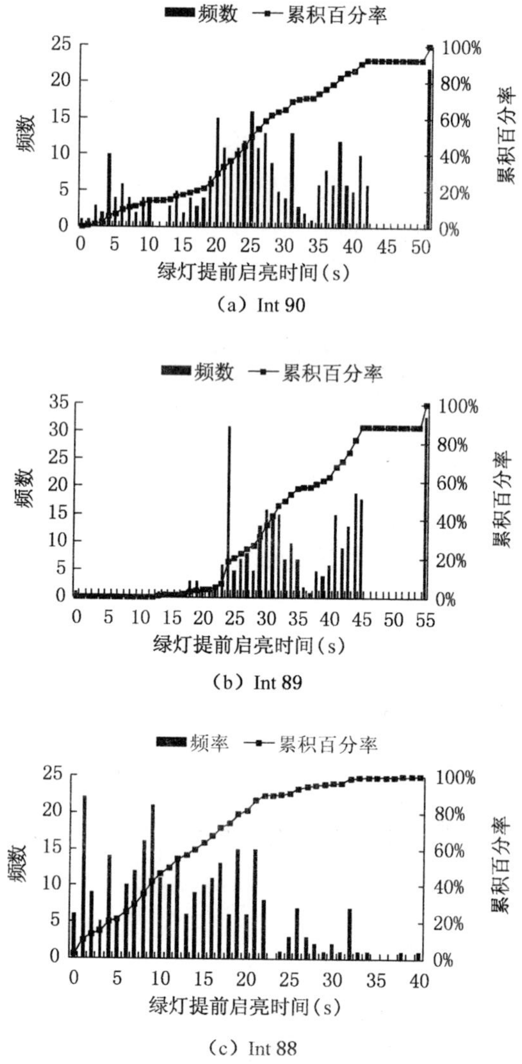

图 9-16　绿灯提前启亮时间分布图

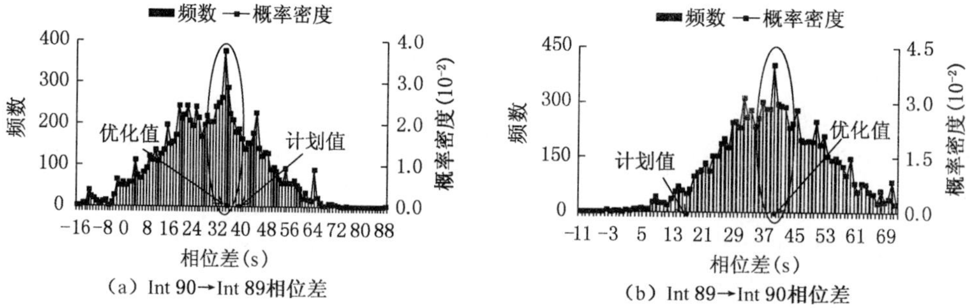

图 9-17　相位差优化分布图

图 7-16 显示了 Δg_1、Δg_2、Δg_3 三者的频数分布和累积百分率分布，由图可知无法用某一特定的概率分布函数描述绿灯提前启亮的分布时间。因此，依据实测数据的分布情况，采用蒙特卡罗法分别对 3 个交叉口生成 10^4 个关于绿灯提前启亮时间的随机值。依据式(9-12)计算相位差优化值，其分布如图 9-17 所示。选取其中最大概率发生值作为相位差优化结果：从交叉口 Int 90 至交叉口 Int 89，相位差由 39 s 调整为 35 s；从交叉口 Int 89 至交叉口 Int 88 相位差由 17 s 调整为 39 s。

在 Matlab 仿真平台上模拟车流途经 3 个交叉口的运行过程，对比相位差优化前后主路径方向车辆的平均行程时间和平均停车次数，比较结果如表 9-8 所示，表明在感应控制条件下相位差的优化有效地提高了协调相位方向的交通运行效益。

表 9-8　相位差优化前后交通运行效益指标对比

	计划相位差方案	优化相位差方案	改进率
平均行程时间(s)	99.7	92.4	7.88%
平均停车次数	0.63	0.49	29.68%

9.4　本章小结

本章在采用 AFSST 方法确定交叉口车道功能划分和信号配时基准方案后，以 15min 为一个控制时间段，对相位属性进行划分，采用浮动相位切换方式对多相位交叉口绿信比进行在线调整。建立两级模糊控制器，第一级模糊控制器采用观测数据估计不同绿灯延长时段内通行相位方向的车辆到达强度，第二级模糊控制器依据通行方向的车辆到达强度与红灯方向关键相位的累积排队强度确定进行感应控制的非关键相位的绿灯延长时间。在对相位差进行优化时，以绿信比的调整为基础，将相邻交叉口关键相位绿灯提前启亮时间视为随机变量，确定绿灯提前启亮时间与相位差之间的数值关系，依据随机变量的统计分布采用随机仿真优化方法确定相位差的最优取值，并通过实例予以验证。

第 10 章
交叉口群交通动态协调控制软件开发

交叉口群交通动态协调控制软件使用面向对象的软件开发方法,将交叉口群交通状态的识别、交叉口群范围的界定、主路径的识别、基于主路径的交叉口群动静态协同优化控制、不同管控方案下交叉口群运输效益评估方法等研究成果封装于软件的不同模块之中。本章对交叉口群交通动态协调控制软件的原型设计作简要介绍。

10.1 UTCInG 功能概述

交叉口群交通动态协调控制软件 UTCInG(Urban Traffic Control for Intersections Group)由东南大学交通学院过秀成教授课题组研制开发。在研发过程中,项目组根据用户需求,提出系统性能指标,设计系统体系结构、功能模块、内外部接口以及用户界面,基于概要设计,完善各功能模块算法以及数据结构和数据库物理结构,采用 Delphi 7.0 的开发语言和 Oracle 9i 以上版本的数据库管理系统完成代码开发,最后依托实际道路交通数据,搭建 VISSIM 仿真平台,对软件进行功能测试和性能测试,并根据测试结果对软件予以完善。

10.1.1 设计原则

软件以稳定性、准确性、实时性为设计的基本原则,在此基础上力求程序设计的模块化和模块功能的单一化,保证代码的简洁明了。重视软件的数据库设计,理顺各种数据关系,保证数据库的简洁高效。

10.1.2 用户需求

UTCInG 主要面向的用户是城市道路交通管理者和城市道路使用者,以下说明两类不同用户群的功能需求。

1. 城市道路交通管理者

该用户群负责管理城市交通的运行,需要对历史交通运行数据和信号控制策略、方案进行保存和管理,对现状交通信息和控制方案进行查询、分析和调整。对信息进行综合统计和分析,要求分析结果直观化、可视化,以尽快发现交通拥堵点。因此,需要道路交叉口群交通动态协调控制软件具有综合程度较高的统计分析和查询功能。

UTCInG的操作人员应具备城市交通管理与控制的基本理论和实践经验,掌握大型数据库管理方法。维护的人员应具备交通信息管理及控制的基本知识和网络维护知识。

2. 城市道路交通使用者

该用户群是城市道路的使用者,需要交叉口信号机正常运行,并且减少其通过交叉口的等待时间。因此,要求UTCInG能够根据交通状况及时调整信号配时方案,提高城市路网的运行效率。

10.1.3 总体功能

UTCInG的总体功能是集机动车信号控制、非机动车信号控制、特殊车辆优先控制于一体的城市交叉口群交通信号协调控制系统。系统采用实时运行模式,即根据控制区域实时交通参数的变化,优化、调整信号配时参数,以协调控制各个信号交叉口的有效运行,使交通流处于最佳的运行状态。

UTCInG设置友好的用户界面,向用户开放若干参数以供修改,通过动画技术显示交叉口群的交通运行状态;支持公共交通、应急救援车辆等的优先通行方案的制定,为路径诱导提供参考信息。UTCInG可以集成在整个城市交通控制系统结构中作为一个子系统,利用现有城市交通控制系统的硬件设备和软件平台运行,也可作为一个独立的系统,通过内外场硬件设备提供控制决策方案,在方案层面与现有的城市交通控制系统进行集成。

10.2 UTCInG处理流程及体系结构

10.2.1 处理流程

(1) UTCInG程序流程图

UTCInG程序流程图如图10-1所示。

节点1:提供交叉口检测器的布设方式,与检测器对应的车道编号、车道类型;提供不同类型交叉口在不同交通、地理条件下的最佳相位相序方案;

节点2:提供路段各组成交通流的组成、流量、速度、占有率等信息;

节点3:提供各交通流组成的标准换算单位;

节点4:提供整体路网和单个交叉口当前的交通流运行状态以及路网信息;

节点5:提供整体路网的交通饱和程度信息;

节点6:预测不同交通状态下未来时段交叉口交通流到达情况;

节点7:共享交叉口群范围、主路径信息及信号协调参数信息(周期时长、绿信比、相位差等）；

节点 8：提供交叉口群控制区域及路径信息，确定并指导交叉口群范围划分和主路径识别；

节点 9：提供信号配时优化结果，指导信号配时优化方案及优化目标；

节点 10：根据当前交通状态，选择合适的模型与算法。

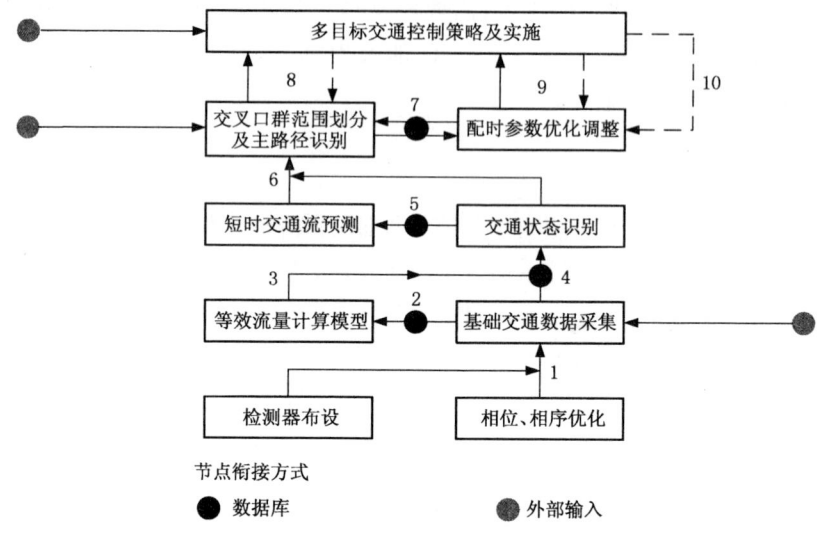

图 10-1　软件程序流程图

（2）UTCInG 数据流程图

UTCInG 数据流程图如图 10-2 所示。

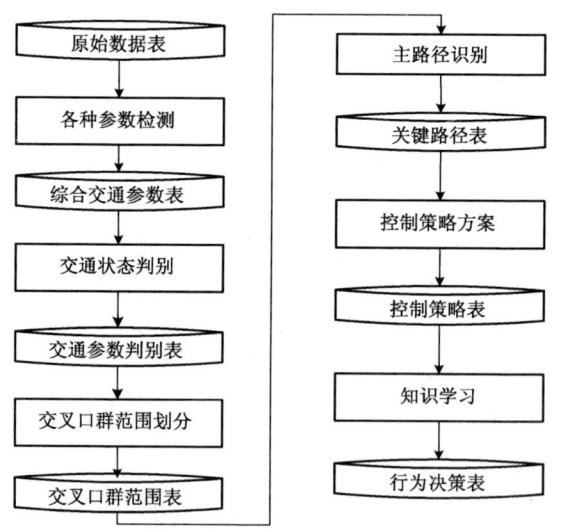

图 10-2　软件数据流程图

10.2.2 体系结构

UTCInG 整个控制系统按地理位置功能可分成 4 部分:数据采集、数据存储管理、信号协调、执行控制。系统面向的不同用户需求和软件性能要求决定了系统的体系结构,构建由数据管理层、中间技术层和应用服务层三个层次组成的控制系统,如图 10-3 所示。系统三个层次分别表述如下。

1. 数据管理层

UTCInG 数据的存储通过数据管理层控制,数据管理层对信息进行收集处理、管理和维护。首先是对原始数据进行预处理,然后通过数据库建立索引链接,最后构建标准的系统数据库。

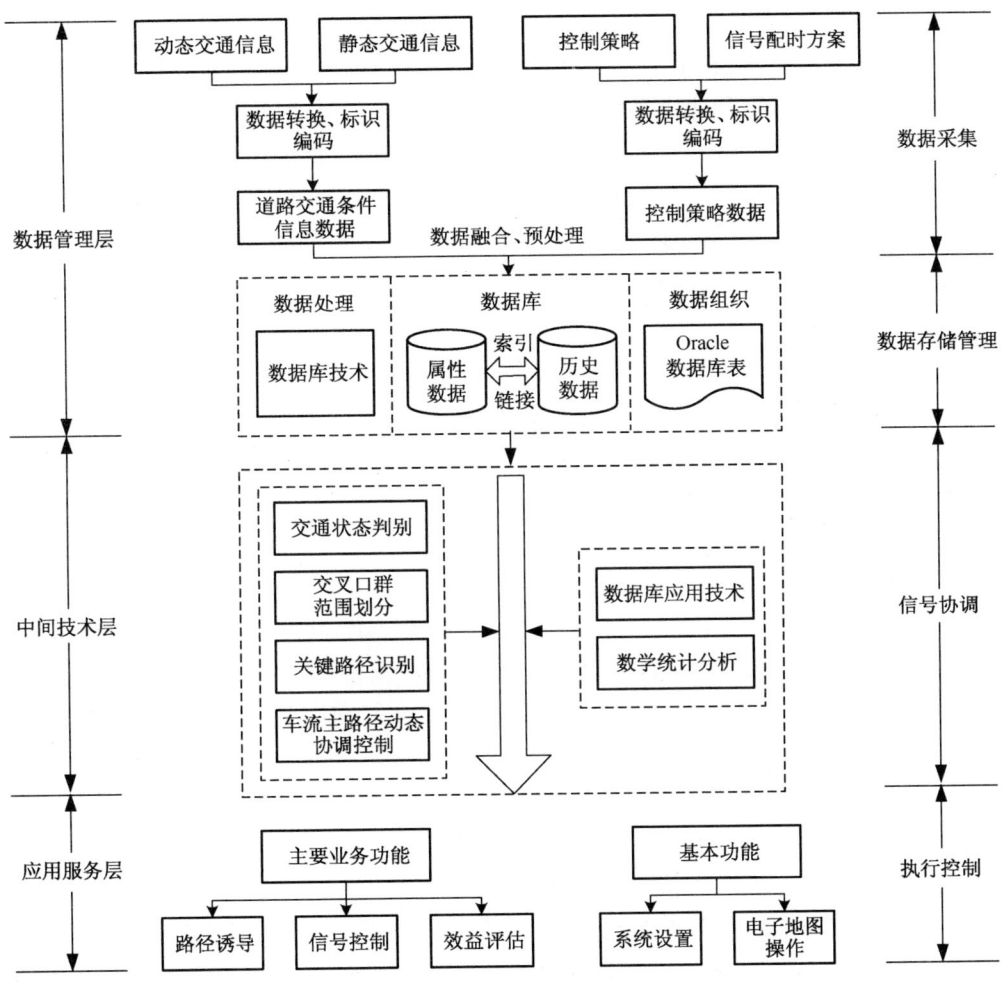

图 10-3 系统体系结构图

2. 中间技术层

中间技术层主要提供信息处理的相关技术，还有数据库应用技术和数学统计分析方法，是连接数据管理层和应用服务层的纽带。

3. 应用服务层

构建在数据管理层的基础上，将系统的功能封装为一组操作服务，从而提供应用服务。

10.3 UTCInG 系统设计

10.3.1 功能模块划分

1. 数据检测模块

机动车数据检测、非机动车数据检测、公交车数据检测用于获取路段交通流信息。机动车数据检测和非机动车数据检测为实现混合交通信号协调控制提供基础交通信息，公交车数据检测用于为实施公交信号优先提供公交车辆运行状态信息，并为特殊车辆的特殊控制提供相关数据。分别由感应线圈、非机动车检测器以及公交优先检测系统（包括车内单元、车外单元）通过 RS-485 或光纤与交叉口的交通信号控制器相连接，从而来提供车辆信息。

2. 数据预处理模块

在特定时间段内，交通信号控制器数据预处理模块负责对从交叉口不同进口方向检测器获取的交通流数据进行预处理，包括检测器数据状态判别、冗余数据剔除、丢失数据修复、数据平滑处理等。该模块由一小型微处理芯片对数据进行实时处理。同时，交通信号控制器通过光纤将处理好的交通数据传送到设置在中心的数据库服务器中。

3. 交通状态判别模块

安装在中心计算机中的 UTCInG 可以提取数据库服务器中的交通数据，分析各交叉口各进口道的交通流运行状态，包括畅通、拥挤、堵塞以及路段平均行程时间、各进口道车辆排队情况等交通状态信息，并进行交通状态的实时分析和短时预测。

4. 虚拟检测模块

在工程实际中，由于经费不足以及资源紧张等因素，无法同时在交叉口上下游设置检测器以获取更多、更全面的交通流运行状态信息。为克服上述不足，UTC-InG 采用虚拟检测技术，在获取路段交通状态的基础上，分析路段车队离散情况、关联邻近交叉口的交通相似性，对多检测器进行数据融合，从而获取交叉口停车线处的交通参数信息（包括流量、占有率、车头时距等）。与上游检测器的检测数据结

第 10 章

交叉口群交通动态协调控制软件开发

合,为实现交叉口群交通动态协调控制提供数据依据。

5. 交叉口群范围划分模块

交叉口群范围划分模块分析控制区域的道路功能、等级以及日常交通状况,提取控制区域交通流关键交叉口为信号控制的目标交叉口,以目标交叉口为中心,计算相邻交叉口与目标交叉口的关联度值 I,对 I 进行强弱划分,以目标交叉口作为牵制节点,考虑信号控制机的运行效率,将关联度值 I 满足条件的交叉口组成交叉口群。同时,随着交通流运行状况的变化,交叉口群的范围也会发生变化,即实现了交叉口群范围的动态调整。

6. 主路径识别模块

主路径识别模块将提取控制区域内路网的所有物理连通路径和逻辑连通路径信息以及各路径的关联度值 I,在分析路径物理连通性的基础上对关联度值进行强弱排序,从而确定交叉口群内主路径的走向。同样,随着交通流运行状况的变化,主路径走向也实现实时调整。

7. 配时参数优化模块

在正常情况下,对路网内的机动车、非机动车采用常规控制,在指定的控制模式下,以交叉口群为控制单元,对主路径沿线各个交叉口进行协调控制,对其余交叉口的配时参数进行优化,包括周期时长(T)、绿信比(λ)、相位差(φ)、相位相序(q)。其中,根据不同的交通状态,采用多目标优化技术,基于多权重分配寻优方法对信号周期时长(T)进行优化;根据交叉口各通行方向的交通需求强度,对交叉口绿信比(λ)进行多元约束优化调整,兼顾主路径沿线信号协调,同时满足通行方向交通需求;以路段交通状态、车队离散性以及路段行程时间为基础,以分段绿波最大化及干线绿波连续性为目标优化交叉口相位差(φ);基于主路径沿线信号协调以及交叉口通行方向交通需求强度,采用双层模糊控制算法优化交叉口相位相序(q)。

特殊信号控制下,主要包括强制优先控制、公交信号优先控制以及特勤信号控制。强制优先控制主要为应急车辆(消防车、救护车、工程抢险车等)快速通过信号控制交叉口服务的信号优先控制模式,当检测到应急车辆即将接近信号控制交叉口时,记录交叉口当前控制方案,即刻将通行权方向跳转进入黄闪控制模式,为应急方向开启通行绿灯。该控制模式主要通过安装在应急车辆的发射装置向安装在交叉口的接受装置或向指挥中心通过无线通信方式发送应急车辆存在信号,当接受装置接受不到应急车辆存在信号,即表示应急车辆离开交叉口停车线时,根据上一时刻记录的信号控制方案以及当前交叉口交通排队情况,渐进过渡到正常的信号控制模式。

8. 优先控制模块

公交信号优先控制主要是为保证公交车辆的准点率、提高公交乘坐率及服务水平的政策导向型信号优先形式。根据公交信号优先交叉口或主路径沿线公交信息的覆盖程度,将公交信号优先形式分为:无条件公交优先、有条件公交优先、自适应公交优先。

(1) 无条件公交优先

不考虑交叉口之间的信号协调以及实施的信号优先对整个交叉口产生的影响,当公交车辆到达交叉口时,即刻为公交车辆提供优先信号,使公交车辆无阻滞通过交叉口。

(2) 有条件公交优先

在公交车辆到达交叉口停车线之前,确定公交车辆当前的运行状态(包括公交车辆是否提前、准时、晚点),预测实施优先信号后对整个交叉口产生的影响,从而决定是否为公交车辆提供优先信号、何时提供何种优先信号等。

(3) 自适应公交优先

通过从机动车、非机动车检测器以及公交车辆检测系统获取当前路网的交通信息,综合考虑交叉口以及路网的交通状况,确定整体控制目标,协调公交优先信号与其他社会车辆的通行信号,同时确定公交车辆在信号配时优化中的权重,以最为合理的方式为路网内所有车辆提供通行信号。

9. 特勤控制模块

特勤信号控制主要用于为特勤路线形成一个警卫绿波,在混合交通自适应信号控制系统中,特勤信号控制的目的是能够及时改变特勤路线,以应付突发事件。在警卫车队未到达之前能够有效利用交叉口的绿灯时间,减少警卫交叉口方向的车辆排队;在警卫车队通过交叉口后能够快速疏导交通,及时过渡到正常的交通信号控制状态。

该部分的功能模块由交叉口群交通动态协调控制软件的配时参数优化模块来实现,并负责将各交叉口的交通信号配时方案传送给交叉口的交通信号控制器。

10. 智能控制策略决策模块

在城市路网中,同一时间的不同空间、同一空间的不同时间,交通流负荷均呈现不同的状态。对控制区域的交通信息进行决策级融合,采用决策支持系统技术,统筹各交叉口群的信号控制模式,对当前交叉口群采用的控制策略进行再评估,预测交叉口群未来的交通状态,并对各个交叉口群下一步执行的控制策略进行优选;接受客户端高级用户的人工干预的控制策略。在策略决策模块中,主要包含的控制策略有:自适应信号控制、方案选择控制、Agent 式协调控制以及定时控制。

11. 知识学习推理及专家评估模块

知识学习推理及专家评估模块采用基于规则的知识学习推理方法,获取不同交通状态下所采用的控制策略方案实施方法,及时更新经验知识。与后台专家知识推理机相结合,对控制区交通状态识别、交叉口群范围划分、主路径识别、控制模式的确定以及信号配时参数优化选择进行指导。

12. 人工干预及决策模块

仅供系统高级用户使用,可以实现对交叉口交通信号控制器的远程控制,直接对公交信号优先、特勤信号控制以及配时参数优化进行干预。

10.3.2 数据设计

1. 数据字典设计

数据字典是对所有与系统相关的数据元素的一个有组织的列表,具有精确的、严格的定义,使得用户和系统分析员对于输入、输出、存储部分和中间计算有共同的理解。

UTCInG 中的数据主要分为三类进行描述:第一类是交叉口静态渠化和配置数据,第二类是动态检测器采集数据,第三类是交通控制参数。将各类数据进行结构化成静态与动态两类对象的属性类表。静态数据表主要有:相位表、信号灯组表、上游检测器表、下游检测器表、路段行人过街车辆检测器表、公共汽车检测器、链接表、进口道表、车道组表、交叉口表、交叉口群表、离线方案表、信号灯组表;动态数据表主要有:上游检测器数据表、下游检测器数据表、进口道数据表、车道组数据表、交叉口数据表。数据表中对各属性的名称、在系统中的标示、代表的含义以及属性的类型进行了定义,示例如表 10-1 所示。

表 10-1 交叉口群(Group)数据表

名称	标识	定义	类型
交叉口群编号	GroupID	标示交叉口群的唯一性	int
交叉口群名称	GroupName	交叉口群的代表性描述	int
群内交叉口编号	IntersectionIDList	交叉口群内的交叉口编号	int
协调连线路段编号	linkIDList	交叉口群协调连线的路段	int
交叉口群优先级	GroupPriority	交叉口群的优先级别	int
控制模式	ControlMode	交叉口群的控制模式 (协调控制、特勤绿波等)	int

2. 数据结构设计

选择合适的数据结构会使软件的控制结构简洁,减少占用的系统资源,提高软件运行效率,增强软件的可理解性与可维护性。对数据进行了定义和分类后,还要对各数据之间的层次关系进行设计,数据结构的设计就是对控制对象属性和层次结构以及优化算法的描述。因此,系统数据结构的设计要考虑如下两个方面:描述对象本身的层次结构关系和优化算法所需要的数据。

3. 数据库设计

UTCInG 采用关系数据库,数据库表说明如下:

① 原始表

单个浮动车检测器路段行驶数据表(行程时间)

单个浮动车检测器子路段行驶数据表(行程时间)

单个固定检测器数据表(速度、流量、占有率)

② 预处理后(修复)

单个浮动车检测器路段行驶数据预处理表(行程时间)

单个浮动车检测器子路段行驶数据预处理表(行程时间)

单个固定检测器数据预处理表(速度、流量、占有率)

③ 更新历史

单个浮动车检测器路段行驶数据历史趋势表(行程时间)

单个浮动车检测器子路段行驶数据历史趋势表(行程时间)

单个固定检测器数据历史趋势表(速度、流量、占有率)

④ 汇总

浮动车检测器路段数据表(平均行程时间)

浮动车检测器子路段数据表(平均行程时间)

固定检测器断面数据预处理表(平均速度、平均流量、平均占有率)

⑤ 更新历史

浮动车检测器路段行驶数据历史趋势表(平均行程时间)

浮动车检测器子路段行驶数据历史趋势表(平均行程时间)

固定检测器断面数据历史趋势表(平均速度、平均流量、平均占有率)

⑥ 预测

浮动车检测器路段短时预测数据信息表(平均行程时间)

浮动车检测器子路段短时预测数据信息表(平均行程时间)

单个固定检测器数据短时预测表(速度、流量、占有率)

固定检测器断面数据短时预测表(平均速度、平均流量、平均占有率)

⑦ 平均速度

浮动车检测器路段指标数据表

浮动车检测器子路段指标数据表

⑧ 饱和度

固定检测器路段指标数据表

固定检测器交叉口指标数据表

⑨ 分类汇总

浮动车检测器路段指标数据表

浮动车检测器子路段指标数据表

固定检测器路段指标数据表

固定检测器交叉口指标数据表

路段指标汇总表

交叉口指标汇总表

事件指标数据表

10.3.3 接口设计

（1）人机接口

UTCInG 客户端程序采用标准的 Windows 程序界面提供友好的人机界面，用户可通过鼠标点击菜单控件等完成相关的操作和设置。同时交通信息以地图和列表的方式展现，清晰明了，直观反映交通状况。

（2）内部接口

UTCInG 对各个子模块进行封装，封装成 Ocx 控件，提供统一的内部访问接口，这样既保持了系统的模块化又提高了模块的可复用性。

（3）外部接口

UTCInG 的外部接口采用数据接口而非 Socket 等其他接口方式，这样大大减少了系统开发和维护的复杂度，既保证了系统的稳定性，又方便进行系统的维护（如图 10-4 所示）。

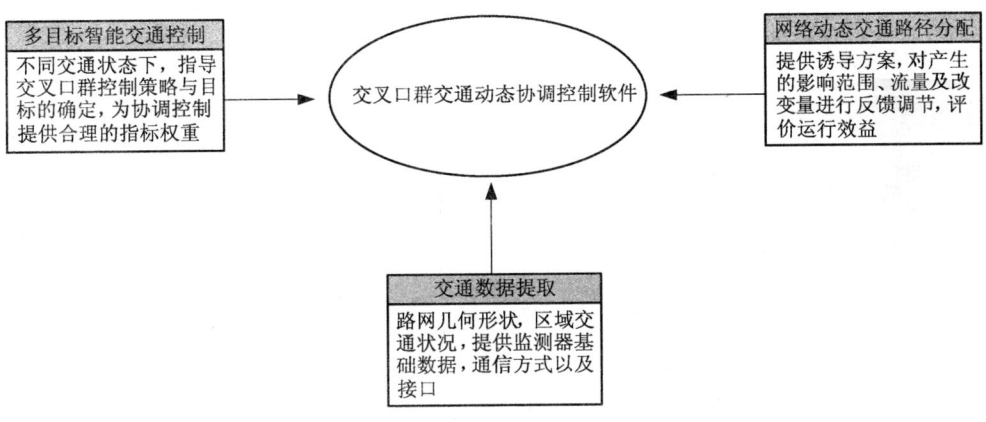

图 10-4　外部接口关系图

10.3.4 运行环境要求

运行 UTCInG 的硬件系统至少需要满足以下配置：

1. 服务器端

(1) 硬件:中端服务器+CPU 3GHz以上+8GB内存+2TB硬盘存储空间；

(2) 操作系统:Unix或者Windows Server 2008以上；

(3) 数据库:Oracle 9.0以上。

2. 客户端

(1) 硬件:普通PC+CPU 3GHz以上+4GB内存+1TB硬盘存储空间；

(2) 操作系统:Windows 7/XP。

10.3.5 用户界面需求

UTCInG的各部分功能模块的界面风格应保持一致,具体要求如下:

(1) 屏幕布局:客户端主界面包含菜单栏、工具条、树状功能按钮、状态栏。

(2) 菜单栏:菜单要按功能模块划分为几个部分,每个部分都要包含该模块所有功能,每种功能都应设置相应的快捷键。

(3) 工具条:应包含常用的标准按钮。

(4) 树状功能按钮:主界面的一部分。

10.3.6 开发平台

为保证软件的上下兼容性、拓展性,开发平台既要采用比较通用的开发工具,还要选择该工具的较新版本,UTCInG所选择的开发平台如下:

(1) 开发语言:Delphi 7.0;

(2) 数据库管理系统:Oracle 9i以上版本。

10.3.7 容灾处理

考虑到软件的稳定运行和数据的完整性,可以对数据库服务器进行双机热备,这样即使客户端崩溃,也不会影响到整个系统的数据,只要重新恢复客户端机器,系统便可正常运行。同时出于安全考虑,可以对数据库进行定期备份。

10.3.8 出错处理设计

1. 错误输出信息

存在两种错误信息:

(1) 在程序界面错误输出栏显示近期的错误信息；

(2) 错误日志,可以保存较长时间的错误信息,以备查询。

2. 出错处理对策

错误信息会按照一定的格式存储,同时会把出错的模块和错误信息加以记录,帮助系统管理员和维护人员排查错误。

10.3.9 安全保密设计

考虑到安全问题，如果用户要求可以考虑加上用户的权限认证和对数据库数据进行加密存储。

10.3.10 维护设计

UTCInG 在运行过程中有些时候会进行数据的导入和导出，可以考虑编写一些工具软件帮助操作人员来完成相应的工作。

对于需要进行额外运算的算法，可以考虑写成单独的程序以方便操作人员或者系统管理员进行相关算法的测试和运算。

10.4 软件测试

UTCInG Version 1.0 首期完成了数据预处理模块、交通状态判别模块、智能控制策略决策模块、交叉口群范围划分模块、主路径识别模块、配时参数优化模块、知识学习推理及评估模块的开发，现采用 VISSIM 模拟实验测试所有功能点以及各个业务流程的正确性。

选取南京市鼓楼片区部分路网（湖南路—中山北路—中山路—珠江路—进香河路—北京东路—中央路围合地区）、南京市江宁片区部分路网（双龙大道—九竹路—清水亭东路围合地区）为示范工程，初期以 VISSIM 为仿真平台，搭建测试路网进行模拟实验，测试软件的功能。VISSIM 模拟测试实验过程如下：

1. 样本选择

高峰时段一小时交通运行，高峰时段预计服务水平为 E 及 F；

2. 数据收集设备

AutoScope 视频采集系统及线圈检测器（微波检测器）；

3. 实验场景

运用 VISSIM 仿真软件对上述交叉口群进行建模；

4. 设置形式

离线信号配时方案直接在 VISSIM 中输入，在线方案由自行开发的算法获取。

5. 试验流程

在 VISSIM 软件中构建仿真路网模型，输入实际调查的交通量及转向比例等参数对仿真参数进行标定。将所建立的信号配时优化算法输入至 VISSIM SCAPI 仿真平台，通过 VISSIM SCAPI 对算法进行评价，获取改进建议并对其进行修正、优化。

VISSIM模拟测试结果表明交叉口群交通动态协调控制软件系统功能与流程正确、完整,符合设计的要求。在下一步的工作中,将选择城市外围片区路网进行软件试运行测试,检验软件的实地运行效果,其中首先需要解决外场检测设备与软件的数据输入、软件的方案输出与区域及路口信号控制器之间的连接问题。在对软件的升级版本中,将逐步完善优先控制模块、特勤控制模块和非机动车信号控制模块等的核心算法及软件开发,使其真正能适应不同的交通环境需求,提高交通管理的效率。

10.5 本章小结

本章主要将前几章的研究成果整合融入到交叉口群交通动态协调控制软件UTCInG的开发中,介绍了控制系统框架的总体设计、系统设计与研发过程及UTCInG Version 1.0的测试情况。

参 考 文 献

[1] 杨兆升. 新一代智能化交通控制系统关键技术及其应用[M]. 北京：中国铁道出版社, 2008
[2] 李岩. 过饱和状态交叉口群关键路径识别及交通信号控制研究[D]. 南京：东南大学交通学院, 2011
[3] 杨佩昆, 黄文忠, 车不明. 城市道路车队离散过程中的交通流模型[J]. 同济大学学报（自然科学版）, 1994, (03): 294-299
[4] 李瑞敏. 城市道路交通管理[M]. 北京：人民交通出版社, 2009
[5] Webster F V, Cobbe B M. Traffic signals[M]. London: Her Majesty's Stationery Office, 1966
[6] Newell G F. Synchronization of traffic lights for high flow[J]. Quarterly of Applied Mathematics, 1964, XXI(4): 315-324
[7] Morgan J T, Little J D C. Synchronizing traffic signals for maximal bandwidth[J]. Operations Research, 1964: 897-912
[8] Little J D C. The synchronization of traffic signals by mixed-integer linear programming[J]. Operations Research, 1966, (14): 568-594
[9] Hillier J A. Glasgow's experiment in area traffic control[J]. Traffic Engineering & Control, 1965, 7(8): 502-509
[10] Hillier J A. Appendix to Glasgow's experiment in area traffic control[J]. Traffic Engineering & Control, 1966, 7(9): 569-571
[11] Hillier J A, Rothery R. The synchronization of traffic signals for minimum delay[J]. Transportation Science, 1967, (1): 81-94
[12] Allsop R E. Selection of offsets to minimize delay to traffic in a network controlled by fixed-time signals[J]. Transportation Science, 1968, (2): 1-13
[13] Robertson D I. "TRANSYT" METHOD FOR AREA TRAFFIC CONTROL[J]. Taffic Engineering and Control, 1969, 11(6): 276-281
[14] Gartner N H. Constraining relations among offsets in synchronized signal networks[J]. Transportation Science, 1972, 6(1): 88-93
[15] Gartner N H, Little J D C, Gabbay H. Optimization of traffic signal settings by mixed-integer linear programming, part I: The network coordination problem[J]. Transportation Sci-

ence, 1975,(9):321-343

[16] Gartner N H, Little J D C, Gabbay H. Optimization of traffic signal settings by mixed-integer linear programming, part II: The network synchronization problem[J]. Transportation Science, 1975,(9):344-363

[17] Antoniadis J. Moglichkeiten des Einsatzes des Operations Research, insbesondere der linearen Programmierung und ihrer Erweiterungen, zur Optimierung der Steuerung von Lichtsignalanlagen[D]. German: TU Berlin, 1975

[18] Improta G, Sforza A. Optimal offsets for traffic signal systems in urban networks[J]. Transportation Research Board, 1982,16B(2):143-161

[19] Gartner N H. OPAC: A Demand Responsive Strategy for Traffic Signal Control[J]. Transportation Research Record, 1983,906:75-81

[20] Gartner N H, Pooran F J, Andrews C M. Implementation of the OPAC adaptive control strategy in a traffic signal network[C]. 2001 IEEE Intelligent Transportation Systems Proceedings, August 25, 2001 - August 29, 2001. Oakland, CA, United states: Institute of Electrical and Electronics Engineers Inc. ,2001

[21] Gartner N H, Pooran F J, Andrews C M. Optimized policies for adaptive control strategy in real-time traffic adaptive control systems: Implementation and field testing[C]: National Research Council,2002

[22] Sim A G, Dobinson K W. THE SYDNEY COORDINATED ADAPTIVE TRAFFIC (SCAT) SYSTEM PHILOSOPHY AND BENEFITS[J]. IEEE Transactions on vehicular Technology, 1980,VT-29(2):130-137

[23] Dauscha W, Modrow H D, Neumann A. On cyclic sequence types for constructing cyclic schedules[J]. Zeitschrift fur Operations Research, 1985,(29):1-30

[24] Serafini P, Ukovich W. A mathematical model for periodic scheduling Problem[J]. SIAM Journal on Discrete Mathematics, 1989,2(4):550-581

[25] 李瑞敏. SPOT/UTOPIA 交通信号控制系统[J]. 中国交通信息产业,2004,(06):69-71

[26] Khoudour L, Lesort J B, Lesort J L. PRODYN: THE YEARS OF TRIALS IN THE ZELT EXPERIMENT ZONE[J]. Recherche Transports Securite, 1991, ENGLISH ISSUE (6):89-98

[27] Bielefeldt C, Busch F. MOTION-a new on-line traffic signal network control system [C]. Seventh International Conference on Road Traffic Monitoring and Control,1994

[28] Busch F, Kruse G. MOTION for SITRAFFIC — a modern approach to urban traffic control[C]. 2001 IEEE proceedings of Intelligent Transportation Systems,2001

[29] Robertson D I, Bretherton R D. Optimizing networks of traffic signals in real time — the scoot method[J]. IEEE Transactions on vehicular Technology, 1991,40(1):11-15

[30] Hassin R. A flow algorithm for network synchronization[J]. Operations Research, 1996, 44(4):570-579

[31] Daganzo C F. The cell transmission model: a dynamic representation of highway traffic consistent with the hydrodynamic theory[J]. Transportation Research Part B, 1994,28B(4): 269-287

[32] Daganzo C F. The cell transmission model, part Ⅱ: Network traffic[J]. Transportation Research Part B, 1995,29(2):79-93

[33] Almasri E, Friedrich B. Online offset optimisation in urban networks based on cell transmission model[C]. Hannover: Proceedings of the 5th European Congress on Intelligent Transport Systems and Services. 2005

[34] Braun R, Weichenmeier F. Automatic offline-optimization of coordinated traffic signal control in urban networks using genetic algorithms[C]. San Francisco: the 12th World Congress on Intelligent Transport Systems. 2005

[35] Ianigro S. Ein Modell zur Simulation eines innerstadtischen Verkehrsablaufes und zur Steuerung von Lichtsignalanlagen mittels Petri Netzen unter Berucksichtigung der Grunen Welle[D]. Universität der Bundeswehr Hamburg, 1994

[36] Gershenson C. Self-organizing traffic lights[J]. Complex Systems, 2005,16(1):29-53

[37] Diakaki C, Papageorgiou M, Aboudolas K. A multivariable regulator approach to traffic-responsive network-wide signal control[J]. Control Engineering Practice, 2002, 10(2): 183-195

[38] Boillot F, Midenet S, Pierrelee J C. Real-life CRONOS evaluation[C]. Road Transport Information and Control, 2000. Tenth International Conference on (Conf. Publ. No. 472), 2000

[39] Boillot F, Midenet S, Pierrelée J-C. The real-time urban traffic control system CRONOS: Algorithm and experiments[J]. Transportation Research Part C: Emerging Technologies, 2006,14(1):18-38

[40] Mirchandani P, Head L. A real-time traffic signal control system: architecture, algorithms, and analysis[J]. Transportation Research Part C: Emerging Technologies, 2001,9 (6):415-432

[41] NATS城市交通信号控制系统《系统介绍》[R].中国电子科技集团公司第二十八研究所/南京莱斯大型电子系统工程有限公司,南京,2006

[42] 张继锋,陈云.NATS城市交通信号控制系统[J].中国公共安全:智能交通,2007,(8):50-54

[43] 张本令,汪志涛,管德永.HiCon交通信号控制系统的控制算法及应用[C].青岛:第三届中国智能交通年会.2007

[44] 朱中,管德永.海信HiCon交通信号控制系统[J].中国交通信息产业,2004,(10):52-55

[45] 宋辉.深圳市智能交通信号控制系统[J].中国公共安全:智能交通,2007,(8):45-49

[46] 杨兆升.城市道路交通系统智能协同理论与实施方法[M].北京:中国铁道出版社,2009

[47] 卢守峰,刘喜敏,杨兆升.考虑诱导一致性的交通流协同管理模型研究[J].武汉理工大学学

报(交通科学与工程版),2008,(02):251-254

[48] 杨兆升,徐立群.模糊控制原理在城市交通流诱导系统和控制系统一体化研究中的应用[J].公路交通科技,1999,16(S1):27-30

[49] 卢守峰,杨兆升,刘喜敏.基于多智能体的交通信号控制与路径诱导的协同[J].吉林大学学报(工学版),2006,36(S2):143-146

[50] 戴红,杨兆升,肖萍萍.交通流诱导与控制协同优化模型的遗传算法求解[J].吉林大学学报(工学版),2006,36(S1):157-160

[51] 陈昕,杨兆升,王海洋,等.城市交通控制与诱导系统协同的信息分析与组织研究[J].公路交通科技,2007,24(02):104-107

[52] 陈昕,杨兆升,王海洋,等.基于城市交通流自组织性的UTCS与UTFGS协同理论分析[J].公路交通科技,2007,24(10):142-145

[53] 保丽霞,杨兆升,胡健萌,等.交通流诱导与控制协同的双目标优化模型及准最优求解算法[J].吉林大学学报(工学版),2007,37(02):319-324

[54] 保丽霞,杨兆升,阮永华.基于预测型路线行程时间的信号控制相位差优化技术研究[J].公路交通科技,2007,24(08):115-119

[55] 保丽霞,杨兆升,刘雪杰,等.与交通控制协同的交通流准均衡分配模型研究[J].ITS通讯,2005,(04):23-25

[56] 于德新,杨兆升,陈林.城市主干道的多路口模糊协调控制[J].吉林大学学报(工学版),2006,36(S1):148-152

[57] 于德新,杨兆升,王媛,等.基于多智能体的城市道路交通控制系统及其协调优化[J].吉林大学学报(工学版),2006,36(01):113-118

[58] 杨晓光,曾松,杭明升.中国城市道路交通实时自适应控制与管理系统研究[J].交通运输工程学报,2001,(02):74-77

[59] 杨晓光.面向中国城市的先进的交通控制与管理系统研究[J].交通运输系统工程与信息,2004,(02):79-83

[60] 王桂珠,贺国光,马寿峰.一种新型的自学习智能式城市交通实时控制系统[J].自动化学报,1995,(04):424-430

[61] 杭明升.城市道路交叉口群实时自适应控制若干理论与方法研究[D].上海:同济大学,2002

[62] 曾滢.城市道路信号控制交叉口群交通设计方法研究[D].上海:同济大学,2010

[63] 胡华,高云峰,杨晓光.考虑路网OD路径的交叉口群动态划分方法[J].计算机工程与应用,2010,46(31):1-4+18

[64] Li Y, Yang J, Guo X. Urban traffic signal control network partitioning using self-organizing Maps[C]. TRB 90th Annual Meeting. Washington D. C. , US: Transportation Research Board, 2011

[65] 全永燊.城市交通控制[M].北京:人民交通出版社,1989

[66] 周蔚吾.道路交通信号灯控制设置技术手册[M].北京:知识产权出版社,2009

[67] Pinnell C, DeShazo J J, Wilshire R L. Areawide Traffic Control Systems[J]. Traffic Engineering & Control, 1975, 45(4):16-21

[68] MOTC. Highway Sign, Marking, and Traffic Signal Installing Manual[M]. Ministry of Transportation and Communication, 1994

[69] Manual on Uniform Traffic Control Devices for Streets and Highways[M]. Washington, USA: Federal Highway Administration, U. S. Department of Transportation, 2000

[70] Lin L T, Huang H J. An effective interval of traffic signal coordination under safety and efficiency considerations[J]. Journal of the Chinese Institute of Engineers, 2010, 3(2): 271-285

[71] Yagoda H N, Principle E H, Vick C E, et al. Subdivision of signal systems into control areas[J]. Traffic Engineering, 1973, 43(12):42-45

[72] Chang E C-P. How to decide the interconnection of isolated traffic signals[C]. New York: Proceedings of the 1985 Winter Simulation Conference. 1985

[73] 美国运输部联邦公路局. 交通控制系统手册[M]. 北京:人民交通出版社,1987

[74] Ferguson J A. COMPUTER CONTROL OF TRAFFIC: COMBINING SUBAREAS[C]. Columbus, OH: Control in Transportation System 3rd International Symposiom. 1976

[75] Tian Z, Urbanik T. System partition technique to improve signal coordination and traffic progression[J]. Journal of Transportation Engineering, 2007, 133(Compendex):119-128

[76] 马万经,李晓丹,杨晓光. 基于路径的信号控制交叉口关联度计算模型[J]. 同济大学学报 (自然科学版),2009,37(11):1462-1466

[77] 卢凯,徐建闽,郑淑鉴. 相邻交叉口关联度分析及其应用[J]. 华南理工大学学报(自然科学版),2009,37(11):37-42

[78] 杨庆芳,陈林. 交通控制子区动态划分方法[J]. 吉林大学学报(工学版),2006,(S2): 139-142

[79] 段后利,李志恒,张毅,等. 交通控制子区动态划分模型[J]. 吉林大学学报(工学版),2009, (S2):13-18

[80] Roess R P, Prassas E S, McShane W R. Traffic Engineering[M]. Upper Saddle River: Pearson Education, Inc. , 2004

[81] Morris B T, Trivedi M M. Learning, modeling, and classification of vehicle track patterns from live video[J]. IEEE Transactions on Intelligent Transportation Systems, 2008, 9(3): 425-437

[82] Choi J-H, Lee K-H, Cha K-C, et al. Vehicle tracking using template matching based on feature points[C]. 2006 IEEE International Conference on Information Reuse and Integration, IRI-2006, September 16, 2006 — September 18, 2006. Waikoloa Village, HI, United States: Inst. of Elec. and Elec. Eng. Computer Society,2006

[83] Jin X, Davis C H. Vehicle detection from high-resolution satellite imagery using morphological shared-weight neural networks[J]. Image and Vision Computing, 2007, 25(9):

1422-1431

[84] Kato J, Watanabe T, Joga S, et al. An HMM/MRF-based stochastic framework for robust vehicle tracking[J]. IEEE Transactions on Intelligent Transportation Systems, 2004, 5(3): 142-154

[85] Taktak R, Dufaut M, Husson R. Vehicle detection at night using image processing and pattern recognition[C]. Proceedings of 1st International Conference on Image Processing, 13~16 Nov. 1994. Los Alamitos, CA, USA: IEEE Comput. Soc. Press, 1994

[86] Hu S-R, Wang C-M. Vehicle detector deployment strategies for the estimation of network origin — destination demands using partial link traffic counts[J]. IEEE Transactions on Intelligent Transportation Systems, 2008, 9(2): 288-300

[87] Yung N H C, Chan K C, Lai A H S. Vehicle-type identification through automated virtual loop assignment and block-based direction biased motion estimation[C]. Proceedings of IEEE Conference on Intelligent Transportation Systems, ITSC. Tokyo, JPN: IEEE, 1999

[88] Hu S R, Wang C M. Vehicle detector deployment strategies for the estimation of network origin - destination demands using partial link traffic counts[J]. IEEE Transactions on Intelligent Transportation Systems, 2008, 9(2): 288-300

[89] Mishalani R G, Coifman B, Gopalakrishna D. Evaluating real-time origin-destination flow estimation using remote sensing-based surveillance data[C]. Proceedings of the seventh International Conference on: Applications of Advanced Technology in Transportation. Cambridge, MA, United States: American Society of Civil Engineers, 2002

[90] Dixon M P, Rilett L R. Real-time OD estimation using automatic vehicle identification and traffic count data[J]. Computer-Aided Civil and Infrastructure Engineering, 2002, 17(1): 7-21

[91] Dixon M P, Rilett L R. Population origin-destination estimation using automatic vehicle identification and volume data[J]. Journal of Transportation Engineering, 2005, 131(2): 75-82

[92] Park E S, Rilett L R, Spiegelman C H. A Markov Chain Monte Carlo-based origin destination matrix estimator that is robust to imperfect intelligent transportation systems data[J]. Journal of Intelligent Transportation Systems: Technology, Planning, and Operations, 2008, 12(3): 139-155

[93] 姜桂艳, 张玮, 常安德. 基于GPS浮动车的交通信息采集系统的数据组织方法[J]. 吉林大学学报(工学版), 2010, 40(2): 397-401

[94] Liu M, Yu L, Geng Y, et al. Double-Sided Optimization of ITS Data Aggregation Via Wavelet Transformation[J]. Journal of Transportation Systems Engineering and Information Technology, 2008, 8(1): 49-54

[95] Dailey D J. Travel-time estimation using cross-correlation techniques[J]. Transportation Research, Part B: Methodological, 1993, 27(2): 97-97

[96] Chen Y, Zhang Y, Hu J, et al. Mining for Similarities in Urban Traffic Flow Using Wavelets[C]. Intelligent Transportation Systems Conference. IEEE seattle, WA, US, 2007

[97] Qu L, Hu J, Zhang Y. Modeling and Clustering Network-level Urabn Traffic Status based on Traffic Flow Assignment Ratios[C]. 13th International IEEE Conference on Intelligent Transportation Systems. Funchal, Madeira Island, Portugal, 2010

[98] 林瑜. 信号控制交叉口群交通阻塞机理解析方法[D]. 上海:同济大学, 2006

[99] 高云峰. 动态交叉口群协调控制基础问题研究[D]. 上海:同济大学, 2007

[100] 李岩, 杨洁, 过秀成, 等. 基于小波变换的关联交叉口群关键路径识别方法[J]. 中国公路学报, 2012, (01):135-140

[101] 任敏. 饱和状态下交叉口群控制策略与配时优化研究[D]. 南京:东南大学, 2010

[102] Holroyd J. The Practical Implementation of Combination Method and Transit Programs [R]. Transport and Road Research Laboratory, England, 1972

[103] Gartner N H. Demand-responsive traffic signal control research[J]. Transportation Research Part A: General, 1985, 19(5-6):369-373

[104] Spall J C, Chin D C. Traffic-responsive signal timing for system-wide traffic control[J]. Transportation Research Part C: Emerging Technologies, 1997, 5(3-4):153-163

[105] Felici G, Rinaldi G, Sforza A, et al. A logic programming based approach for on-line traffic control[J]. Transportation Research Part C: Emerging Technologies, 2006, 14(3):175-189

[106] Jacob C, Abdulhai B. Machine learning for multi-jurisdictional optimal traffic corridor control[J]. Transportation Research Part A: Policy and Practice, 2010, 44(2):53-64

[107] Bingham E. Reinforcement Learning in Neurofuzzy Traffic Signal Control[J]. European Journal of Operation Search, 2001, 131:232-241

[108] Henry J J, Farges J L, Gallego J L. Neuro-fuzzy techniques for traffic control[J]. Control Engineering Pratice 6, 1998:755-761

[109] Yin H, Wong S C, Xu J, et al. Urban Traffic Flow Prediction Using a Fuzzy-Neural Approach[J]. Transportation Research Part C, 2002, 10:85-98

[110] Dahal K, Almejalli K, Hossain M A. Decision support for coordinated road traffic control actions[J]. Decision Support Systems, 2012, 54(2):962-975

[111] Recker W W, Ramanathan B V, Yu X H, et al. Markovian real-time adaptive control of signal systems[J]. Mathematical and Computer Modelling, 1995, 22(4-7):355-375

[112] Xie Y, Shen G, Chen X. Fuzzy Neural Network Control Technique and Its Application in a Complex Intersection[J]. Energy Procedia, 2012, 16:1408-1415

[113] Kosonen I. Multi-agent fuzzy signal control based on real-time simulation[J]. Transportation Research Part C: Emerging Technologies, 2003, 11(5):389-403

[114] Chiu S. Distributed Traffic Signal Control Using Fuzzy Logic[J]. NASA. Johnson Space

Center, North America Fuzzy Logic Processing Society, 1992

[115] Chou C H, Teng J C. A fuzzy logic controller for traffic junction signals[J]. Information Sciences, 2002,143:73-97

[116] Lee J-H, Lee K-M, LeeKwang H. Fuzzy Controller for Intersection Group[A][C]. Piscataway, NJ, USA: Proceedings of 1995 IEEE/IAS Intersectional conference on Industrial Automation and Control: Emerging Technologies[C]. 1995

[117] Nakatsuyama M, Nagahashi H, Nishizura M. Fuzzy Logic Phase Controller for Traffic Junctions in the One-Way Arterial Road[C]. 9th IFAC-World Congress. Preprints, Budapest, 1984

[118] Ceylan H, Michael G H. Traffic signal timing optimization based on genetic algorithm approach, including drivers routing[J]. Transportation Research Part B, 2004,38:14

[119] Liu Y, Chang G-L. An arterial signal optimization model for intersections experiencing queue spillback and lane blockage[J]. Transportation Research Part C: Emerging Technologies, 2011,19(1):130-144

[120] Lee J, Williams B M. Development and evaluation of a constrained optimization model for traffic signal plan transition[J]. Procedia — Social and Behavioral Sciences, 2011,17(0): 490-508

[121] Varia H R, Gundaliya P J, Dhingra S L. Application of genetic algorithms for joint optimization of signal setting parameters and dynamic traffic assignment for the real network data[J]. Research in Transportation Economics, 2013,38(1):35-44

[122] Maher M, Liu R, Ngoduy D. Signal optimisation using the cross entropy method[J]. Transportation Research Part C: Emerging Technologies, 2011:

[123] Wong S C. Group-based optimisation of signal timings using the TRANSYT trafficmodel [J]. Transportation Research Part B: Methodological, 1996,30(3):217-244

[124] Wong S C, Wong W T, Leung C M, et al. Group-based optimization of a time-dependent TRANSYT traffic model for area traffic control[J]. Transportation Research Part B: Methodological, 2002,36(4):291-312

[125] Hu T-Y, Mahmassani H S. Day-to-day evolution of network flows under real-time information and reactive signal control[J]. Transportation Research Part C: Emerging Technologies, 1997,5(1):51-69

[126] Heydecker B G. A decomposition approach for signal optimisation in road networks[J]. Transportation Research Part B: Methodological, 1996,30(2):99-114

[127] Karoonsoontawong A, Waller S T. Integrated Network Capacity Expansion and Traffic Signal Optimization Problem: Robust Bi-level Dynamic Formulation[J]. Networks and Spatial Economics 2010,10(4):525-550

[128] Hajbabaie A, Benekohal R F. Common or variable cycle length policy for a more efficient network performance? [C]. 1st Congress of the Transportation and Development Institute

of ASCE,March 13,2011 — March 16,2011. Chicago,IL,United states：American Society of Civil Engineers (ASCE),2011

[129] 高云峰,胡华,杨晓光. 交叉口群协调控制相位差优化模型研究[C]. 北京：第二届中国智能交通年会,2006

[130] 沈峰. 城市道路交叉口群交通控制模型算法及其实现[D]. 上海：同济大学,2008

[131] 吴洋. 干道过饱和交叉口群的实时交通控制策略研究[D]. 成都：西南交通大学,2009

[132] 马万经,吴志周,杨晓光. 基于交叉口群公交优先协调控制方法研究[J]. 土木工程学报,2009,(02)：105-111

[133] 李岩,过秀成,杨洁,等. 过饱和状态交叉口群信号控制机理及实施框架[J]. 交通运输系统工程与信息,2011,(04)：28-34

[134] 牟海波,俞建宁. 城市交叉口群交通信号控制研究[J]. 兰州交通大学学报,2011,(06)：106-110

[135] 徐建闽,周沛,刘轼介. 区域交叉口群协调控制方法研究[C]. 北京：第七届中国智能交通年会,2012

[136] 高云峰,胡华,陈红洁等. 交叉口群交通控制实时评价模型仿真研究[J]. 系统仿真学报,2007,(24)：5607-5612,5616

[137] 皮钰鑫. 信号控制交叉口群交通组织适应性研究[D]. 长沙：长沙理工大学,2009

[138] 王京元. 信号交叉口时空资源综合优化实用方法研究[D]. 南京：东南大学,2006

[139] 王京元,王炜. 信号交叉口车道功能划分方法[J]. 吉林大学学报（工学版）,2007,(06)：1278-1283

[140] 马万经,杨晓光. 基于时空优化的单点交叉口公交被动优先控制方法[J]. 中国公路学报,2007,(03)：86-90

[141] 钟章建,马万经,龙科军,等. 信号交叉口车道功能动态划分优化模型[J]. 交通与计算机,2008,(01)：15-18

[142] 张好智,高自友. 可变车道的道路交通网络设计优化方法[J]. 中国管理科学,2007,(02)：86-91

[143] Lingras P,Sharma S C,Osborne P,et al. Traffic volume time-series analysis according to the type of road use[J]. Computer-Aided Civil and Infrastructure Engineering,2000,15(5)：365-373

[144] Caliskanelli S P,Tanyel S. Investigation of vehicle bunching at signalized arterials in Turkey[J]. Canadian Journal of Civil Engineering,2010,37(3)：380-388

[145] Kamarianakis Y,Oliver Gao H,Prastacos P. Characterizing regimes in daily cycles of urban traffic using smooth-transition regressions[J]. Transportation Research Part C：Emerging Technologies,2010,18(5)：821-840

[146] 何兆成,黎志涛,赵建明. 基于重现定量分析法的交通流量时间序列周期特性[J]. 西南交通大学学报,2010,45(06)：946-951

[147] 欧阳如琳,任立良,周成虎. 水文时间序列的相似性搜索研究[J]. 河海大学学报（自然科学

版),2010,38(03):241-245

[148] 张和生,张毅,胡东成.路段平均行程时间估计方法[J].交通运输工程学报,2008,8(01):89-96

[149] 何兆成,赵建明,王镇波,等.城市信号控制路网中的路段行程时间估计方法[J].交通运输工程学报,2008,8(04):95-98

[150] 张勇.考虑路段关联失效的路网行程时间可靠性估计[J].土木工程学报,2008,41(08):87-92

[151] 侯立文,谭家美.城市交通中利用 Gram-Charlier 分布估计行程时间可靠性[J].中国管理科学,2009,17(06):139-146

[152] 张文溥.道路交通检测技术与应用[M].北京:人民交通出版社,2010

[153] Van Lint J W C, Hoogendoorn S P, Van Zuvlen H J. Freeway travel time prediction with state-space neural networks modeling state-space dynamics with recurrent neural networks [J]. Transportation Research Record, 2002, 1811:30-39

[154] Pancratz A. Forecasting with Dynamic Regression Models[M]. New York:Wiley, 1991

[155] Messmer A, Papageourgiou M. Automatic Control Methods Applied to Freeway Network Traffic[J]. Automatica, 1994, 30:691-702

[156] Hoogendoorn S P, Bovy P H L. Platoon-Based Multiclass Modeling of Multilane Traffic Flow[J]. Networks and Spatial Economics, 2001, 1:137-166

[157] Elman J L. Finding Structure in Time[J]. Cognitive Science, 1990, 14:179-211

[158] Guo X, Li Y, Yang J. Proactive traffic responsive control based on state-space neural network and extended Kalman filter[J]. Journal of Southeast University (English Edition), 2010, 26(Compendex):466-470

[159] Hook D, Albers A. Comparison of alternative methodologies to determine breakpoints in signal progerssion[C]. Las Vegas, Nevada:The 69th Annual Meeting of Institute of Transportation Engineers. 1999

[160] Husch D, Albeck J. Synchro Studio 7 User Guide[M]. Sugar Land:Trafficware, 2006

[161] Robertson D I, Hunt P B. Method of estimating the benefits of co-ordinating signals by TRANSYT and SCOOT[J]. Traffic Engineering and Control, 1982, 23:527-531

[162] Lin L-T. Dynamic Critical Block Length Determination with Platoon Dispersion Concept for Signal Coordination[C]. Washington, D. C.: The 81st Annual Meeting of the Transportation Research Board. 2002

[163] 袁长亮.城市路网过饱和交通信号控制策略研究[D].上海:同济大学,2007

[164] 程琳.城市交通网络流理论[M].南京:东南大学出版社,2010

[165] Anez J, De La Barra T, Perez B. Dual graph representation of transport networks[J]. Transportation Research Part B: Methodological, 1996, 30 B(3):209-216

[166] 姜桂艳,郑祖舵,于妍霞.交通诱导系统中道路网络的表达与存储方法[J].吉林大学学报(工学版),2008,38(04):797-801

[167] 龚劬. 图论与网络最优化算法[M]. 重庆:重庆大学出版社,2009.10
[168] 刘向娇,吴素萍,刘佳梅. 用回溯法求哈密顿通路[J]. 软件,2010,(11):54-56
[169] 王海英,黄强,李传涛,等. 图论算法及其 MATLAB 实现[M]. 北京:北京航空航天大学出版社,2010
[170] 希尔伯沙茨. 数据库系统概念[M]. 北京:机械工业出版社,2008
[171] Denney Jr R W. Traffic platoon dispersion modeling[J]. Journal of Transportation Engineering, 1989,115(Compendex):193-207
[172] 过秀成. 道路交通运行分析基础[M]. 南京:东南大学出版社,2010
[173] Lighthill M H, Whitham G B. On Kinematics Wave: II A theory of traffic on long crowded roads[J]. Proc. R. Soc. London, Ser. A, 1955,22:317-345
[174] 沈峰. 城市道路交叉口群交通控制模型算法及其实现[D]. 上海:同济大学,2008
[175] 徐建闽. 交通管理与控制[M]. 北京:人民交通出版社,2007
[176] Kerner B S. Complexity of Synchronized Flow and Related Problems for Basic Assumptions of Traffic Flow Theories[J]. Networks and Spatial Economics, 2001,1(1):35-76
[177] 李英. 多 Agent 系统及其在预测与智能交通系统中的应用[M]. 上海:华东理工大学出版社,2004
[178] 张飞舟,范耀祖. 交通控制工程[M]. 北京:中国铁道出版社,2005
[179] 李瑞敏,陆化普,史其信. 交通信号控制子区模糊动态划分方法研究[J]. 武汉理工大学学报(交通科学与工程版),2008,(03):381-384
[180] Kohonen T. Self-Organization and Associative Memory[M]. New York: Springer-Verlag New York, Inc., 1989
[181] Engelbrecht A P. Computational intelligence[M]. USA: John Wiley & Sons Inc., 2002
[182] 李岩,过秀成. 过饱和状态下交叉口群交通运行分析与信号控制[M]. 南京:东南大学出版社,2012
[183] 吴薇薇. 堵塞流理论在随机流动网络优化设计、改造及运行中的应用[D]. 南京:南京航空航天大学,2006
[184] 宁宣熙. 阻塞流理论及其应用[M]. 北京:科学出版社,2009
[185] 宁宣熙. 求解网络最小流的双向增流算法[J]. 系统工程,1997,15(01):50-57
[186] 赵静,但琦. 数学建模与数学实验[M]. 北京:高等教育出版社,2004
[187] Wong C K, Wong S C. Lane-based optimization of signal timings for isolated junctions[J]. Transportation Research Part B: Methodological, 2003,37(Compendex):63-84
[188] Wong C K, Wong S C, A Lane-based optimization method for minimizing delay at isolated signal-controlled junctions[J]. Journal of Mathematical Modelling and Algorithm, 2003, 2(4):379-406
[189] Wong C K, Wong S C. Lane-based optimization of traffic equilibrium settings for area traffic control[J]. Journal of Advanced Transportation, 2002,36(3):349-386
[190] Kimber R M, McDonald M, Hounsell N. The prediction of saturation flows for road junc-

tions controlled by traffic signals[R]. Transport and Road Research Laboratory, Crowthorne, 1986

[191] 王炜,等. 道路交通工程系统分析方法[M]. 北京:人民交通出版社,2004

[192] 于泉. 城市交通信号控制基础[M]. 北京:冶金工业出版社,2011

[193] 杨晓光. 城市道路交通设计指南[M]. 北京:人民交通出版社,2003

[194] 李鹏飞,过秀成,李岩. 基于高级交通管理系统数据的城市干道协调控制方法(英文)[J]. Journal of Southeast University(English Edition),2012,(02):229-235

[195] 孙超,徐建闽,丁恒,等. 基于模糊控制算法的干道信号协调控制优化[J]. 交通与计算机, 2008,26(04):55-58

[196] Chiu S. Distributed Traffic Signal Control Using Fuzzy Logic[C]. IFIS,2th Int. Workshop on Ind.,1992

[197] Hoyer R, Jumar U. An Advanced Fuzzy Controller for Traffic Lights[C]. Spain:IFAC Artifical Intelligent in Real time Control Valencia. 1994

[198] Proche I, Lafortune S. Coordination of Local Adaptive Traffic Signal Controllers[C]. Philadelphia, Pennsylvania:Proceedings of the America Control Conference. 1998

[199] 陈森发,毛岚. 城市交通信号灯模糊线控制及其仿真[J]. 系统仿真学报,2000,12(6):73

[200] Chou C H, Teng J C. A fuzzy logic controller for traffic junction signals[J]. Information Sciences,2002,143:25

[201] Diakaki C, Papageorgiou M, Aboudolas K. A multivariable regulator approach to traffic-responsive network wide signal control[J]. Control Engineering Practice,2002,10:13

[202] 徐冬玲,方建安,邵世煌. 交通系统的模糊控制及神经网络实现[J]. 1992,21(2):6

[203] Henry J J, Farges J L, Gallego J L. Neuro-fuzzy techniques for traffic control[J]. Control Engineering Pratice 6,1998:7

[204] Bingham E. Reinforcement Learning in Neurofuzzy Traffic Signal Control[J]. European Journal of Operation Search,2001,131:10

[205] Yin H, Wong S C, Xu J, et al. Urban Traffic Flow Prediction Using a Fuzzy-Neural Approach[J]. Transportation Research Part C,2002,10:14

[206] 吴晓莉,林哲辉. MATLAB辅助模糊系统设计[M]. 西安:西安电子科技大学出版社,2002

[207] Chen C-h, Lee L H. Stochastic Simulation Optimization:An Optimal Computing Budget Allocation[M]. Singapore:World Scientific Publishing Company, 2010

后 记

城市道路信号控制交叉口群内的交叉口具有较强的交通关联性,不恰当的交通控制手段易导致路网大规模阻塞现象的发生。本书以信号控制交叉口群作为基础单元,基于对路径关联特性的分析与交通运行状态的识别,研究交叉口群动态交通协调控制方法与技术,有利于缓解交叉口群时空资源分配矛盾的问题,预防及疏解城市交通拥堵,提高路网运输效率。

本书将路网中的关联交叉口以一定形式联接起来作为研究对象,从交叉口群层面对"时间"、"空间"、"车流"三者进行有效的交通动态协调控制,针对其交通信息分析与预测、路径交通关联特征分析、交叉口群交通流建模、交通动态协调控制系统结构设计、信号协调控制范围动态界定、网络防阻塞运行控制、交叉口群时空资源综合优化、信号协调控制配时参数在线调整等问题进行了深入研究,主要成果如下:①建立了交叉口群动态协调控制策略集合,并设计实现策略功能的协同实施模式及关键控制模块;②以搜索交通瓶颈区域影响范围为目标,设定关联性度量指标,运用自组织映射神经网络提出交叉口群信号控制范围动态界定方法;③提出了交叉口群路径关联度计算方法,应用于交叉口群交通主路径的识别;④对单点交叉口车道功能与信号配时同步设计的二进制混合整数线性规划模型进行优化,使其能实现面向主路径协调控制的交叉口群时空资源同步优化功能;⑤在区分相位属性的前提下对多相位交叉口绿信比的在线调整建立两级模糊协调控制器,采用随机仿真优化方法确定相位差的最优取值,实现对协调控制配时参数的在线调整;⑥集成核心算法开发了交叉口群交通动态协调控制软件。

城市道路交叉口群是一个复杂的系统,尽管本书所阐述的理论、模型和方法有所突破,但受作者学识水平以及时间限制,以下内容有待继续深化与研究:

1. 对交叉口群间的交通协调控制方法及配时方案切换方式进行深入研究

每个控制时间段内交叉口群的控制范围发生改变,应在对控制范围边界处交通流入量及流出量进行分析的基础上,进一步确定邻接交叉口群的协调控制方案。

不同控制时间段内交叉口群内部的主路径走向、周期时长、绿时分配及相位差等参数也会有所调整,从一个控制时间段过渡到另一个控制时间段,信号控制方案发生改变,需要通过合理的控制技术使方案切换产生尽量少的干扰。

2. 将交通控制系统与交通诱导系统相结合,实现功能层面的集成化

基于路径识别的交叉口群交通动态协调控制方法是通过改变交叉口信号配时方案调整车流的时间分布,重点缓解主路径方向的交通负荷,而诱导系统可以通过为出行者提供拥挤发生的时间、地点、影响范围和绕行线路等,引导车流避开拥挤区域,缓解交叉口群的交通压力。以综合交通信息平台为基础、以信息和数据的交换与共享为纽带,实现交通控制系统和诱导系统的集成,可实现对城市道路交通系统的最佳管理与控制。

3. 融合交叉口群交通控制的既有研究成果,实现技术层面的集成化

一方面吸收在稳态或者过饱和状态下交叉口群交通控制的各类策略与模型,力求克服各类方法固有的缺陷或控制方式与控制模式的局限性,取得较为良好的整体效果;另一方面对信号控制的硬件设备除应完善信号控制功能外,也应通过模块化的设计将信息检测、发布、监控等功能集成起来,实现对终端设备的集成化控制,例如本书提出的车道功能与信号配时同步设计需要结合动态进口道的设置与实施才能得以实现。

4. 将交叉口群主路径优先的交通控制思想应用于实现特殊车辆优先

将紧急救援车辆通行路径或公交优先相位设定为交叉口群交通主路径或关键相位,通过改变通行权的优先级,对公用周期、绿信比、相位差实施在线调整,满足特殊车辆的优先通行需求,同时也避免对交叉口群整体交通运行效益的过多干扰。

5. 研究面向混合交通流的交叉口群交通控制技术

对于混合交通,在路段上虽然可以通过一些严格的隔离设施将机非进行空间隔离,但在交叉口空间,机动车、非机动车、行人之间的混合明显,冲突点显著增加;而对于无隔离的道路,受行人与非机动车的影响,路段车流行驶阻力较大,车流到达的规律性并不显著,难以形成协调控制的基础条件。因此,对交叉口群交通控制技术的后续完善中应重点考虑路段及交叉口机非混行的情况。

作者在研究过程中得到了江苏省交通科学研究计划项目"道路交叉口群交通时空资源优化控制软件开发"的立项资助,也获得了东南大学徐吉谦教授、陈森发教授、刘攀教授、李文权教授、夏井新副教授和美国弗吉尼亚理工大学的 Montasir Abbas 教授、美国德克萨斯大学艾尔帕索分校的 Kelvin Cheu 教授、同济大学杨晓光教授、上海理工大学韩印教授、南京市公安交通管理局顾怀中研究员级高工、南京市城市与交通规划设计研究院有限责任公司钱林波教授等老师和同仁提供的指

导性意见与建议。东南大学 Bluesky 工作室交通信息、控制与安全团队的李鹏飞博士、李岩博士、任敏硕士、刘迎博士生、何赏璐博士生、梁浩硕士生等在交叉口群交通协调控制方面开展了持续性的研究与探索,对书稿的形成贡献良多,在此表示衷心的感谢。

著 者

2013 年 9 月